教师教育哲学译丛　译丛主编　王占魁

教学召唤

[美]戴维·T. 汉森（David T. Hansen）◎著

林　可◎译

华东师范大学出版社
·上海·

图书在版编目(CIP)数据

教学召唤/(美)戴维·汉森著;林可译. —上海:
华东师范大学出版社,2024. —(教师教育哲学译丛).
ISBN 978-7-5760-5692-1

Ⅰ. G40

中国国家版本馆 CIP 数据核字第 2025RQ4204 号

教师教育哲学译丛
教学召唤

著　　者	[美]戴维·汉森
项目编辑	彭呈军
特约审读	单敏月
责任校对	王丽平
装帧设计	卢晓红

出版发行	华东师范大学出版社
社　　址	上海市中山北路 3663 号 邮编 200062
网　　址	www.ecnupress.com.cn
电　　话	021-60821666　行政传真 021-62572105
客服电话	021-62865537　门市(邮购)电话 021-62869887
地　　址	上海市中山北路 3663 号华东师范大学校内先锋路口
网　　店	http://hdsdcbs.tmall.com

印刷者	浙江临安曙光印务有限公司
开　　本	787 毫米×1092 毫米　1/16
印　　张	16.25
字　　数	204 千字
版　　次	2025 年 8 月第 1 版
印　　次	2025 年 8 月第 1 次
书　　号	ISBN 978-7-5760-5692-1
定　　价	68.00 元

出版人　王焰

(如发现本版图书有印订质量问题,请寄回本社客服中心调换或电话 021-62865537 联系)

谨以此书致敬我的母亲安妮,纪念我的父亲莱尔

The Call to Teach

By David T. Hansen

Copyright © 1995 by Teachers College, Columbia University

Simplified Chinese translation copyright © (2025) East China Normal University Press Ltd.

First published by Teachers College Press, Teachers College, Columbia University, New York, New York USA. All Rights Reserved.

上海市版权局著作权合同登记　图字:09-2021-0745号

丛书总序

对中国教育界而言,"教师教育"或者"师范教育"是一个并不陌生的概念。作为一项文化事业,它不仅一直是"师范"院校的主要职能,而且近年来也日渐成为"综合性大学"竞相拓展的业务范围。尽管我国自古就有浓厚的"师道"传统,也留下了为数众多的"师说"篇章,但是,近现代以来,我国学者对"教师教育"或"师范教育"的理论思考整体上比较薄弱,鲜有成体系的、具有国际影响力的教师教育理论,同时也缺乏对国外教师教育哲学理论成果的引介。从教育理论建构的意义上讲,"见证好理论"乃是"构建好理论"的前提条件。目前,在国家号召构建"成体系"的人文社会科学理论的背景下,引介国外知名学者有关教师教育的哲学思考,或许正当其时。

2020年5月,在华东师范大学基础教育改革与发展研究所的支持下,依托自己所在的"教育哲学"学科,我申请成立了"办学精神与教学特色研究中心"(以下简称"中心"),以期围绕教育活动中的"办学主体"和"教学主体"两个核心动力系统做些学术研究和社会服务。稍后,在从事有关美国要素主义教育哲学家威廉·巴格莱的教师教育哲学思想研究的过程中,我深切地感受到教师教育哲学对教师培养质量和教师职业生活品质影响深远。但是,无论是与上个时代纵向比较,还是与这个时代其他人文学科横向参照,近些年来国内教育学界有关国外标志性教育理论成果的引介力度都相对式微。从学术共同体建设的长远视野看,对国外教育理论的深入研究和广泛了解的不足,将在很大程度上制约我们自己的学术眼界、思想活力与理论深度。于是,我萌发了以"中心"之名策划一套《教师教育哲学译丛》的想法。

经过近半年的多方考察和华东师范大学出版社的谨慎筛选,我最终选定了西方学界4位学者的7本著作:第一本是英国教育哲学学会的创立者及首任主席、伦敦大学教育学院院长和教育哲学教授理查德·彼得斯(Richard Stanley Peters)的《教育与教师教育》。该书从"教育的正当性""教育与有教养的人的关系""教育质量的含义""自由教育的歧义与困境""柏拉图的教育观""哲学在教师训练中的地位""教育(学科)作为教学的具体准备""教育作为一门学术性学科""大学在教师教育中的职责"九个方面,充分展现了一位分析教育哲学家对"教育"与"教师教育"问题的系统思考。第二本是前美国教育史学会主席、斯坦福大学教育学院兼历史系教授戴维·拉巴里(David F. Labaree)的《教育学院的困扰》,这本书从历史社会学的角度研究美国教育学院的地位问题,系统分析了教育学院在师资培养、教育研究人员训练、教育知识生产等方面所面临的特殊困难。

接下来的四本书,皆出自前美国教育哲学学会和约翰·杜威学会的"双料主席"、哥伦比亚大学教师学院教育史与教育哲学专业的戴维·汉森(David T. Hansen)教授。其一,《教学召唤》通过对不同类型学校教师的日常教学工作进行"深描",探讨教师应当如何对待学生、如何管理课堂、如何参与学校及社会公共事务等议题,深入挖掘"教师"的职业身份意义与专业精神内核,并就教师如何兼顾"实现自我"与"公共服务"提供了独到见解。其二,作为《教学召唤》的姊妹篇,《重思教学召唤:对教师与教学的见证》借助生动案例,以审美、伦理和反思的方式呈现了敬业教师的存在状态,进而对教师为召唤而教的理论主张作出了全新的描述,并明确将教学界定为一种"伦理实践",指出教学作为一种了解人性、改变学生心灵状况的使命召唤,远比工作、职业、工种、专业要深刻。其三,《教学的道德心:迈向教师的信条》,从"作为个人的教师意味着什么"问题入手,系统研究了在教学中成长的个体教师形象以及塑造这种教师的环境，进而对教学和传统的关系、理想在教学中的地位等问题进行了深入讨论。其四，面对世界的日益多元化、学校的日趋多样化、学生教育需求与学习能力差异的加剧等诸多现实挑战，《教师与世界》一书引导教师如何在忠诚于本土价值观、利益和承诺的同时，建立对新人、新事物和新思想的理性开放态度，鼓励他们通过不断反思实现二者之间的平衡。

最后，作为"尾声"压轴出场的是前国际知名刊物《戏剧教育研究》的联合主编、英国华威大学戏剧与艺术教育学专业乔·温斯顿（Joe Winston）教授的代表作《美与教育》。这本理论与实践紧密结合的教育美学力作，致力于唤醒教育中的美。它不仅对美的思想史进行了精要的纵向梳理，也对美与教育的关系进行了深入的横向分析，进而提出了"美即教育经验"的重要命题；它不仅对教育与美进行深刻的理论阐释，而且深入到具体学科教学上做了详细的案例研究，对各科教师审美素养的培育都极具实践参考价值。

众所周知，现今高校青年教师肩负的教学、科研和生活压力十分繁重，与科研论文著作相比，校内外各种绩效考核和学术评奖对译著作品重视程度有限；与各级各类课题经费相比，国内译著的稿酬更是十分微薄；与此同时，要从事学术翻译工作，可能需要译者牺牲自己（包括与家人共度）的"休息时间"。由此来看，从事学术翻译的确不是一个"聪明"的选择。但是，这并不意味着学术翻译是一项没有"智慧"就能胜任的工作。这是因为，作为一项兼有"英文阅读"和"中文写作"双重属性的工作，学术翻译的难度远大于两项中的任何一项，甚至大于两项难度之和：译者不仅需要首先理解英文原意，也需要创造性地跨文化转述；既不能只顾英文的陈述逻辑，也不能只顾中文的语言习惯，每一章、每一节乃至每一段都要同时结合两种文化语境重新推敲、反复斟酌。显然，这不仅需要思维能力的支撑，更需要高度的道德自觉、价值态度和直觉才能等精神力量的支撑。正是从这个意义上讲，学术翻译乃是一种饱含"智慧"的付出。倘若不假思索地按照字面"直译""硬译"，就不免会对专业领域通行的一些"术语"误解误读，进而对该领域的初学者造成误导。因此，一部优质学术翻译作品的问世，不仅意味着译者的时间投入和智慧付出，也意味着译者对一个专业领域的仔细考究和深入钻研。

本译丛自筹划到出版，前后历时整四年。特别感谢六位"八〇后"中青年学友能够接受我的这份译事邀约，他们分别是北京师范大学教育基本理论研究院的林可博士、华东师范大学国际与比较教育研究所的沈章明博士、华南师范大学教育科学学院的刘磊明博士、江苏师范大学教育科学学院的张建国博士、清华大学教育研究院的吕佳慧博士和广州大学教育学院的李育球博士。他们结合自身的研究兴趣和专业所长，各自独立承担了一本书的翻译工作！我相信，诸位译者和我一样深知，我们在竭力解读、领悟、澄清和贴近前辈学人话语方式和理论逻辑的过程中，也在履行我们这一代学人所肩负的学科赓续和学脉承传的历史使命。这不仅体现了我们对学术事业共有的真挚热爱，也体现了这一代中青年教育学者不辞辛劳、不畏艰难、勇担"拾薪"与"传薪"重任的精神品格。更为重要的是，这种领域兴趣原则与独立自主原则相结合的分工机制，将为这套译丛的质量提供不可或缺的动力基础和专业保障。

值此"办学精神与教学特色研究中心"成立四周年之际推出这套译丛，希望能够为中国教师的实践工作和中国教师教育事业提供一些"窗口"，同时也为中国教师教育的学术研究增添一些"砖瓦"。由于个人能力有限，恐错漏之处在所难免，不当之处，敬请各界方家及广大教育同仁批评指教。

王占魁
2024 年 4 月 8 日

目　录

前言 / 1

序言 / 5

第 1 章　以教学为职业 / 1
  职业观 / 3
    职业随时间显现 / 4
    有些活动不能成为职业 / 5
    职业不是无私奉献 / 5
    职业有其社会根源，而非纯粹的心理根源 / 6
    职业不同于其他活动 / 8
  职业与教师 / 11
  内容预览 / 21

第 2 章　塑造课堂世界 / 25
  结构化环境的设计师 / 28
  课堂参与中的所见所闻 / 33
  教师职业认同的挑战 / 40
  个体与实践 / 48

小结:职业动力来源 / 53

第3章 走进教学实践 / 58

在教学中兼顾信仰与价值 / 60

职业自在感 / 74

职业成就感 / 80

小结:职业的践行 / 86

第4章 于困顿中坚守课堂 / 89

教育的洼地 / 92

影响的迹象 / 101

为什么而教? / 106

小结:教学中的觉知与处境 / 119

第5章 连接学生与课程 / 123

职业条件 / 125

个人影响 / 131

课堂指南 / 135

教学中的张力 / 146

小结:教学与个人洞见 / 151

第6章 职业使命感 / 154

审视职业的维度 / 156

公共服务与个人成就 / 156

成为一名"设计师" / 157

注重细节 / 157

不确定性和怀疑 / 158

理智与道德 / 165

召唤源与受召唤者 / 167

职业与学校 / 170
　　　　觉知的重要性 / 171
　　　　授课方法和学科知识 / 176
　　传统意识 / 178

第7章　教学必须是一种职业吗？ / 184
　　职业与公共责任 / 188
　　职业之镜 / 193
　　　　点燃从教兴趣 / 193
　　　　个人能动性与不可互换性 / 194
　　把实践当作一种职业 / 203
　　职业前景 / 213

参考文献 / 217
人名索引 / 224
主题索引 / 227
作者简介 / 231
译后记 / 232

前　言

在过去的 40 年里，作为一个学者和实践者，我读了很多关于教师和教学的书。有些书对我的启发很大，甚至深刻地影响了我作为一名高中教师、教育管理者和教育历史学家的思想、写作和行为。回顾这类书籍，我想起了西摩·萨拉森（Seymour Sarason）的《学校文化和变革问题》（*The Culture of the School and the Problem of Change*）、菲利普·杰克逊（Philip Jackson）的《课堂生活》（*Life in Schools*）、丹·洛蒂（Dan Lortie）的《学校教师》（*Schoolteacher*）、威拉德·沃勒（Willard Waller）的《教学社会学》（*The Sociology of Teaching*）和戴维·泰亚克（David Tyack）的《一种最佳体制》（*One Best System*）。还有其他一些书籍，激发了我的思考，也使我获得了美好的阅读体验，但始终缺乏说服力，因而对我的工作影响要小得多。

然而，我偶尔读到一本书，它以直白、清晰的文字重新揭示教学的本质——书中的相关内容或许已经被我遗忘，或许淹没在庞杂的自我经验和意识中，成为我很久以来不曾思考触碰的一个主题。此外，在重新提炼教学的核心特征时，这本书提及的问题很少被探讨。我记得，当我在华盛顿特区的罗斯福高中教美国历史时，吉姆·赫恩登（Jim Herndon）的《注定之路》（*The Way It Spozed to Be*）和赫伯特·科尔（Herbert Kohl）的《36 个孩子》（*36 Children*）让我意识到学校和学区的制度价值观是如何与我在课堂上试图传递的价值背道而驰。然而，即使面对这些组织规范，这些作者都在强调，我们仍然有能力建立一个课堂共同体（a classroom community）。当然，我从内心深处感受到了这一点，但每一本书的力量在于用它描述的奇闻轶事和作者披露的心路历程,帮助我重新看待课堂教学的重要性,并将它铭记于心。

戴维·汉森(David Hansen)也写了这样一本书。它不像赫恩登和科尔那样基于第一人称叙事,而是一位研究人员用优美的笔触、清晰地描述和分析了在大城市的公立和私立学校环境下负责教导儿童的四位教师。汉森避开了以往那些描写教师的作家驾轻就熟的套路。他没有将注意力投向教师面对糟糕的工作境况和不可能实现的期望时所表现出的倦怠。他写的不是英雄或苦工、圣贤之人或无能之辈。他只是捕捉到了普通教师的日常形象。

汉森为我们描绘的教师属于"被忽视的大多数"(an invisible majority),他们不会成为头条新闻的焦点,也不会成为电视纪录片和电影的主角。他写的是那些教书多年的老师,他们在怀疑和失望的同时也享受着自己的工作,得到学生和同龄人的尊重,并期待着退休,这些教师是国家教学队伍的中坚力量;他们留在这个行业是因为他们觉得这份工作非常令人满意。汉森描绘了那些为公众服务的好老师,他们能够从工作中获得自我满足感。在写作过程中,汉森提出了一些令人困惑的问题:当美国的政府官员担忧学生的高辍学率之时,或许应当重新思考公立和私立教育机构中教学的本质是什么。

当我听说我的学生们准备成为"社会科"(Social Studies)[1]的教师并向他们在公立学校任教的前辈请教如何应对学生流失的社会现状之时,我也开始担心居高不下的辍学率。这些新教师开启了自己的教学生涯,追求为年轻一代服务的理想,在学校餐厅向经验丰富的老教师请教,并在每月的员

---

[1] 译者注:美国"社会科"课程是以培养美国社会所需要的合格公民为目标的统整性、综合性、跨学科课程。1994年由全美社会科委员会(NCSS)制定颁布的《社会科课程全国标准:卓越的期望》是美国课程史上第一个社会科课程全国标准,它以"十大主题轴"(文化;时间、连续与变化;人、地与环境;个体发展与自我认同;个人、群体与公共机构;权力、权威与管理;生产、分配与消费;科学、技术与社会;全球关联;公民理想与实践)为核心,提供了一个完整的社会科课程架构,贯穿K-12各年级的社会科学习之中。2013年,美国修订并颁布了社会科国家标准《大学、职业和公民生活框架——社会科课程国家标准》,即《C3框架》,强调社会科应该为学生的大学生活、毕业后的职业选择以及未来的公民生活作准备。

工会议上虚心听取他们的意见。这些年轻的准教师思考着他们未来的课堂生活，他们所困惑的许多问题对于经验丰富的同龄人来说亦是悬而未决：面对这么多不安分、讨人嫌的学生，她是如何在 15 年期间一如既往地每天教五节课的？20 年来，他是如何坚持每周为学生批改论文并给出合理的分数？这么多年来，她是如何不让自己的情绪受到学生们的影响？诸如此类问题不可避免地归结为一句话：如果教书这么辛苦、这么难以应付，我怎么才能在五年、十年甚至更长的时间里当好一名教师？

这些问题也会让那些养育两三个孩子的父母感到困惑，并且想知道每天管理 30 个甚至 170 个孩子是什么感觉。当政策制定者将注意力转向关注教师工作场所的情况之时，他们一定想知道，教师是如何年复一年地应对不确定性、挫折感以及教学工作中那些完全不可能满足的自相矛盾的期望。

虽然汉森没有专门向新教师、家长和政策制定者提出这些难题，但我发现他的书以不寻常的方式解决了这些问题。他所做的工作是为 20 世纪初的一些词汇"正名"，这些词汇在 20 世纪末的教学讨论中失去了它们的原意。他重新发掘的"职业"或"召唤"等概念，对于持续的教学实践——公共服务和个人成就的结合——而言至关重要，它们因而成为教学的核心概念，这就解释了为什么许多称职的教师（既不是英雄也不是圣人）不仅坚持教学，而且享受挑战，还很珍惜他们塑造课堂的个人自由。

两年时间里，汉森观察了美国大城市的公立学校（public school）和私立学校（private school）的教师教学情况；倾听他们内心纠结时的疑虑；记录他们的想法和感受。他发现，这四位教师不知何故总是保持着一种充满活力的希望，即便他们深知，由于自身和学生的表现欠佳，他们将面临一次又一次的失望。这种不断发展的职业使命感（sense of vocation）——随着时间的推移——帮助他们克服了曾经对自己所做之事产生的不可避免的怀疑；

它帮助他们抓住了奇妙的一线希望,使教学的意义远远超越了在学校工作。汉森优雅的文笔和这些老师真实的心声与我作为老师的经历遥相呼应,使我对过去四十年在克利夫兰、华盛顿特区和美国湾区与我一起工作、让我深感钦佩的那些资深教师有了更深刻的理解。

然而,值得注意的是,汉森并没有将他在四位教师身上发现的这种职业使命感当作治疗大城市紧张局势和教育弊病的良药。对于那些每天在大城市学校中焦虑挣扎的儿童和教师而言,这种乐观主义早已销声匿迹了。他也没有立即为新教师招聘或测试提供政策建议,更没有采用精心包装粉饰的项目将这种职业冲动灌输给那些萎靡倦怠的资深教师。

如果乐观主义是一种认清城市学校的真相之后仍然义无反顾地献身教学的意愿,那么希望依然存在。汉森在这四位教师身上发现了这种将公共服务与个人成就相结合的愿力,正是他们年复一年的教学行动给了他希望。教学本身就是充满希望的事业。通过汉森优美而生动的阐释,四位教师的"职业精神"(spirit of vocation)及其表达方式都被升华至"召唤"(calling)的层面,进而为我们理解教学提供了另一种语言和视角,即教学不仅是一份"差事"(job),也不仅是一个"岗位"(occupation),甚至不仅仅是一种"专业"(profession)。读完这本书,我也开始分享这种希望。

拉里·库班(Larry Cuban)[1]

---

[1] 译者注:拉里·库班(Larry Cuban),斯坦福大学荣誉退休教授,曾担任该校教育系主任,美国教育研究协会主席。他致力于美国教育史的学术研究,研究成果涉及课程与教学的历史、教育领导、学校改革和学校效率等相关领域,尤其重视从科技发展和改革的历史思维出发,审视学校和课堂教学之中的技术应用,揭示根深蒂固的学校文化结构对信息技术教育的影响。代表作有:《教师与机器:1920 年后教室使用科技》(*Teachers and Machines:The Classroom Use of Technology Since 1920*)以及《卖得太多,用得太次:教室中的计算机》(*Oversold and Underused:Computers in the Classroom*),等等。

序　言

　　这是一本探讨"以教学为职业"(teaching as a vocation)的书。我把职业描述为一种公共服务的形式，它能给服务提供者带来持久的个人满足感。我用这个观点来阐释四名初中和高中教师的工作生活。在本书中，我将讨论教师的信仰、价值观以及他们在课堂上的行为。尽管在当今学校中，教师及其同事们面临的困难和挑战无处不在，但我将揭示"职业"这一概念如何激发和引领他们继续从事教学，并在此过程中保有信念、获得成功。

　　撰写后续的分析框架时，我心中所想的是一个广泛的读者群体。首先，我期待这本书能成为一面镜子，映照出教师和有志于从教者的形象。其次，我希望在职业理念层面的深思熟虑能够帮助他们重新审视自我，并且加深对教学工作的理解。我尤其希望能够吸引那些对工作现状感到不满和沮丧的教师们。最后，我将运用职业这一视角揭示教师如何以一种卓有成效而富含个人意义的方式重新唤醒自己的教师身份意识。这个视角提醒我们，为什么那些人怀抱初心投身教育行业。

　　我还为教师、教育工作者、教育管理者和政策制定者、教学研究者、家长以及其他所有关心课堂生活的人们写了以下内容。将教学视为一种职业，促使人们重新审视当前关于实践本质的假设，进而考虑如何更好地理解实践者所做的事情。我希望这本书能够鼓励人们重新思考招聘、培养和留住优秀教师的方法。

　　我不认为这项研究是对那些鼓舞人心的教学记录进行不断扩容的贡

献。谈及"召唤"或"职业/天职"[1],我们确实需要使用高度个性化的、严格规范化的,甚至有时带有强烈精神色彩的术语。但这本书并不是针对"杰出"从业者的研究,这类从业者的工作应当被视为一种灵感启发或榜样典范,可供他人效仿。相反,我在本书中所描述的这些教师并不认为自己特别高效,更不觉得自己是英雄或特别值得表彰。他们只是致力于教学和学生的发展,但或许他们的行为方式与世界各地所有潜心教书的教师一样,普通而平凡。

话虽如此,一些迫在眉睫的问题也随之浮现。为什么要在这本书中展示这些教师的努力?为什么要试图使用"职业/天职"和"召唤"等术语来理解他们的所作所为?对于"普通"教师来说,对于那些努力履行责任但不刻意制造新闻效应的人来说,这些术语是不是太沉重了?难道不应该把这样的概念术语留给那些成就斐然且足以俘获公众想象力的伟大人物吗?比如,像马丁·路德·金博士或特蕾莎修女这样的人。

令人诧异的是,上述问题或许会得出否定的答案。我将在整本书中论证,职业的语言(the language of vocation)[2]能够带我们更近距离地了解许多"普通"教师所做的事情,以及他们为什么这样做;这个议题不同于当前那些强调教学的岗位性、政治性和专业性的议题。那些议题关系到如何理解教学在整个教育系统中的地位。例如,从经济和组织的视角来看,教学是一

---

1 译者注:大部分情况下,本书将"vocation"一词直接翻译为"职业";个别情况下,该词被用于特指某些带有神圣感、使命感或强烈精神色彩的职业,则结合具体语境,将其译为"天职"。
2 译者注:本书采用直译法将"the language of vocation"译为"职业的语言"。这一译法可能引发歧义,因为中文语境中所谓"职业的语言"有着丰富的含义,例如:职业工作者在职场或工作过程中使用的规范用语、礼貌用语、专业术语、行业话语,甚至是例行公事的念白、宣传营销的话术,等等。而本书中"职业的语言"的含义并不涉及这些层面,也不是指教师履行职责教导学生之时所使用的语言,有必要专门说明,避免误解。结合英文原文语境来看,采用意译法将其译为"言说职业的语言""理解职业的语言""分析职业的话语(体系)"等,更为精准;但为了使译稿的中文表达更简洁连贯、更贴合英文语言形式,故保留了直译法。

个"岗位"(occupation)而不是一种职业。此外,教学确实有政治性的一面,因为教师在传播文化和知识的过程中发挥着重要作用;许多人还认为,教师应该在知识转型与教育变革方面发挥核心作用,他们暗示着,这种变革可以导致政治变革。还有一些人强烈支持将教学转变为一种与医学和法律享有同等地位的专业,他们声称这样做会提高教学的声望、自主权和尊严。

尽管这些观点都很重要,但我建议在概念上和实践上不要将它们与那些真正激励和维持教师工作的要素混为一谈。动机[职业的动力来源],正是我在这本书中将要关注的核心问题。将教学当作一种职业/天职的想法远远不是要言说什么深奥的东西,也并非专属于那些受过启蒙的人或少数英雄人物,而是提醒人们注意职业实践中的个人维度与服务导向维度,这些维度吸引着人们,并使他们能够在逆境和困难中获得成功。职业的概念彰显了许多教师在其日常努力背后清晰可见的信念和信仰。

* * *

我想说,这本书最初的构思是回忆我成长过程中的老师们。但是,写作过程本身让我体会到当年和我的老师们在一起的时光是多么独特而具有教育意义,他们当中有6年级的社会科老师阿伯内西(Abernethy)夫人、9年级的生物老师犹他(Utar)先生、大学2年级的英语老师鲁德斯基(Rudski)女士以及许许多多其他的老师。

写作这本书的真实动机缘于我与一个教育基金会的合作,该基金会为教师和学校提供了一个旨在促进阅读、提升书面理解能力和培育审辩式思维的项目。多年来,我借此机会到访过美国35个以上的州。在一次研讨课上,我见到了20至40名教师与成人志愿者。我曾在明尼苏达州的小镇上教授研讨课,方圆几英里以内的成年人都来参加(有时他们还带着自己的小婴儿一起来参加)。我也曾去过底特律市区、德克萨斯州的乡村、宾夕法尼亚州的工业化城镇、亚特兰大的郊区和纽约布鲁克林区,给这些地方的公立学校教师授课。这些年来,我遇到过几千名教师。几乎在我参与教学的每一场讨论课上,都会遇到许多令人印象深刻的教师,他们非常关心自己的学生,努力丰富自己的知识和教学能力。我也遇到过不少自身准备不足且意气消沉的教师,这些都证明了教师参与教学实践是多么的必要,获得持续学习和自我更新的机会又是多么的重要。

这本书的实践探索起源于"学校道德生活项目"(Moral Life of Schools Project),我曾在其中担任研究助理。该项目于1988年1月至1990年6月期间开展,由斯宾塞基金会资助、芝加哥大学的菲利普·杰克逊(Philip W. Jackson)教授主持,还有第三方研究人员罗伯特·博斯特罗姆(Robert Boostrom)参与——他现在任教于南印第安纳大学。该项目调查了学校和教师通过关怀学生而对他们产生的道德影响。我们在该项目的同名书籍《学校的道德生活》[1]之中发布了该项目的部分研究结果(Jackson, Boostrom, & Hansen, 1993)。

这个项目的参与者有18位教师,其中包括9位来自初中和高中的教师。他们的教学实践后来成为我自己研究项目的重点。他们当中,有3人在公立学校任教,3人在天主教学校任教,3人在独立学校(independent school)任教,这些学校都在大城市。他们教授的科目涉及英语、数学、体育、宗教研究和社会科;其中还有一人从事特殊教育。他们的工作年限从两年到将近三十年不等。随着先前那项有关学校道德教育的研究逐步推进,我开始越来越多地思考激励教师工作的个人哲学,以及那些能让教师获得

---

[1] 译者注:《学校的道德生活》这本书呈现了项目团队为期两年半的研究结果,作者通过考察美国中小学教室所发生事件的道德意义,探讨道德考量是如何渗透到学校的日常生活方式之中,为教师以及教师教育工作者从道德维度看待学校教育和课堂生活提供了一个新的思考框架和具体建议。本书尚未出版中文译本。

满足感和成就感的原因。在研究过程中,我开始留意并记录任何有可能对这个研究主题有价值的东西。事实证明,的确有很多事情要做:我观察了教师们教授的400多节课;我观察了教师与学生、同事以及学校里其他人的互动;我和他们在正式的和非正式的场合交谈过无数次。当项目结束时,我在伊利诺伊大学芝加哥分校找到了教职,并找到一个机会从职业的角度分析我收集到的大量数据。我非常感谢美国国家教育学院为我提供的斯宾塞博士后奖学金,该奖学金在1992年至1994年期间为我完成这项研究任务和撰写这本书提供了支持。

爱德华·巴克比(Edward Buckbee)、珍妮丝·奥兹加(Janice Ozga)和玛丽贝斯·皮布尔斯(Marybeth Peebles)仔细阅读了本书的完整手稿,并提出了许多有益的问题。我衷心感谢他们的坦诚与细致。卫斯理学院的乔纳森·英伯(Jonathan B. Imber)慷慨地为我提供了许多有用的参考资料,他还针对我在书中强调"职业使命感"而不是"职业"本身的处理方式,提出疑问。他可能不同意我给他的回答,但他应该知道他的批评是多么睿智。一些受众和重要人士在我早期提出"教学作为一种职业"(teaching as a vocation)这一概念之时给予的回应,也十分有帮助,他们是:约瑟夫·卡恩(Joseph Kahne)、米歇尔·帕克(Michelle Parker)、米歇尔·佩尔钦斯基-沃德(Michelle Pierczynski-Ward);菲利普·杰克逊在芝加哥大学组织的"约翰·杜威(John Dewey)研讨小组"的成员;西北大学的苏菲·哈鲁图尼安-戈登(Sophie Haroutunian-Gordon)以及她的学生;1994年3月在北卡罗来纳州夏洛特举行的"教育哲学学会第50届年会"的听众;1994年4月在路易斯安那州新奥尔良市举行的"美国国家教育学院斯宾塞研究员论坛"的听众;以及1994年秋季修读我所教授的"教学与学校教育概论"课程的博士生们。对于书中存在的任何错误,我全权负责解释。

本书第 1 章和第 5 章的早期版本分别发表在学术期刊《教育理论》(*Educational Theory*，1994 年第 44 卷)和《课程探究》(*Curriculum Inquiry*，1992 年第 22 卷)之上。经两份期刊许可，它们以重新加工编辑之后的形式出现在这里。

教师学院出版社的布莱恩·埃勒贝克(Brian Ellerbeck)从一开始就是这个项目的坚定支持者。我非常感谢他持续的帮助、及时的鼓励和对知识智慧的求索。

在我写这本书时，我的妻子伊莱恩·富克斯(Elaine Fuchs)为我提供了一个非同凡响的案例，她以自身一如既往的行为方式印证了"职业意味着什么"。除了支持我的希望和努力外，她总是与我分享她作为大学教师和分子生物学研究员的快乐和挫折。在不知不觉中，她揭示了奉献精神和通常存在于职业内核之中的巨大的个人满足感。她出现在我的生活中，给我的教学研究注入了许多能够惠及他人的东西。

最后，我要感谢四位教师。我将在接下来的章节中描述他们的实践。经过事先协商，虽然老师们同意使用假名(化名)，但我仍想对真实的他们表示感谢，特别是他们或多或少地允许我成为他们教室里的永久访客。即便如此，我也无法声称自己完全刻画出了他们作为老师的"真实"的面貌，这至少出于两个原因。第一，我展示和分析的大部分数据是在两年半的时间内收集的，而这已经是好几年前的事情了。如果这本书所建构的职业概念是合理的(sound)，那么与我当初坐在教室后面观察他们之时、或在学校走廊和食堂与他们相谈甚欢之时相比，他们已经是不同的实践者了——就他们的信念和行为表现而言。换句话说，他们将不再是本书中出现的样子。第二，就像世界各地的人一样，他们太过复杂和独特，以至于任何一个人都无法完全理解他们。哲学家路德维希·维特根斯坦(Ludwig Wittgenstein)曾经写过一封信,有助于解释这一点。当维特根斯坦的姐姐得知他打算"放弃"自己的学术生涯,去奥地利一个偏远的村庄教小学之时,他的姐姐很沮丧。姐姐告诉他,鉴于他聪明非凡的头脑,他此番行为就像"一个想用精密仪器打开箱子的人"。而维特根斯坦却认为姐姐在这个问题上,远远无法理解他的想法。"你提醒了我,"他回答说,"正如有人正透过一扇紧闭的窗户向外看,却无法理解路人的奇怪举动。因为他无法分辨外面发生了什么,不知道这个人正在面对怎样的风暴,或者只是想办法在风中艰难地站立着。"(Monk, 1990, p.170)

正如每个课堂研究者一样,我也一直在透过某扇窗户观察。它究竟是开放的还是封闭的,将由读者来判断。然而,我确实有机会观察到每位老师平均40次的课,并在正式和非正式的场合与他们多次交谈。这种长时间的课堂观察,以及我和老师们的无数对话,都让我对他们的工作世界有了更深入的了解。当然,维特根斯坦所指的窗户永远不可能被完全移除。一个人永远不可能完全理解另一个人的经历,更不能极尽充分地向他人传递经验、袒露心声。然而,这样的窗户存在,并且可以打开,即便只能打开一部分,这也终究是一件好事。否则,我们就真的只是彼此的陌生人了,那样的话,教学也就不可能发生了。

第 1 章　以教学为职业

> 有时候，需要五个单词，
> 用充满活力和富有张力的英语，
> 才能解释一个古老生涩的词汇。
> ——戴安娜·德尔-霍瓦尼西安(Diana Der-Hovanessian),《翻译》

"教学"和"职业"是传统而老生常谈的术语。"教"(teach)这个词的古英语词根是 *taecan*，意思是展示、指导，或者更直白地说，是将某人所知道的事物用符号或外显的方式表达出来(signs and outward expressions)。通常的理解是，教学意味着引导别人知晓他们从前不知道的东西——例如，代数或大陆地理。它意味着引导别人学会做他们从前不会做的事情，例如，如何准备化学溶液或如何进行体育运动。它意味着引导他人采取他们从前不曾体会的态度或倾向——例如，享受阅读而不仅仅是知道如何阅读。它还意味着引导别人相信他们从前不相信的事情——例如，他们可以掌握某些技能和技巧，并且发现为此付诸努力是值得的。教学包括所有这些活动，甚至更多。它可以在学生和老师二者之间产生持久而影响深远的情感、希望和理解力。

"职业"(vocation)的拉丁语词根是 vocare，意思是"召唤"。它表示召唤或命令某人提供或投身服务。这一概念既被用于描述宗教的承诺,也被广泛用于描述世俗的承诺。例如,有些人感到被神的旨意呼召或"启发",加入一个宗教团体,忠实地为某个特定的社群服务。他们因此成了神职人员、修女、神父、拉比、传教士或牧师。另一些人则觉得有必要为人类服务,而不是为了神的目的服务。他们感到自己被具有多种需求和可能性的人类社会所召唤。许多护士、医生、政治家、律师和教师都曾感受到一种磁性的吸引力,牵引着他们走进一种服务生活(a life of service),这种生活正是职业观念所推崇的典范。其他一些人,即便从事与公共服务不太相关的活动,也会有相同的体验。例如,许多艺术家、木匠、实验室科学家、家长和运动员不可抗拒地被他们的工作所吸引,同时从工作中获得持久的满足感和意义感,在很多情况下,他们也贡献了社会价值。

在本章导言中,我把这些古老但仍有生命力的术语汇集在一起,勾勒出"教学作为一种职业"的理念。首先,我考察了职业本身的概念。在这方面我花费了不少时间,原因有二。第一个原因是"职业"这个词在今天包含了许多方面的不同含义,而非我刚才赋予它的含义。在两百多年前工业革命尚未开始之时,职业[或天职]就被理解为在宗教动机驱使下从事服务和投身奉献的生活。在古斯塔夫森(Gustafson, 1982)看来,这种含义在一些教会机构中仍然存在,但它的使用率似乎正在减少。对于今天的许多人来说,想到职业,可能只是纯粹的经济考虑。例如,人们熟悉的术语"职业教育"和"职业指导"旨在描述为特定形式的就业培养人才而做出的努力。相比之下,我接下来阐明的职业概念既不以宗教动机为中心,也不以经济动机为中心。

我在这里详细阐述职业概念的第二个原因是,现有的教学研究中很少运用这个概念。布斯(Booth, 1988)、哥茨(Gotz, 1988)和许布纳

(Huebner，1987)的成果是我脑海中为数不多的这类研究。布斯通过描述他作为英语教授的职业生涯并分析英语在大学课程中的价值来说明他的使命感。哥茨利用这一观点批判了"专业"(profession)的概念，并强化了"将教学视为一门艺术"的观点。许布纳则强调为年轻人服务的理想，并强烈批评了他所看到的那些妨碍教师达成个人使命的制度障碍。

据我所知，没有哪项研究像我在本书中所做的那样，试图剖析教学如何作为一种职业出现在当今学校实践的真实情境之中。也没有哪一项调查能像我这样系统地论证，教学作为一种职业，包含双重意味，它既是为他人提供公共服务的一种方式，同时也能为个人提供认同感和成就感。鉴于这些目标，并为接下来的分析奠定基础，我首先通过哲学讨论引导读者理解职业的概念。在本章后续小节中，我将把职业概念的分析框架应用于解读教学实践。这个框架构成了本书四个核心章节的概念视角，在每一章中，我都详细地描述了一位老师的观点和工作情况。在本书的最后两章中，我将回应那些值得讨论的问题，从中可以看出，职业观念对于所有关心教学、关心教学如何影响学生的人们而言，有着极其重要的价值。

职业观

职业使命感会在公共责任和个人成就交汇的十字路口得以彰显。它在人们参与具有社会意义和价值的工作过程中得以塑造。这意味着许多工作岗位都有职业的维度。医学、法律和教学作为这方面的例子，很快浮现在我的脑海中。然而，体育和园艺等其他活动也可以是职业，其前提在于从业者不仅仅着眼于自鸣得意的个人成就与满足感。在许多社会中，体育运动涉及相当多的团队合作和社会忠诚，并经常被认为有助于维持社群的认同感。

在日本文化和其他文化中,园艺通常具有重要的公共意义,远远超越了个人爱好的范畴。然而,如果一个园丁从未与他人分享工作成果,或从未打算为他人服务,那么根据以上论点,这项活动将不能被视为职业活动(尽管它仍然被视为"园艺")。所谓职业活动,必定不仅仅包含纯粹的个人意义。要让某种活动成为一种职业,它必须为他人提供社会价值;它必须具有教育性、启发性,并以某种独特的方式帮助他人。

然而,职业并不意味着个人对实践的单向服从。职业描述的是对个体来说充实而有意义的工作,它有助于提供一种自我意识和个人认同感。再说一遍,只要持续满足社会价值的标准,许多活动都有资格成为职业活动。然而,对于教师、神职人员、医生或护士而言,如果个人远离了实践、脱离了自己的身份认同、并将其职业简单视为可以被替代的众多职业形式之一,那就意味着他们是不称职的(not be vocational)。在这种情况下,这个人仅仅是一个角色的占有者。倒不是说这个人会将活动视为毫无意义的,或者会以无意识或机械的方式采取行动;只是说他/她可能会严格地把它看作一份差事、一种确保自己有时间或资源去做其他事情的必要手段。尽管如此,一项活动除了具有社会价值外,还必须产生一种个人成就,才能成为一种职业。

简而言之,职业描述的是为他人服务的工作,以及在提供服务中获得个人满足感的工作。然而,这种综合的认知必须加以澄清和延伸。

职业随时间显现

原则上,一个人只要在上班路上为几个同事开门,就可以算作为公众服务,并为此感到高兴。这样的行为可能只需要五秒钟。但一种职业的出现,则需要更长的时间。正如我下面概述的那样——也会在后续章节中说明——一个以教学为职业取向的人,在他/她真正进入教师队伍之前,可能会历经多年等待和准备。此外,这个人在学校和教室里工作,参与了很多年的实践之后,他/她也许才开始真正意识到这是一种职业。许多教师、医生、护士和神职人员都能证明,他们花了相当长的时间才算参透自己的工作——既理解了工作要求,也知道了如何做到最好。

简言之,一个人不能"祈愿"(will)这种服务意识天然存在,也无法在某天清晨醒来便突然"决定"投身服务。这种服务倾向(dispositions)是随着时间的推移、通过与人们的互动、并在竭尽全力出色完成工作的过程中萌芽并逐渐成形的。

有些活动不能成为职业

尽管许多努力能获得职业资格,但有些工作完全不能被当作职业,无论它们能否带来个人意义。例如,成为一个专业的小偷,或者一个毒品贩子。莎士比亚笔下的福斯塔夫在《亨利四世》第一部中问道:"为什么,哈尔,这是我的本行啊,哈尔;一个人全心全意搞他的本行不能说是犯罪呀!"[1](Act I, Scene 2,lines 104-105)福斯塔夫很清楚,如果"职业"是从别人那里窃取东西,那它就是一种"罪过"。这种做法的典型特征在于毫无社会价值可言。

职业不是无私奉献

对于一些读者来说,职业的概念可能会让人想起这个词与基督教信仰和实践的历史有关联。在这种视角下,这个概念最初代表了无私奉献、自我

---

[1] 译者注:此处译文参考吴兴华译本([英]莎士比亚.亨利四世[M].吴兴华,译.桂林:广西师范大学出版社,2017)的原文,剧中的福斯塔夫是莎士比亚笔下最出名的喜剧人物之一,他是与王子哈尔厮混的酒友,他心宽体胖,放浪形骸,玩世不恭。这段对话发生的背景是福斯塔尔刚向上帝祈祷希望自己洗手不干、改过自新,立马就与哈尔商量第二天再去哪里偷窃抢劫。

克制、禁欲主义生活方式和对神的某种服从等品质。后来,经过16世纪宗教改革,职业概念发生了某种程度的变化,天职开始表示一种世俗的召唤,但仍然意味着一个人应当生而秉持基督教精神并按照道德目标行事(Emmet,1958;Hardy,1990;Holl,1958)。哈代(Hardy,1990)描述了清教徒如何区分"一般"和"特殊"的呼召。前者表明,无论一个人身处何种世俗的岗位,他都会遵循召唤去过一种基督徒的生活方式。而后者是指一个人从事特定的活动,他所受的召唤当然与许多其他基督徒不同。

本书对职业的理解既不是基督教信仰,也不是任何一种宗教信仰本身。然而,我们可以从宗教的天职观念中汲取宝贵的教学经验。例如,类似于清教徒对一般呼召和特殊呼召的区分,一个人可以将一般意义上的教学呼召——"我想成为一名教师"——与教授特定学科或年龄层次学生的愿望——"我想教高中生物"——区分开来。此外,在某些情况下,教师在与学生合作时必须自我克制,甚至服从更高的目标。一个老师可能需要以一种非常基本的方式来区分他/她的个人利益,以便看到一个孩子在努力说什么、做什么,甚至成为什么。最后,一些教师可能会发现,带有严格的岗位性质或功能性质的语言不足以描述他们为什么教书,而要借助于带有精神色彩的语言,例如,谈论他们对学生的希望和信仰。

在后续章节中,我将证明上述说法是怎样一种真知灼见。然而,我也主张,教学作为一种职业的理念,最好不要通过清苦的自我牺牲式的俗语来概括,而是通过一系列**积极的、创造性的、全情投入的、外向开放的和富有想象力**的词汇。适当的时候我会回顾这些词语。

职业有其社会根源,而非纯粹的心理根源

职业的概念不仅仅是指一种内心的或心理的状态。它确实假设个人有

一种充满希望的、外向的情绪，一种希望以某种实质性的方式融入世界的感觉。正如埃米特（Emmet，1958）所说，它的前提是一种"内在的冲动"，即"以亲身体验的方式（a first-hand kind of way）参与冒险并献身于工作"（p. 255）。这些术语都是精心挑选的。"冒险"一词让人联想到奇遇，即投身于活动中，其结果至少在某种程度上是不确定和不可预测的。"献身"于某件事让人想起了"职业"一词最初的含义之一——以一种持久的方式将自己奉献给某种特定的实践。

这些内在动机很重要。然而，它们只是职业故事的一部分。社会实践是另一部分，它能够**将那些理念层面的动机付诸职业生活的实践**。天职不能单独作为一种心态而存在，不能脱离实际或实践。诚如此处的理解，职业使命感不是一个人"拥有"的东西，他/她无法"选择"并将其"应用"到某种特定工作上，亦不能迁移到许多不同的工作之中。相反，它是一组向外求索和向外运动的冲动，特别是那些能够召唤一个人采取行动的事物。职业的概念以社会实践为前提，这种实践能够满足人们为世界作贡献的内心冲动。

此外，"实践"与制度化的工作有所不同，后者需要按部就班地进行（MacIntyre，1984）。行医和在医院工作是不一样的。教学和在学校工作也不相同（Huebner，1987；Jackson，1986），尽管大部分情境下二者没有区别。教学实践远比任何学校的活动都要古老得多，以史为鉴，不难发现教学实践的历史比现存任何一所学校的历史都要长久。我将这种历史的视角应用于整本书中，并在第 6 章中详细讨论。然而，我在这里将实践与机构区分开来是为了再次强调，实践行动比个人的使命感更重要。换句话说，"**职业**"（vocation）优先于我所说的那种职业"**使命感**"（sense of vocation），即被天然吸引到它所代表的那种工作之中的感觉。

让我换种方式阐述这一观点，即一个人可能感受到的内在的服务动机是根植于社会的；它不是由人凭空捏造出来的。一个人如果没有在相当长的一段时间内接触过这个世界，他/她就很难生发出参与世界事务、为他人服务的愿望。许多人踏上从教的道路，是因为他们有自己崇拜的老师、有乐在其中的学习科目，并且受到他们认识的或一起工作的年轻人影响。换句话说，教学的召唤源于他们在这个世界上的所见所闻，而不仅仅是他们内心深处和思想世界所"听到"的召唤。受内在冲动驱使而行动的感觉与受外物召唤而行动的感觉是一致的。

职业不同于其他活动

职业不同于那些熟悉的、用于描述教学的其他术语，如"差事"(job)、"工作"(work)、"生涯"(career)、"岗位"(occupation)和"专业"(profession)。

从这本书的角度来看，"差事"是一种提供生计或保障生存的活动。差事包括高度重复的任务，其内容不能由执行这些任务的人决定（例如，在快餐店打工）。"差事"的原初含义是指一块东西(lump)，即一件物品或产品——这种含义把从事这项活动的人完全排除在之外。尽管职业往往也是维持生计和生存的来源，但就个人自主性和个人价值而言，职业的意义远远超出了差事。

"工作"与"差事"有区别，即工作者可以努力定义其工作内容。这样做可以产生真正的个人意义。然而，尽管工作可以集中增强一个人的价值感和自我意识，但它并不一定意味着为他人服务。它不需要参与一种对他人负有内在责任和义务的实践，比如教学。在我看来，人们会谈论隐士(hermit)的"工作"，显然它可以为个人带来深刻的满足感，但隐士的工作却不是"职业"。如前所述，在某种意义上，职业的概念以公共服务为前提。例如，一个人所做的事情是公开的，涉及为某些特定的公众服务。有一种情况可能是例外，即一个人过着隐士的生活，为他人的幸福祈祷；但这样的生活仍然缺乏明显的公共维度。

"生涯"描述的是一种长期的、有时需要终身参与的特定活动。它的原义是街道或道路——来源于中古法语的术语"carriere"——暗示着路线或方向。该术语强调了工作的时间维度（temporal dimension of work）。例如，一个人从某个特定年龄开始[步入职场]，直到晚年退休。生涯这个词几乎适用于描述所有能够想象到的差事或工作类型。工厂工人、城市雇员、专业运动员、艺术家、学者，都有自己的生涯。正如许多人证实，一个人的生涯也可以与一个人的职业相吻合。然而，从本书的视角来看，生涯与职业的不同之处，类似于差事与工作的不同。例如，生涯不一定意味着要努力追求个人成就感、自我认同感、投身公共服务等。一个人可以终其一生追逐经济支持，这显然是人类的核心价值之一，但就其生命意义而言，也就仅此而已了。

此外，该术语有时会单独使用，但不局限于特定的实践活动。一个人可能会说，"我已经拥有了一个很好的职业生涯"，并在这句话中提到许多不同类型的差事。从这个角度来看，我想要阐明：生涯是一个过于个人主义的概念，它甚至意味着被操纵（manipulation）。例如，当遭遇困境时，人们会把一份差事换为另一份，而不是认真考虑一种特定活动包含的使命。正如我所主张的，职业需要忠于一种实践，而不仅仅是某个人的个人偏好。顺便说一句，众所周知，生物学家会把皮肤细胞从表皮层（epidermis）到真皮层（dermis）的迁移过程称之为细胞的"生涯"；狮子的"生涯"，则是从出生开始，直到它在狮群中占有一席之地并获得荣耀；等等。然而，正如我们所知，细胞和狮子没有职业可言。

"岗位"是一种制度庇护下的努力，而这种制度又嵌套在一个社会的经济、社会和政治制度中。从这个角度来看，教学是学校若干岗位中的一种，而学校又构成了教育事业中的一个结构层面。当然,也有人会在没有使命感的情况下占据岗位。相比之下,教师有时会质疑他们自己是否是"真正的"教师(我在后面章节会描述)。他们产生这样的疑问与岗位无关——因为从组织结构的角度来看,他们当然是教师。然而,他们有时更想知道自身工作的成效如何、对学生的影响如何,以及他们承担这个角色的原因。我要说明的是,那些问题本质上体现的是职业属性,而非岗位属性。教师还会提出一些问题,从中可以看出,他们正在划定岗位的界限而非职业的边界,例如在某个系统之中,教师在多大程度上会被期望去承担某些迄今为止都无人问津的责任。

最后,"专业"的概念是对岗位概念的扩展,它强调承担某一岗位的人对专业知识和社会的贡献。专业一词的原意是"公开声明"。在某个岗位之上的人——比如医生——可以逐渐意识到自己不仅仅是在履行一种制度化的职能。相反,他们可以宣告这样一个事实,即他们是通过认真谨慎的、严格认证的专业培训才获得了专门的技能和知识。他们可以公布他们在使用这些知识和技能方面所遵守的行为准则。他们可以追求不断提高自己的地位、声望和自主权,不受外部非专业人士的指导和控制。面对与其他行业的竞争,他们通过获取公众的信任和支持,可以使其成员劳有所获、赢得嘉奖(Abbott, 1988; Freidson, 1994; Kimball, 1992)。

专业人士必须遵守行为准则(无论其正式与否),也必须为他们的工作做好充分准备,这一点揭示了专业概念是如何与职业概念有所重叠的。如前所述,职业以社会实践为前提,有其内在义务和责任。此外,一个人感觉受到召唤去做一件事,并不意味着他/她将会做得很好。使命感并不能消解一个人为执行任务而做好准备的必要性。

然而,要想将专业与职业区分开来,至少有两点值得注意。第一,就岗位的意义而言，人们可以通过专业的方式行事，但未必把工作视为一种使命。专业人士可以履行他们的职责，同时在其他领域（例如，家庭生活、闲暇爱好、手工制造与艺术创作之中）获得认同感和个人成就感。关于这一点，我在第 7 章还会再讨论，届时将回答教师是否应该将他们的工作视为一种职业。第二，就专业的意义而言，这一理念强调公众认可（public recognition）、更大的自主权、更多的回报，等等，这让人们忽略了日常教学的个人风格与道德维度。相反，职业让我们"向内求索"（inward）从而进入实践本身的核心。相比"差事""工作""岗位"和"专业"等话语，"职业"的话语让我们能更进一步理解很多教师在做什么以及他们为什么这样做。

我不知道以前是否有研究像我这样用概述的方式区分这些术语（关于工作的历史和本质的更广泛讨论可以参考如下文献：Arendt, 1958; Bailey, 1976; Green, 1964; Jordan, 1949; Mintz, 1978; and Pieper, 1952）。在本书其余部分，我将继续澄清和阐明这些术语。当我做这些工作时，很显然，我使用的"职业"概念不同于所谓的"职业教育"。如前所述，职业教育特指学校和技术培训机构为了帮助人们打工赚钱、维持生计（wage-based employment）而提供特定的技能培训项目。这种对职业的理解并不是我在这里要讨论的。

职业与教师

我一直认为，"职业"这个概念描述的是具有社会价值并持续提供个人意义的工作。在本节中，我将审视这一概念与教学的相关性。

教学是一种社会实践，其重要性毋庸置疑，即便人们仍在争论究竟是什么使教学变得如此重要。教师在公共环境中工作，他们不可避免地受到学生、同行、管理者、家长和其他利益相关的成年人的监督。虽然他们的大部分工作可能都在教室范围内进行,但这些工作常有延续、很少能当即完成(left at the door)。教学活动成为学生个体生活、学校集体生活中很重要的一部分,往往也是教师生活的核心部分。在年轻人学习什么、如何学习、如何理解学习等方面,教师都可以发挥至关重要作用。教师可以影响年轻人对待他者以及对待自身未来的态度倾向,他们的影响力无论是好是坏,都远远超越了学校教育的时间;任何人只要还对他们的老师记忆犹新,都能够轻松地为此提供佐证。

根据这些理解,建议教师(或那些想教书的人)要拥有一种职业使命感,这是什么意思呢?一个人有强烈而坚持不懈的教学意向,这意味着什么呢?一个人若使用职业的语言来描述这种意向,而不使用其他更为熟悉的术语,如"岗位选择""生涯决策"等,这将会有什么不同吗?

一方面,某个人拥有"天职感"意味着他/她不仅仅把教学视为社会众多差事中的一种选择。这甚至表明,对此人来说,把教书的愿望描述为一种"选择"都是错误的。另一方面,一个拥有强烈教学意愿的人,似乎不会纠结于是否要从事教学,而是更多地思考**怎样教学**或**在什么处境下教学**。这个人可能会考虑在学校、高等教育机构或许多其他场所进行教学活动——从军事基地到游客中心——在任何场所内,教学都有可能发生。但是,这样一个人真正采取行动可能需要数年时间。在条件成熟之前,他/她可能会在其他领域努力工作很长时间——商业、法律、育儿、医疗等领域。这些条件中既有实践上的准备,也有心理上的考量,比如这个人最终面对教学之时是否会有"万事俱备"跃跃欲试的感觉。今天进入教学领域的许多人身上其实都有这样的表现(Crow, Levine, & Nager, 1990)。另外,他们中的许多人似乎不太听信所谓的职业咨询建议,而是强化自身对教学的兴趣(参见

Hardy，1990）。(有大量关于"职业"的文献认为，这个词纯粹只是一种差事选择；参见 Carpenter & Foster，1979；荷兰，1973；Mitchell, Ortiz, & Mitchell，1987；Pavalko，1970。)

把教书的倾向描述为一种欣欣向荣的职业，也会引起人们对个人能动意识（sense of agency）的关注。这种意识意味着这个人足够了解他/她自己，清楚地知道哪些事情对他/她来说是重要的、有价值的、值得采取行动的。一个人可能受自己的老师影响或受其他外部因素吸引而投身教学。然而，不争的事实在于，现在这个人自己也对教书育人产生了兴趣。投身教学的想法"占据"了他/她的思想和想象。这再次表明，这个人认为教学不仅仅是一份差事，不仅仅是一种赚钱方式，尽管持有相关看法无可厚非。但更重要的是，这个人相信教学是有潜在意义的，因为它作为一种具象化的方式，能将个人为世界做出贡献和参与世界建构的愿望落到实处。

话又说回来，持这种立场的前提在于，一个人认同人类的努力本身是值得的。显然，这个人假设（无论有意识或无意识地）他/她可以给予一些东西——也许是其他人无法给予的东西。勒萨热（Lesage, 1966）描写初级神职人员时主张每个人都应该表现得"他好像觉得自己被选中了要去完成一项其他人无法胜任的任务"（p. 104）。勒萨热声称，只有采取这种态度，这些宗教领域的"新手"才能投入到服务和奉献的工作中，从而体验到他们的使命充盈。埃米特（1958）在讨论世俗与宗教实践之时写到，职业涉及这样一些活动：

"只有当人们具备某些个人素质之时，才能承担。一个人无法发挥另一个人的职业功能，因为他们可能会彼此干扰、越俎代庖，抑或指点其他人按照代劳者的计划有目的地行动。职业不具备互换性

(interchangeability)。在某些社会中,先知的职位可能是一个制度化的角色。然而,如果以利亚的斗篷落在以利沙身上[1],可能因为以利沙本身就是那种特定的人。"(pp. 6 – 7)

埃米特的意思是,把工作视为一种职业的人将以一种独特的方式来完成工作,部分原因是他们具有作为人的独特品质和性格。(埃米特在她的书中没有谈及教师或教育,这本书是对个人与社会及其所包含的各类角色的关系的社会学和哲学研究。然而,她关于职业的想法是具有启发性的,我在这本书中引用并使用了几个。)

教师虽不是先知,但他们的职责也不能互换,至少在下列情况下教师不能被替换,即一个人承认教师的作用不仅仅是机械地传授知识体系。我将在第 7 章详细讨论这一观点,在此之前我也有机会向读者介绍几位一线教师的观点和实践。然而,我在这本书中追求教学职业理念复兴的原因之一是强调承担该角色的"人"的中心地位(the centrality of the person)。尽管教师们有许多共同的义务和做法,但对于学生而言,没有任何两位教师的个人魅力和道德影响会是一模一样的(Jackson et al., 1993)。无论好坏,每个老师都明确而广泛地影响着学生对待学习、知识和他人的态度倾向。此外,这些差异与教师们在个性和教学风格上的明显差异有关(Hansen, 1993a)。它们也与教师个体的精神气质、在学生面前的行为特征,以及声誉、期待、希望、恐惧、担忧有关。教师和学生的关系始终是道德关系,即使

---

1 译者注:参见圣经故事《列王记下》,亚哈做以色列国王期间,先知以利亚受耶和华的命外出寻求先知的接续人。以利亚把全部的本领传授给了徒弟以利沙,并考验他能否担起责任。以利沙祈求赐以利亚智慧的神灵加倍眷顾自己,并有幸得见以利亚被神的旋风接走。最后以利亚把斗篷搭在以利沙身上,要他作先知。这个故事暗示,以利沙奉召献身是出于神的拣选。

这种关系是冷淡的、不带个人情感的或疏离的——因为这些特点本身也表明个体如何与他人互动以及如何看待他人的成就。以上论述想要推导出这样一个观点,即考虑成为教师的人,确实能够提供一些其他人无法提供的东西——即使这个人(到目前为止)还没有意识到那个珍贵的"东西"可能是什么。

最后我想要提醒人们注意的是,当一个人有非常强烈的教学意愿时,他或她同时可能会对教学工作以及自身的适应性抱有强烈的疑问。一个人可以把教书当成一种职业,但仍然会对自己在课堂上能有多么成功产生真切的怀疑。正如许多知名人士的生活所呈现的那样:怀疑和承诺可以相伴相生。例如,埃米特(1958)回忆起一些希伯来先知如何怀疑自己、怀疑他们所听到的"召唤":"'我只是一个装饰梧树的人'……'一个孩子'……'一个牧人'。'为什么选中我去和这些人谈话呢?'"(p.254)许多前人的研究都充分记录了从事教学工作带来的不确定感和疑虑,以及这些状态可能引发的深度自我怀疑(Floden & Clark, 1988; Huberman, Grounauer, & Marti, 1993; Jackson, 1986; Rose, 1989; Sikes, Measor, & Woods, 1985)。教师往往无法确定他们的学生是否学会了教材的内容,更不敢确信他们的努力有助于学生的智力和道德福祉。然而,这种怀疑并不会使教师陷入麻木,也不会导致他们完全放弃教学或职业憧憬。相反,有些人认为,实践中那些未知的和不可测量的因素恰恰会激发教师的创造力和个性化反应,并使教学成为令人艳羡的工作(Huebner, 1987; McDonald, 1992; van Manen, 1991)。

此外,不加质疑地投身于某种实践,可能会陷入意识形态或思想偏狭之境。布兰(Brann, 1979)将意识形态描述为一个由特定观点、信仰和思想组成的、较为封闭的、不容置疑的系统。在这个意义上,以教学为职业(志业)

并不意味着坚持一种意识形态；它描绘的是容许问题和疑虑终身共存的一种教学意向——这恰恰关乎教学如何真正地"发生"，关乎教学对学生和教师的影响，也关乎一个人是否真正适合从事教学工作。职业还包含善于服务的倾向(disposition)，这个人可以根据他人的境况变化而随机应变，如应对学生不断变化的需求，面对不断更新的知识形态做出反应。这种倾向不太具有意识形态特征，而是灵活多变的。济慈(Keats)[1]在赞美莎士比亚时提到了这一点，他将莎士比亚的艺术成就归功于所谓的"消极能力"，即接受不确定性、保持怀疑以及拒绝寻求简单答案或智力外援(intellectual crutches)的能力。(Forman，1935，p. 72)。

如果一个人想要保持有意义感的工作状态，那么从事教学似乎就需要这种能力——即便达不到莎士比亚这么深的境界。不言而喻的是，这项工作充满了惊喜：课堂上总会出现意料之外的问题和洞见；尽管教师精心备课，有时也难以避免失败；心血来潮的活动兴许也有不期而遇的华丽效果，有可能改变课堂的风格走向；努力成长和学习的学生，貌似退步或疏离的学生都是惊喜的源泉……更令人惊奇的是，一个人如何能够心甘情愿地接受并从这一连串的欢欣、失望、惊讶、悲伤和喜悦之中获益，而不会被"职业使命感"所束缚。然而，重点在于这种感觉并不以一种社会狂热为前提。有职业倾向的人也不一定是"英雄式的"，这一点我在后面会谈到。职业使命感意味着一定程度的决心、勇气和灵活性，这些品质反过来又会被从教者乐教、善教的倾向所鼓舞，这种倾向使他们相信教学不仅仅是一份差事，而是自我意义赋予的过程。

把教学视为一种天职，进一步假定它作为一项整体活动的意义大于其

---

[1] 译者注：约翰·济慈(1795 – 1821)，19世纪初期英国浪漫派诗人。

各部分活动之和(无论这种假定多么不成熟)。教学的意义超出了完成预先设定的、数量有限的义务和责任,并内嵌着一套可以预见的奖励作为更大的补偿。埃米特(1958)认为,一个有使命感的人往往不知道:

> 哪里是他要去的地方。这是因为他不仅要按照公认的规范履行特定职责,而且还要在其思维方式和工作方式中探索新的可能性。因此,一个阶段可能会为另一个阶段开启更多的可能性,他发现他必须继续下去。他无法给自己设定一个有限的目标,然后就收工;如果他只按照既定规范做一份差事,那么他完全可以这样做……[但是],总有一种内在的激励,使[这个]人不满足于完成有限的目标、不会只是例行公事地对待自己的差事。(pp. 254-255)

用比喻来说,一个有职业倾向(disposition)的人不会将教学的意义等同于在工地上搬运砖块、涂抹水泥和铲土。相反,它的意义在于使教师自己成为课堂世界的设计师。一个想要传授希望的人,一个在思想上或情感上谈论目的和意义的人,将会在课堂上指导学生,并教会他们如何实现目标。这意味着他会补充和尽可能拓展这份差事的功能,也会对其中的一些要求产生质疑。例如,教师可能发现自己越来越关注学生对他们学习内容的所言、所思和所感,而不只是以一种"交付货物"的姿态来传授知识。这种姿态还意味着,那些拥有职业使命感的人终将成为自己的评判者,这种向内求索的立场适用于所有非例行公事的工作。

根据史密斯(Smith,1934)的说法,考验职业能力的另一个标准是"热爱工作中的苦差事(drudgery)"(p. 182)。尽管史密斯的表述有些夸张了,但每个职业都包含平凡琐碎之事,教学也不例外。老师们必须清理教室,归置材料，倾听、回答并考虑无数的问题，或许还不止于此。有人可能会说，随着时间推移，正是那些日常的千头万绪，织就并巩固了工作的意义感和成就感。就像旅行中更为持久的记忆源于沿途所遇到的特定事件及其障碍一样，从职业中获得的部分满足感来自对细节的关注。这并不是说，一个以教学为志业的人必须将那种"敏锐的觉知"（a refined sense of perception）[1]带入职场实践；相反，这意味着这个人倾向于关注细节和细微差别；他/她拥有原初的敏感性，对课堂上发生的事情保持警觉。这也并不是要将"苦差事"浪漫化——即夸大处理细节的**必要性**（the need to address details）；相反，需要强调的是，教学中那些重复的职责不会分散教师对职业的注意力，反而是教学主业的构成部分。在教学的轨迹中，一个教师日复一日独自积累的所有跬步（all individual steps），最终帮助他行至千里，使其成为［真正的］教师并对学生产生影响。

　　设计师的隐喻突出了职业理念所体现的能动性和自主性元素。在其他条件相同的情况下，一个有服务意识的人比一个把职业只看作一份差事的人更能充分融入其角色。这并不意味着在履行角色职责方面，前者一定比后者做得更好。秉持职业倾向来对待工作并不能保证有结果。一个人拥有"天生我材必有用"的感觉并不能直接转化成使他/她真正发挥影响力的品质。然而，职业倾向确实意味着这个人更有可能努力塑造教师的角色，为这个角色增加原创性和创新性的印记。乍一看，这种独特的风格（distinctive touch）可能很难被人察觉。教室的临时或短期访客可能会觉得教师正在做

---

[1] 译者注：perception 一词有多重含义，可译为看法、认识、感觉、感知、洞察力等。结合本书语境，作者强调的是教师在教学中依托情境性的体验、对象化的实践以及反思性的认知所形成的一系列观念的集合（perceptions），同时也是一种兼具感性直觉和理性认知的能力（perception）。鉴于这一概念的丰富性，同时考虑到与本土语言文化的习惯与特色，故将其翻译为"觉知"，力求展现其核心特征，即起始于教学实践之"觉"，聚焦于教学反思之"知"，二者相互促进和转化而成。

的事情司空见惯，或者至少无关紧要、不值得注意。但是，对于不止一次迈入课堂的人而言，他们的印象也许会改观，如前所述，至少他们会假设教师倾向于为课堂上发生的事情留下个性化的印记。这种印记可能会慢慢浮出水面，而不是立即浮出水面，它或许也不能证明教师的职业使命感或教学实效性有多么强大。它更多地证明了教学的本质特征，即这种实践活动的影响和后果往往是滞后的，时过境迁，通常会以不稳定的且不可预料的方式出现。在这个意义上，埃米特（1958）是正确的，践行职业使命需要"[一个人]角色之内的创造力"（p. 242）。然而，在教学方面，这种创造力可能会以微妙的形式呈现。它可能需要时间来感知和理解。此外，由于社会和文化条件的变化，它也可能会表现为新的形式——例如，当教师发生了变化，他/她对学生"应该知道什么"有了新的看法，也就会对年轻学生"能做什么"产生更深刻的理解和欣赏。

鉴于这些原因，教学作为一种职业的理念不应该只与那些禀赋出众或精力充沛的人有关，他们的事迹有时只会在某一所学校或某地区范围内广为人知。这样的人往往会把放在其他人身上朴实无华的品质，用更加夸张和戏剧化的方式表现出来。如前所述，教师可能会隐晦而巧妙地展现其创造力和原创性，但这一事实本身并不会让我们质疑教师对学生产生的影响。教师对他人产生理智上和道德上的影响，既可以来自他们英雄般的努力，也可以来自他们持续不断的日常实践。

此外，职业的理念并不意味着某些宗教和世俗实践中"拯救"他人的救赎动机。阿尔贝特·施韦泽（Albert Schweitzer）[1]曾经给那些想要去非洲当医疗助手的人们泼了些冷水。在从医者们看来，他们是要去"做一些特别

---

1 译者注：阿尔贝特·施韦泽（Albert Schweitzer），又译史怀哲，德国哲学家、医学家、医生、社会活动家、人道主义者，诺贝尔和平奖获得者。

的事情";而在施韦泽看来,除非他们意识到自己所作所为并非是"与众不同的事情",否则他们最好打道回府。施韦泽建议他们"放下英雄主义的执念",转而欣赏"以清醒的热情承担责任"的感觉(引自 Emmet, 1958, p. 254)。施韦泽的忠告暗示着,天职感是伴随着人们融入世界的愿望应运而生,至少其最初的形态,是一种遵循现实主义与保持虚怀若谷的混合状态。这些品质似乎可以使一个人对自己所处的环境做出更有敬意的评价。

综上所述,我将本节所谈及的"教学作为一种职业"的相关论点归纳如下。其一,以教学为职业的人认为教学不仅仅是一份差事,尽管收入和其他实际因素的考量对他/她来说仍然很重要。其二,这个人在工作中融入了一种能动意识和奉献意识,相应地,这份工作又将他/她想要做出贡献的信念具象化了。然而,所谓"召唤"的概念,所谓要给教学提供一些与众不同的东西,并不意味着对一个人的能力或欲望盲目的信仰。相反,教学作为一种职业,始终与问题、疑虑和不确定性相伴相生,它们有些是由教学工作本身的性质产生的,有些则是因一个人不把工作视为例行公事这一纯粹的事实而产生的(任何打破例行公事的努力似乎都涉及不可预测性)。另外,这个人看重教学工作的整体意义而非简单应付其各部分的任务要求,尽管他/她认为实践的细节也值得被关注。

我还认为,"天职感"只有在社会实践中才能真正苏醒。不仅如此,诸如教学、护理、侍神等社会实践都有自己的职业操守(integrity)。实践者们都有自己的身份,必须将其与个人的独特性或服务意识相平衡。我主张教师的不可互换性,并不是说他们"占据"教学。事情的另一面同样重要:如果没有教学实践,准教师将缺乏将理想付诸行动的情境。教学预设了一种社会媒介,它承载了许多与之相关的丰富意义。人们无法凭空创造出这些意义,而只有在帮助他人进行理智和道德的学习的过程中,教学的独特意义方能显现。简言之，准教师会步入一个有传统支撑的实践场域，其中蕴含着前辈们构建起来的多层次的公共意义。将教学作为职业的意识假定了一种意愿，即人们愿意承担与这项任务相关的公共义务，并认识到自己也是不断进化的传统中的一分子。

这个框架构成了看待和思考教学的一种方式。这也是接下来四章的指导观点，后续每章都会侧重描述一个实践者的工作。现在我要开始对这些章节做简要的预告。

内容预览

读者即将遇到的四位教师都在美国中西部的一个大城市环境中工作。**佩顿（Payton）女士**在一所公立学校教书，该学校有将近2,000名7年级至12年级的学生；75%的学生是黑人，20%是白人，5%是亚裔和拉美裔（Hispanic）。在我做研究期间，佩顿女士已经三十多岁了（将近四十岁），她教物理和科学，学生里有成绩优异的7年级学生，也有由不同年级高中生组成的班级，这批学生当时的科学成绩都很差。**彼得斯（Peters）先生**二十几岁，他在一所天主教高中工作。这所高中有300名9年级至12年级的男孩，他们都是黑人。彼得斯先生教9年级学生的"宗教研究导论"，教高年级学生"比较宗教学"和"圣经《新约》"。**詹姆斯（James）先生**三十多岁（将近四十岁），和佩顿女士在同一所公立学校工作。他是一名特殊教育教师，主要负责一小群在身体和行为方面有特殊困难和需要的学生。**史密斯（Smith）女士**也是三十多岁（将近四十岁），在一所独立学校（independent school）教6年级的"社会科"（Social Studies），这所学校有1,450名学生，覆盖了从幼儿园至12年级的全部学段。63%的学生是白人，25%是黑人，12%是亚裔和拉美裔。在四位教师中，佩顿女士是黑人，其他三位是白人。他们的教学经验从 3 年到 15 年不等。

据教师同侪、管理人员和学生的非正式反映，这四位教师在他们各自的学校都很受尊敬。他们四个人至今仍然坚守教学岗位。我在这本书中重点关注他们，是因为他们的背景和个人观点截然不同，但也揭示了对教师意义的共同理解。

在两年半的时间里，我平均观察了每位教师的 40 堂课。我与每位教师交谈的次数也不止于此——在他们的教室里，在和他们一起走过学校走廊的时候，在自助餐厅吃午饭或喝咖啡的时候，在参加特别集会和学校其他活动的时候，等等。我们还会在每两周一次的会议上进行更正式的互动，这些会议属于本书前言提及的课题项目的一部分（Boostrom，Hansen，& Jackson，1993；Jackson et al.，1993）。此外，我还记录了与每位教师进行的大约 4 小时的一对一谈话，在此期间，他们详细地描述了他们对教学的看法和他们对自己作为教师的看法。

教师们的言行和日常实践都表明，他们坚定地致力于教学。然而，他们却以截然不同的方式表现出他们的服务意识。这一事实表明，谈论对一个职业的诸多"感受"（senses）可能比达成一个单一的、统一的术语定义更有用。这意味着职业的概念并不能为教学提供固定的公式或蓝图。出于这个原因，在接下来的章节中，我实际上很少使用"职业"这个术语。这个概念并不能列出在教学中"做什么"和"不做什么"的清单，它只是提供了一种思考方式，以激励教师发挥他们的作用。这种思维方式与英雄主义或自我牺牲的形象几乎没有相似之处；教师们自己很快就会拒绝这样的标签。然而，仔细观察他们的工作，读者将"看到"在实践中超越工作意义的职业。

职业的概念也强调站在教师岗位上的人是多么的重要。它凸显了这样一个事实,即能够教育学生的从来不是某个角色或岗位本身,而是这个角色中的人,是塑造这个角色的人,是教导学生的人,是对学生产生或好或坏影响的人。接下来的四章阐述了塑造教师角色的意义。同时,后文的分析也会阐明教师如何受到他们在当今学校中的角色结构影响。任何教师都无法逃避学校和社会对他/她的行为和决定所施加的压力。没有一个老师会将自己置于孤岛,尽管老师们在紧闭的教室门后工作的刻板印象深入人心。其实,学校的压力和势力不需要决定教师做什么。那些力量反而限制了他们的工作,限制了他们的行动范围。然而,在这些粗泛和不断变化的界限内,教师们拥有显著的自主权(autonomy)和自行裁量权(discretion)——通常,比任何教师个体所意识到的要多得多。

接下来的描述印证了课堂教学是多么复杂,它的结果是多么模糊,即使对于那些最为严谨认真、最为精力充沛的实践者来说,也是如此。将教学作为一种职业,并不能忽视这些复杂性。事实远非如此。提出这个观点,旨在关注人们如何面对、理解和坚持教学,无论其复杂性带来多少怀疑和焦虑。职业的视角突出了毅力、勇气和想象力等品质。它说明了信仰在教学中的地位,信仰被理解为在没有太多支持,甚至没有任何证据支持的情况下仍然保有相信的能力。例如,四位老师都讨论了他们对学生的信任,这些学生虽然学业成绩表现不佳,但老师们都认为他们可以做得更好。在这些讨论中,教师还谈及他们如何看待自己达不到实践标准。我谈到这些不完美之处,并不是要评判教师本身是好是坏,而是要进一步阐明职业是如何在实践中显现的。

埃米特(1958)提出一个令人信服的观点,那就是把职业倾向带到工作中的人很自然地会用诗意的,甚至听起来具有精神属性的术语来描述工作。"岗位"或"差事"这样的惯常用语无法承载他们的感受、他们的信仰以及他们对自己所做之事的信念。在接下来的四章中，教师的自我描述证实了这一点。解读他们的证言，从中汲取关于教学的思考，将带我们步入自我规范的水域(normative waters of my own)。我试图超越简单的描述和分析，让大家看到和听到一个更为深思熟虑的解释。我邀请读者们也这样做，也许着眼于读者自身对教学的看法，或者着眼于他们所希望理解的教师或准教师的观点。

第 2 章 塑造课堂世界

佩顿女士下午的物理科学课有 24 名 7 年级学生。他们这所公立高中的人口结构数据显示，班上一半是女孩，另一半是男孩；14 名黑人，4 名拉美裔，4 名白人，2 名亚裔。佩顿女士已经从教 15 年了，她的教学经历都在公立学校系统，包括她最近 4 年任职的这所学校。我将通过描述某一天下午她和她的学生如何应对日常生活中可能出现的小插曲（interruption）来介绍她的教学风格。师生的对话反应，包括他们做了什么和没做什么，都在很大程度上展现了佩顿女士的课堂风气，以及她对自己工作的定位。

7 年级学生两人一组，正忙着做一个把固体转化为气体的实验。佩顿女士在长凳之间徘徊，适时回答问题并确保每个人都遵循正确的实验程序。学生们忙碌而专注。大多数人甚至没有注意到他们的老师经过。

实验进行到一半时，一个高年级学生出现在门口，陪同一个未来打算来这里上学的学生（一个 6 年级男孩）以及他的母亲参观学校。（这是一所"有吸引力"的学校，招收数量有限的来自全市各区的成绩优秀的学生，以及所在学区内的所有学生。）佩顿女士对来访者表示欢迎，并邀请他们坐在长凳的空位上观摩课堂。男孩的母亲坐了下来，男孩也随即在她前方的长凳上就座了。

这位年轻的访客穿着夹克，拉链一直拉到他的脖颈处。他小心翼翼地环顾四周,从他右边水槽上方储物柜上张贴的一些海报开始张望。海报信息强调了小心处理材料和妥善清理工作区域的重要性。就在这时,佩顿女士经过,她转身对旁边的一个学生说:"保罗(Paul),既然你的搭档今天不在这里,你能否和我们的客人一起工作,并让他看看我们是怎么做事的吗?"保罗肯定地点点头,男孩的母亲随即示意儿子过去加入保罗的小组。当她和佩顿交谈时,男孩小心翼翼地坐在保罗旁边的空位子上。保罗瞥了他一眼,然后指挥他去教室前排老师的长凳处拿回少量要加热的铜。保罗自己则继续安装燃烧器。

但这位小客人似乎没有答应保罗的要求。他站在桌子旁边,除了偶尔扫视四周,眼睛一直盯着地面。保罗又看了他一眼,然后离开自己的座位去拿铜料。他把它拿到旁边的柜台,学生们在那里给材料称重。另一个学生注意到这位小客人还在保罗离开的地方,顺势在旁边搭起了一个燃烧器,这立刻引起了小客人的注意,然后学生用拇指指向保罗正在工作的地方。小客人走过去观察保罗的一举一动,时不时环顾房间里的其他人。在接下来的几分钟里,他心甘情愿地跟着保罗,直到他的母亲来把他带走。

这段插曲的一个明显特征在于这位年轻访客的试探性。当然,佩顿女士说出(专门强调)"让他看看我们是怎么做事的"之时,其对象并不包括这个男孩。佩顿女士无意识的指令证明了她的教室是一个自成一体的世界,正如其他地方的教室一样。它以教师和学生的角色、义务和职责为特色。据推测,这位6年级的访客至少也经过了六年的学生角色历练。但他的犹豫表明,这些角色的内容因班级氛围而异,就像扮演这些角色的个体一样千差万别。

我从这节典型的课开始分析——"典型的"佩顿女士和她的学生,那是因为她和她的班级对来访者的反应都展示了她在课堂上的工作习惯和态度。尽管佩顿女士很有礼貌地接待来访者,但她还是继续做自己的事。她的学生们也是如此专注地投入到实验中,以至于许多人几乎没有注意到她在教室里"巡视"。大多数人也没有注意到来访者(佩顿女士没有宣布他们的到来,也没有向全班介绍他们)。起初,有几个人瞥了他们一眼,一只手拿着试管或搅拌器,另一只手拿着纸巾或支架。但后来他们便继续做自己的任务了。保罗,这个被召来陪伴来访者的学生,承接了老师对他心照不宣的信任。他小心翼翼地接待着来访者。起初,他把他当作共同分担责任的"固定"伙伴。当他看出这个年轻人还没有准备好,就冷静地亲力亲为了。

这些微妙的行为揭示了信念和理解的力量,它们将佩顿女士和她的学生从——开学第一天的——一群陌生人转变为一个共同体,他们的行为表明他们认同一定的责任,例如独立工作,尊重自己和他人的时间以及材料,所有这些都展现出目标明确的勤奋和成就。他们对潜在干扰的反应——或者更准确地说,他们缺乏反应——与其他充满冲突的教室形成鲜明对比,在那些教室里,任何干扰因素都会被学生逮住,有时也会被老师利用,作为浪费时间的机会(参见,Page,1987,1991)。

佩顿女士在将课堂塑造成工作环境的过程中发挥了核心作用。她以坚定和一以贯之的方式指导她的班级。正如我们将看到的,她的课堂准备得很充分,组织得很好,并且她对学科内容(subject matter)[1]的价值充满信心。与此同时,佩顿女士和她的学生们都为她的坚定付出了代价。有时,她维护恰当的程序和行为,致使教学手段变成了教学目的,反而偏离了其初

---

[1] 译者注:"subject matter"一词曾有多种译法,如:教材、主题、经验材料、内容材料等,结合学界近年来对该词多种翻译版本的分析和讨论,本书将其统一译为"学科内容",书中个别段落结合具体语境译为"教学内容"。

衷,即为学习创造更好的条件。在其他时候,她对学生的自我怀疑和担忧无动于衷。佩顿女士也认识到她工作中这些不平衡(uneven)的特征,以及我将谈到的其他特征。

她工作中存在的矛盾张力反映了这样一个事实,即在教学中践行一种职业使命感总是有问题的。正如我在第 1 章中所说的那样,职业取向并不会自动为一个人提供应该做什么的"指南"。它本身并不能消除与学生一起工作时不可避免的模糊性和复杂性。它也不会赋予教师随意影响学生的权力。除非一个人想给学生灌输思想,否则就不能强迫他们吸收特定的知识和态度。教学总是需要耐心和妥协。它需要一个人反思自己的所作所为。它需要改变的意愿。正如我们将看到的,佩顿女士面对这样或那样的挑战,她的应对方式是继续保持兴趣和充满信念地教学。

结构化环境的设计师[1]

佩顿女士教了 15 年的城市少数族裔学生,他们中的许多人不得不承受经济和社会的不平等。许多人的家庭供给和教育资源不足。有些人在学校中遇到相当大的困难,而另一些人则对正规教育不再抱有幻想。佩顿女士说,她理解对于这些学生来说,从家庭和社区过渡到学校可能很困难。这两类世界会让人感觉彼此之间非常遥远。一些教育评论家认为,造成这种差距的责任在于学校。他们认为学校本质上是人造的、官僚化的机构,会抑制

---

[1] 译者注:作者在书中多处将教师与设计师(建筑师)进行类比,故此处"结构化的环境"(structured setting)的译法借用了建筑学中结构主义流派的理念。该流派兴起于 20 世纪中叶的荷兰,出于对功能主义教条的批判,结构主义建筑应运而生,反对那种所谓理性但毫无生机的功能划分,强调回归人性与生活的本质。"结构主义建筑"中的"结构"二字,并非指支撑起建筑的物理结构,而是指建筑内在的秩序结构。结合本章内容来看,作者对佩顿女士教室物理环境和课堂文化氛围的描写,也试图呈现这种既井井有条又以人为本的内在秩序。

而不是激发好奇心和真正的学习。这些批评人士主张,学校应该从根本上进行重组。例如,在教学内容上变得更加多样化,并对家长的选择建议保持开放(例如,Chubb & Moe, 1990);或成为课程实验的场所,包括通过定期让学生输出智慧(例如,Nicholls & Hazzard, 1993);或者成为道德关怀最为重要的机构,例如,通过发现每个学习者的独特性,来决定应该教他/她什么(例如,Noddings, 1992)。一些批评家则更进一步,断言学校应该被废除(Illich, 1970)。

佩顿女士非常重视她所认为的学校独特性。她相信学校可以为学生提供真正的成长机会。她解释道,"我告诉学生们",

> 学校应该是一个你可以把问题抛在脑后的地方,在那里你可以找到好的、有规律的活动,一个有组织的地方……我希望他们真正对自己的成绩、自己的工作、自己能做什么感兴趣……但他们不应该老是想着自己的问题。我想给他们一个可以"工作"的地方。孩子们也需要规则和组织,否则他们就会跳到我和其他孩子身上。

对佩顿女士来说,"工作"既适用于学术学习,也适用于道德学习,后者被理解为培养对自己、对他人和对教育的积极态度。她的整体教学方法反映了她将学校与其他环境区分开来的愿望,也让前者(学术学习)在独特而有价值的地方发生。

她的价值观甚至体现在教室的布置上。这里的环境有一种实验室的务实感觉,一个仅供工作的地方,除了工作之外什么都做不了。它又大又方,一面墙的两端有两个门,对面有朝西的大窗户。房间很干净,光线也充足。佩顿有时会在白天打扫教室,而不是等着管理员在放学后打扫。她和其他同事共用的办公室可以从教室侧门进出。佩顿女士的讲台长桌包括橱柜、一个水槽和一个煤气出口(gas outlet)。在它后面是滑动黑板,它们沿着教室入口的同一面墙排布。在她的讲桌前有14张坚固的桌子,每张桌子供两名学生使用。这些桌子面对佩顿的讲桌,通常排成四排,中间有一段间隙隔开,这样她就可以在做测验和实验时轻松地走到桌边或绕过桌子。沿着南边和北边的墙壁,摆放着许多操作台、盥洗池和橱柜,橱柜里塞满了实验设备(有些是学校购买的,有些是学生的实验费购买的,还有一些是佩顿女士自己买的)。每两位学生共用一个柜子。

与邻近的教室不同,这个房间几乎没有任何装饰。橱柜上贴着半打皱巴巴的海报,宣传安全和清洁的重要性(例如,"请仔细阅读所有标识")。也有一些商业化制作的海报,传递出鼓舞人心的信息。例如,一幅海报上的女孩正在奔跑跨栏,上面配文"在课堂上努力是有用的"。另一幅海报描绘了一个穿着鲜红色衣服的女孩跳到空中,下面写着"热情真的会提高你的成绩"。鉴于佩顿女士朴实无华的教育方式,在教室里贴这些海报可能不是她的主意(因为她和其他老师共用这个教室)。此外,任何地方的大多数教室都会张贴此类风格的海报,若非如此,海报上描绘的动作——奔跑和跳跃——出现在佩顿的教室里便会令人感觉很不搭调。显然,海报设计师和在这间教室张贴海报的人都没有注意到这一点。

正如本章开头的小插曲所展现的那样,佩顿女士努力让她的学生专注于她为他们设定的任务。这些任务包括小组复习作业、课堂阅读、讲座和笔记、学生个人演讲、测验,以及最耗时的科学实验。在两年的时间里,我观察了她的46节课,每节课40分钟。在那段时间里,佩顿教四个班,每个班每周上7次课,包括两次双课时的实验。她给7年级学生上两节物理科学课,其中一些学生成绩优异,从全市各地坐公交车赶来上课。她还教两个高年级的物理科学班,主要由11年级和12年级的学生组成,其中许多人有一门高中科学课程不及格(通常是生物学)。佩顿教的许多7年级学生对学术的兴趣和投入精力都比较高,而她教的高中生则无精打采,这两者之间的反差一直让她深感紧张和担忧,这一点我在下面还会提到。

和7年级学生在一起时,佩顿女士一切都是"公事公办"风格。她悉心地关注他们工作和行为的细节。例如,每当学生在学年初使用代词来描述他们的工作时,她会经常打断他们。她坚持要求学生使用名词和适当的科学名称,并确保他们深入理解自己所使用的所有专业术语。在她的课堂上,"技术性"涵盖了广泛的领域。例如,它包括"溶解""蒸发""热""固体""气体"等术语。又如,如果一个学生说:"我们(在每个人刚刚完成的实验中)看到了同样的东西。"佩顿女士回应说,"请用你自己的话来说!你的实验记录里并没有写下'同样的东西'!"再如,一个学生脱口而出,"第5题的答案是什么?"佩顿女士总会这样回复:"你该不会直接问我答案吧!你应该换一种方式提问,这样我们可以向你解释你如何回答类似问题!"她经常提醒学生:"我只接受书面作业中完整的句子。"她拒绝讨论那些学生有机会在家里或图书馆里查到的、一知半解的词汇——她解释说,她希望借此教会他们一些自给自足的东西。她也不会拼写在班上已经学习过的、学生理应知道的单词。但她还是会提醒学生,他们有责任了解这些术语。

佩顿女士有一个习惯,她经常让学生来帮忙回答班上同学的提问:"谁能解释一下玛丽的那个问题?"此外,在学生回答问题之后,佩顿女士会面向其他人,问他们是否理解。举个例子来说,

一名男孩在回答某个问题时不确定地说:"是的,有点。"

佩顿回应道:"差不多?"

"嗯,有点,是的,我——"

"有点？那我们请另一名同学给你解释一下！"

一天中午过后，佩顿打断了课堂上学生的窃窃私语，说道："对不起，罗伯特讲话的时候，你们为什么都在说话？"她等待着教室恢复安静，这并不需要很长时间。"罗伯特，他们或许认为你只是在和我说话。那么你现在大声说给我们全班听。"佩顿女士经常给出这样的指示，她实际上扮演了一位公共演讲者的角色。她还强化了这样一种理念：课堂是一个共同体，学生们彼此之间应该发展一种合作的且有教育意义的关系，而不仅仅与老师建立关系。为此，她经常让学生们互相评价一些家庭作业、课堂练习和口头报告。她指导学生们写下对彼此有帮助的、学术性的（而不是个人的）评语。有时，她会给学生提供书面评估表格。她相信这些活动能够促进学习和共同承担责任。她说："尽可能地让学生做更多'工作'，这样他们就能学到更多，做得更好。"

她对学术细节的关注与对行为的关注相辅相成。10月的一个下午，迈克尔（Michael）承认他没有做作业。当被问及为什么时，男孩回答说："你只告诉过我们一次。"佩顿女士似乎对这一解释感到吃惊。她回过神来，对全班同学说："这是真的吗？"

"是的！"迈克尔插嘴说，"你只在一开始的时候说了！"

"是的，"另一个没有做作业的男孩马库斯肯定地说，"你只告诉了我们一次！"

"**一次够吗？**"佩顿女士看着全班同学，用一种愤怒的语气说道。

"是的！够了！一次就够了！"学生们异口同声地说。

"我也这么认为。"佩顿女士总结道，用一种"结案"的眼神看着迈克尔和马库斯。

从此，在这间教室里再也没有听到过迈克尔的类似借口——其他人也没有再找借口，至少在公共场合不会这样做。

课堂参与中的所见所闻

家庭作业事件说明了佩顿女士很少会对学生令人反感的行为放任不管。做实验时也是如此，她在房间里徘徊，检查学生的进度，并确保他们操作正确、不会危及自己或同学。在这些面向开放式结论的实验活动中，她所教的7年级学生身上浮现出天然的兴致与活力。他们非常喜欢这些实验。他们聚精会神地看着老师在教室前面示范步骤。许多人换座位或伸长脖子，以便看得更清楚。然后，两人成一组，每组派一名学生到前面去取必需品。

2月的一个下午，他们排队领取了少量的盐酸，用于将铜从氧化铜中分离出来。这个过程的第一步是让每个团队在坩埚中拆分铜的材料块。教室里传来断断续续的敲击声，仿佛有一群啄木鸟在工作。帕特里夏曾经是一个急躁的学生，她敲打铜块时太用力了，以至于把她的坩埚砸成了碎片。她的搭档摇了摇头，好像在说"别再这样了！"并告诫她向佩顿女士再要一个坩埚。十分钟后，教室里充斥着满树蝉鸣般的聒噪，在这种情况下，试管内塑料搅拌器的声音也越来越大。每组都有一名学生忙着搅拌——有时还伸着舌头聚精会神地搅拌——他们的伙伴在他们周围徘徊。摇晃着脑袋从不同角度观察试管，有些人还提出无穷无尽的建议："小心！"——"得了吧，伙计，别这么急！"——"好啦，好啦！马上就行了"——"让我看看！"——"好吧，现在轮到我了！"——"不！你已经是那个拿到铜的人了！（潜台词：现在该我了！）"

与此同时，佩顿女士继续巡视。"不要只是站在那里等待，"她对一组学生说,"继续下一步!""这是谁的外套掉在地板上？这可是个安全隐患,快拿开它。""这是谁的包？把它放到你的桌子下面。""请不要跑!"她突然喊道,一个男孩随即放慢了步。"蕾蒂西娅！你可以和你的搭档待在课桌前,你不需要过去和他们一起玩!"有一组学生把一个玻璃烧杯掉在地上摔碎了,玻璃烧杯碎在地板上。教室里开始嗡嗡作响。"你们现在都要多管闲事吗?"佩顿女士打断了全班的议论,说:"你们又不是没听过打碎玻璃的声音！你们不应该停下你们正在做的事情!"与此同时,她帮助两名学生清理了烧杯碎片。

不久之后,学生们开始点燃他们的燃烧器,以便加热试管中的材料。佩顿女士的警觉性提高了一个档次。她提醒学生们戴上护目镜,或者把护目镜从额头上拉下来遮住眼睛。很快,一股硫磺的气息在房间上空飘过,夹杂着学生们喋喋不休、满怀期待的讨论声。

学生们全神贯注地做这些实验时,经常大喊大叫地以引起佩顿女士的注意。当听到有人喊"佩顿女士!"她立即喊话回复:"我不喜欢被房间另一头的人大老远地呼唤,斯科特!"……"不好意思！我现在正和别人说话！……你为什么那么大声地对我说话呢?"她声如洪钟的回答常常让学生们大吃一惊,回响不绝于耳甚至延续到新学年。她解释说,自己刻意用声音来引起学生的关注和合作。在某种程度上,她这样做是为了弥补自己身材矮小的缺点:"我从来没有真切感受到学生们因为我的身材矮小而为难我。他们通常能洞悉我的意图,尤其当他们听到我的大嗓门说话声在教室里回荡之时以及他们不知所措之时……当我对学生大声说话时,他们会感到震惊。"

总之,佩顿女士既关注学术工作,也关注她认为的良好品行。她经常把对学生某一方面的评价与另一方面的指导融合在一起。例如,10月的一天上午,她环顾教室时不停地对一个学生说:"罗伯塔,你在这门课上绝不能这样坐没坐相!"女孩立刻抽出自己翘上凳子压在身下的双腿,把脚放到了地板上(佩顿女士的这一指令既有对学生举止礼貌的规范,又有对课堂安全的考量)。另一名学生边玩篮球边把一张皱巴巴的纸扔进了佩顿女士讲桌旁的废纸篓里。"有没有搞错!"佩顿女士喊了出来。男孩猛地扭过头来。"在这里可不能这么干!"她强调,大步走向那个被吓到的年轻人。"你要把那团纸拿到垃圾桶的正上方,然后再把它扔进去!"每当学生忘记规则时,她就会重复这些指令,即便不会频繁地使用类似的管理游乐场的话术。例如,这次"纸团投篮"事件发生的一周后,另一个男孩又瞄准了废纸篓。"嘿!干什么呢!"佩顿女士都要崩溃了。"哦!我忘了!"男孩回应道。"不!"佩顿女士告诫。"别说忘了,什么都别说! 你把扔的东西拣出来,回到你的座位上!"在剩下的几分钟里,男孩静静地坐着,练习用正确的方式把纸团拿出来。

除了贯彻自己的规则,佩顿还严格遵守学校的规定。这一事实进一步反映了她对细节的习惯性关注,并再次印证了她对学校日常教育的信念。"我的同事都知道,"她解释说,"我是一个认真遵守学校规章制度的人。如果有程序需要遵循,我就会遵循它。我不认为我能超越学校的规则……[所以]如果有规则、程序,我都会服从。"她坚持认为,她不是一个"拘泥于规则的人",但她确信规则有助于形成一个支持性的工作环境。如前所述,她认为一个安全和秩序井然的学校环境对她的学生而言是至关重要的。她赞赏校长的政策,即要求所有学生都携带有照片的身份证件(由学校提供),这是为了消除令人讨厌的校外人士在走廊里找麻烦的危险。"但有些学生告诉我,"佩顿沮丧地说,"我是少数几个坚持执行这项规定的人之一。我简直不敢相信!"她希望第一时段上课的教师能执行该规定,从而让每天后面时段上课的老师们理所当然地轻松些。她还抱怨说,一些学生标新立异,总是把

第 2 章 塑造课堂世界 35

身份证拿掉。当她自己上第一时段课程时,她就会孜孜不倦地执行这条规则,并提醒学生理解这条规则背后的正当理由。

佩顿女士向学生们解释她为什么支持这一规定时,语气变得柔和了——这也缓和了她有时给人留下的严厉和挑剔的印象。她知道自己"治班如治军"的严格做派名声在外。她只需每天听同事和学校里其他人的议论,就能印证这个事实。例如,去年12月的一个早晨,当佩顿女士和她的学生们进入走廊时,一位担任走廊督导的老师用一种由衷钦佩的声音说:"啊!佩顿女士的课来了,我们不用担心他们了!佩顿女士的学生总是能很好地控制自己!"佩顿女士忍不住笑了,她的许多学生也笑了,也许是因为听到他们的老师受到称赞而感到很高兴,也许是因为看到她的反应而感到很高兴。

与此同时,同事的这些言论也让她对自己的教学风格产生了怀疑。佩顿的教学方向是有附加条件的,这促使她重新考虑自己的做法。正如我们将在下一节中看到的那样,这种反思过程会产生更多的问题和疑虑。有时,它甚至会带来幽默的结果。当谈到同事们评价她那些"控制良好"的学生之时,她解释道:

> 我曾经就像一只小母鸡。如果我必须带我的学生去某个地方(集合的大教室),他们都必须走一条直线,途中一言不发。我会问他们:"你觉得我们从这个教室走到目的地要花多长时间?"学生们会告诉我:"两到三分钟。""我相信你可以保持安静三分钟,对吗?""我们当然可以。"他们会这么做的。
>
> 现在,如果我的学生站成一条直线,我会感觉很糟糕。在新学年开始时,7年级的学生总是站成一条直线,因为他们的老师教过他们这样

做。我说:"请不要走直线。我们一起走吧,保持安静即可。"……他们会很奇怪地看着我,似乎在说:"她竟然不希望我们走成直线!"

佩顿的7年级学生可能会觉得她的指令令人费解,因为她的大部分行为似乎都是基于这样一种信念,即教师应该充分行使角色赋予他们的权威。我认为她的日常实践象征性地表达了这种信念,通常以强有力的方式。然而,她也直接向她的学生阐明了这一信念。

11月的一天下午,她叫了一名学生上讲台,这名学生主动要求解释她在黑板上画的一个平衡杠杆的图表。男孩自信地走到前面,但他犹豫了。"嗯,也许吧,"他结结巴巴地说,"嗯,我认为——""加油,埃里克,"佩顿女士叫道,"你说'我认为'是什么意思?你告诉我们。你站在这里就是权威!"

佩顿女士的话表明她对自己在课堂上的权威抱有绝对信心。她希望她的学生也明白如何按自己的方式行事,这样他们就可以集中精力在学业上。在实践中,这一目标意味着,当她的学生在场时,她必须以一种清晰、一致和自信的姿态行事。然而,她会将权威与威权区分开来(参见 Nyberg & Farber, 1986; Sennett, 1980)。"我不能表现得像个恶霸。"她补充说:

> 我不能站在一个孩子面前说,"坐下吧,因为这是我的命令。"我会说,"如果你们能尽快回到座位上,以便我们把课堂组织好、安排好,那么我就可以给你们实验指示,你们也就能有更多时间来做实验。"这是让学生们坐下来保持安静的一个很好的理由,不仅仅是因为我想让你们这样做,或者因为我想让我的课看起来井然有序。我总是调侃他们的智力,比如"你们不觉得这样做更明智吗"。

正如我们所看到的，佩顿女士实际上并不总是解释她发出指令背后的理由。尽管如此，她的做法似乎取得了成效。随着时间的推移，她的教室变成了一个专注的、以工作为导向的环境。结合对7年级学生的广泛观察和他们的非正式评论来看，许多学生尊重并喜欢他们的老师，发自内心地享受她的课，而且他们特别喜欢参与实验和精心策划的科学项目。许多学生似乎把佩顿对他们行为的密切关注（watchfulness）和评价看作是自然且合理的。

佩顿女士对课堂发生之事的警觉性让人想起了第1章中关于职业概述的一个维度。我认为，从事一份职业——无论是护理、医务还是教学——都需要承担伴随工作而来的日常琐事。就像艺术家必须耐心地组织和安排他/她的材料一样，教师必须耐心地确保他/她的"工作室"准备就绪。佩顿女士履行这一义务毫无困难。她似乎认为自己每天为了学业和学术所承担的组织工作既不是白忙活儿，也不是苦差事。相反，从她的角度来看，这些充斥在日常实践中的大量任务似乎构成了"细节的财富"（a wealth of details）。总之，这些任务为她提供了一些契机，得以将自身作为教师的价值观具体化。它们成为观察者可感知的创造性材料，就像一间结实的教室（a substantial classroom），随处透露出坚实可靠的质感。

在某种程度上，这种"质感"源于一些学生模仿佩顿女士的务实作风。例如，随着学年的推进，不难观察到一种现象，即第一批来到教室的学生已经逐渐习惯了这种风格，开始反感那些在他们之前上课却不能有序使用教室的学生。"这节课之前的学生怎么能把我们的教室[homeroom]弄得这么乱！"一天早上，一个学生抱怨道。她和一位同学随即开始清理皱巴巴的纸张和其他杂物。在实验结束后固定的清理时间之中，学生们经常因为没有把材料整齐地摆放好而互相责备。下课铃一响，学生们就会很自然地把椅子归位,而不是直接冲出教室(这是学校的常态之一),他们这一习惯的养成,可能源于佩顿女士在学年之初做出的示范。

乍一看,上述学生的表现及其类似行为,似乎乏善可陈,并且与教育教学无甚相关。然而,在学校和教室的情境中,它们具有重要的意义;因为如果不具备这些良好的行为习惯,课堂参与者则很难专注于学术任务。有人可能认为,它们的意义甚至更广泛[1],因为学习关注细节也能促使人们去学习关注更宏大的事物。当然,关心细节和陷于琐碎只有一线之隔。然而,值得注意的重点仍然在于,佩顿女士和她的学生都愿意给那些起初看来微不足道的平凡小事赋予更大的意义。正如本章开头描绘的小插曲那样,这些行为揭示了学习本身的丰富意义所在。

此外,佩顿女士的 7 年级学生通过多种方式展现出他们对学业的投入程度。我已经提到许多学生在做实验时是多么的热情。他们沉迷学习的状态也会以某种微妙的方式表现出来,他们得扛住压力,以便对抗学校中那种即便不明目张胆地蔑视、也会想方设法嘲笑优等生的学生文化(这类压力在美国学校教育中似乎很普遍[Cusick, 1973; Henry, 1963; Peebles, 1994])。以查尔斯为例,他是秋季学期中途转来这个班的一名男孩。他个子高,脾气好,一脸真诚,笑起来很深沉。他花了几周的时间来适应这个环境——用佩顿女士的话来说,就是"学习'我们'是如何做事的"。然而,查尔斯很快就成为班里的活跃分子。在 2 月的一次两节连堂课上,他几乎一个人完成了他和他的实验搭档两个人需要做的所有准备工作。他的搭档吉拉德(Girard)总是游手好闲,一次又一次地取笑他的同学——除了在佩顿女士走近时有所收敛。查尔斯友好地陪笑着,但同时继续做实验。他似乎在

---

[1] 译者注:类似"积跬步,以至千里;积小流,以成江海"之意义。

煞费苦心地掩饰自己完成每一步骤时溢于言表的快乐。查尔斯的课堂学习投入,在他对待乔(Joe)和周(Zhou)的反应中表现得更为明显。乔和周是邻座,在实验过程中,他们曾邀请查尔斯检查实验结果。查尔斯立即忽略了吉拉德,就好像这家伙根本不存在一样,他专注地看着他邻座的同伴们在做什么。乔和周只是假设查尔斯会感兴趣,而这一事实证明了查尔斯对课堂应有之义所抱持的态度。这些微妙的行为,在佩顿女士课堂的每个阶段几乎都会显现,它们象征着学生们从她帮助建立的工作环境中可能收获什么。

佩顿女士和她的许多7年级学生的日常行为表明,教师和学生的课堂角色并非"虚设"(emptied out)。正如麦克尼尔(McNeil, 1986)和其他人的研究指出,教师和学生放弃履行其角色职责的现象在学校中时有发生。这些研究发现,教育管理者和教师时常无意识地放弃了对学业的严格要求,以此换取学生的良好表现。麦克尼尔(McNeil, 1986)将其称之为"控制的矛盾"。这种矛盾在佩顿所在的高中就能看到。然而,在她的课堂上,学生和教师的角色得以**充实**(filled out),通过他们所专注的日常活动获得了实质升华。一个课堂观察者可以看到、听到,甚至闻到(回想一下实验中点燃的火柴)佩顿7年级班级的课堂参与文化。

教师职业认同的挑战

在佩顿负责的两个班级里,高年级那个班的情况有所不同,他们中的许多学生成绩很差,许多学生几乎没有学术抱负。佩顿女士努力调和她关于学业表现的高标准信念与这些学生无法激励自己完成学业的低效能现状之间矛盾。她从事这个年龄段的学生辅导工作已有三年了。她描述了那段时间中自己必须学习的东西:

你看,这些学生还没有发展出内驱力(self-motivation)。随着他们年龄的增长,如果仍然需要去补足自我激励匮乏的短板,他们就很难取得任何成就……他们无法深入自己的内心,找到想要获得A(力争上游)的真正理由。他们中的一些人没有获得父母的鼓励。有些父母其实已经放弃了这些孩子,实际上也放弃了他们自己。

佩顿女士解释说,她是通过艰难的方式了解到这些事实的。她说,在某种程度上,学生们"愚弄了她"(fooled her)。多年来,他们已经学会了如何假装感兴趣,如何虚张声势。"我教高中物理科学的第一年,"她说道,

我本以为,学生们看起来都很机灵,他们都支付了[实验室材料]的费用,他们中的大多数人在第一个月就把作业交了,"哇噻"!我遇到一群非常好的高中生呢!所以,我开始加大力度投入教学。我在想,这样一来他们将会持续进步。然后,我开始给他们的论文打分。而这些学生中的大多数都学会了"防御演习"(defensive maneuvers)。他们已经学会了如何在课堂上表现得专心致志。据他们了解,很多时候,"你"交了论文,老师只会在上面打个钩,这意味着只要"你"完成了,就取得了完美的成绩……学生们会回答家庭作业的问题,但不会认真思考任何确切的答案。他们只会写下问题,然后将每个问题重新表述为"答案"。

佩顿女士说,这些学生行为导致她对他们失去了尊重。她开始发现自己很难"和他们在一起"(be with them)。在某种程度上,正如她所解释的那样,这只是一个经验问题。"我已经教了15年书,"她说,"其间12年都是专门和7年级学生在一起。因此,高中生需要很长时间才能完全赢得我

的心。"

此外,她对高年级学生失去了耐心的原因在于,在她看来,高年级的物理科学课程已经被简化了。它以物理、力学和化学的基本定律为中心,并采用了与7年级学生相同的教科书。但它却没有布置与7年级相同范围的课堂实验。仅凭这些事实,在面对这些高年级学生时,佩顿女士就几乎不可避免地想要"罢工"(strike against these students),这种冲动甚至出现在第一次见到他们之前。与学生们的非正式谈话也证实,他们对自己心怀怨怼,部分原因是他们意识到自己的课程并不像低年级学生的课程那般复杂——尽管他们也意识到自己的学习成绩是如此糟糕。

佩顿认为,她的学生在学习上无精打采、缺乏兴趣,却对时尚和社交生活全神贯注,这让她很恼火。她用略带讽刺的口吻,描述了学生们为什么很难按时到校的原因。"想想看,他们在上学路上(穿过学校主楼走廊)遇到的所有诱惑。有一个叫鲍比·乔(Bobbie Joe),一个叫莎莉(Sally),一个叫苏(Sue),他们那天就没来上课甚至一整个星期都不见人影,或者他们只是必须在健身后多花些时间把自己打扮得漂漂亮亮。所以你看,这些都是他们上课稍稍迟到的正当理由!"尽管佩顿女士在(学校全系统使用的)考勤表上报告了学生迟到,但她不会因为这类违规行为而惩罚学生。相反,她鼓励他们即便迟到也要来上课,因为她认为至少师生彼此接触的一些时间是有价值的。此外,除非学生来上课,否则她拒绝把当天的作业或讲义给他/她——除非学生有正当的缺勤理由。

佩顿还说,高中生高度敏感且容易受伤的自尊心既让她感到惊讶,又使她产生反感。相比之下,她认为7年级学生更坚强、也更成熟。"对于我的7年级学生,"她解释说,"我非常强硬,我希望他们能更快地掌握学习内容。我知道他们喜欢玩,所以我不允许玩太多;[若非如此]他们便不知道自己在做什么了，不是进来打扰别人读书，就是拿走别人的帽子或钱包。"她说，她可以轻松地挑战7年级学生的智力极限，并强有力地指出事实上和理解上的错误。相反，她和高中生在一起时：

> 我必须给他们更朴素和传统的爱与理解。如果我尝试对高中生用同样的方法，首先，他们可能不知道我在说什么。其次，他们会关注我的语气，并为此感到非常不安。如果我以非常强硬的方式纠正他们的错误，他们可能会采取消极态度应对……他们会在同龄人面前感到尴尬，无法轻易释怀并继续前进。他们有可能在接下来一年时间里仍然怀恨于心。

她进一步解释，相比7年级学生，她更了解高中生的家庭生活，因为很多学生都有这样或那样的问题。她认识到，许多人放学后要打工[补贴家用]，有些人还要帮助父母照顾弟弟妹妹，而且，她也认同，青少年普遍渴望独立。但她似乎不喜欢扮演他们的养育者和照顾者的角色。

在旁观者的角度看来，她的高年级学生似乎对功课毫无热情。他们在课堂上表现得很被动。他们的测验成绩很差。他们抱怨不得不做作业，并且会坦率地承认，他们把校外打工和社会活动看得比学业更重要。他们不善于倾听。举例而言，佩顿女士的7年级学生往往在她检查完流程之后马上投入到实验中，"反观高中生，"她说，"你给他们所有的指示，然后说'好吧，你们可以开始了'，他们此时却依旧看着你。过了一会儿，他们会站起来，开始相互询问，'好吧，那我们先做什么呢？佩顿女士，就是我们要做的事吗？'那种情形，好像我什么也没说似的！"学生们一再试图哄骗佩顿女士给他们发放简单的填空练习册，这种浪费时间的活动让教育工作者感到遗憾，但这显然是这些高年级学生的习惯。甚至直到每学年的4月份，佩顿女

第2章 塑造课堂世界

士发现自己都必须提醒学生:"把你的名字写在作业本上,不然你可能会忘记什么时候交作业。"

佩顿女士并没有掩饰她对某些学生的不满,她认为他们不仅懒惰,更糟糕的是,还狡猾。在描述一个不断抄袭别人作业的学生时,她抱怨道:

> 他都没注意到我正盯着他。你看,我站在这边,但我关注格雷格(Greg)的同时,也留意着伯顿(Burton),他是一个不走正道的高年级学生[1]——我都不知道他是怎么成为高中生的!他是我见过的最依赖别人的人!我觉得他甚至不会把自己的名字写在纸上,直到看见他的搭档也是这样的懒散!

佩顿对一些学生的评价非常负面,以至于在批评格雷格时,她都还没说完反对这个男孩的理由,就迫不及待地转而描述对另一个男孩更强烈的反感。此外,佩顿说,造成这种情况的部分原因在于她每天都和更有活力、更善于合作的7年级学生在一起,"他们因欣赏知识本身而喜欢知识",与高年级学生形成鲜明对比。佩顿女士说——她偶尔会对高年级学生发脾气。

例如,4月的一个下午,一个女孩承认她没有做家庭作业。佩顿女士问她为什么,女孩回答说她要准备诗歌考试。"这跟你没完成作业有什么关系?"佩顿厉声说道,"看来确实很有关系,难道不是吗?好的!我记住了,当你父母问起你的科学成绩时,我就直接这样告诉他们!"当班上其他同学安静地坐着时,那个女孩盯着自己的腿发呆。佩顿女士则继续上课。在另一

---

[1] 译者注:原文对伯顿的描述是"Burton who is a senior who has found ways",结合上下文语境来看,此处佩顿女士并非表扬这个学生"找到了合适的方式",而是讽刺他找到了诸多应付了事的方法,故译为"不走正道"。

堂课上,她问学生们对他们刚刚参加完的测验的设计和内容有什么看法(我之后还会谈及她向学生寻求作业反馈的习惯)。一个男孩没头没脑地张口就回答(replied with ill-advised candor),他并不知道解决这些问题的步骤。佩顿女士突然冲了进来。"哦? 现在才说,你为什么不知道呢? 你最近来上课了吗?""没有。"男孩坦白承认了(佩顿女士对此非常清楚)。"如果你不来,"她吼道,"你是不会知道的。你课后找同学拿笔记了吗?"——"没有。""那你给我打电话了吗?"——"我不知道您的电话号码。"——"不是我家的电话,我也没给你们那个号。""我说的是下次给学校打电话!"

佩顿不喜欢这种对抗。但现实却不止如此。高中课程使她紧张不安。"对我来说,最难接受的是我可以教 7 年级学生物理科学,我们可以一起学习,我们可以一起玩耍,享受科学的乐趣。(但是)教高中生就增加了额外的负担。我觉得这种紧张严肃的氛围令他们和我自己都感到不舒服。"

她知道,她的脾气是由她的高期望所决定的,这让高年级学生很烦她。当她让学生完成期中课程教学评价时,许多学生写她"刻薄"。"我知道[他们在说什么],"她叹了口气,"我需要努力克制我的脾气。"不止一次地,我看到她因为发脾气而向学生道歉。

然而,在这些事件发生的时候,佩顿女士还没有形成一种令她自己(和他们)满意的与高中生交流的方式。她遭遇的麻烦证实了各地教师都面临的一个问题,即当一个人必须教那些他/她不喜欢或不看重的学生时,他/她该怎么做? 教师面对那些并不致力于学术学习的学生,应该如何引导他们的负面情绪? 对于消极、无聊、抗拒、冷漠甚至更糟糕的学生,教师该怎么办? 期望老师对所有学生都抱有同样积极的态度,这也违背了常识和人类的基本能力。除非一个人是圣人,否则他/她很难保证不批评别人。一个人也不能简单地切断直觉感受。一个人不能迫使自己对另一个人产生某种特定的感觉。大多数教师，像芸芸众生一样，不可能没有自己的本能反应及其相应的行为表现。同样很自然的是，无论教育水平如何，老师都会倾向于偏爱那些善于倾听、勇于尝试、或者特别喜欢完成老师所布置的任务的学生——他们喜欢读老师钟爱的书籍，喜欢参加老师推崇的学术活动，喜欢老师可能为之奉献了一生的这门学科本身。

超越人之常情(all-too-human proclivities)地要求老师对所有学生抱有整齐划一的期望，似乎是有问题的。这种期望有悖于广为认同的教学观念，即教师应该认识到每个学生的独特性，这种认识从定义上来说意味着因材施教。例如，对那些遭遇更多困难的学生付出更多耐心，给予额外的关注；或者对那些毫不费力就能完成课程的学生，给予更具挑战性的任务。

从佩顿女士对待学生的差异和态度之中，我们吸取的经验并不是教师应该试图否认学生的感受，或者试图通过纯粹的意志力来改变自身的感受。相反，佩顿的困境告诉我们，教师们可能会努力地觉知到自己看待和对待学生的不同方式。他们可能会直面自己的感受和信念。而采取这一步骤，使他们对自身情绪的反思成为可能，这反过来会牵引他们对所做之事，或付诸理性肯定，或做出行为改变(Buchmann, 1989; Murdoch, 1970/1985)。此外，这种反思可以帮助一个人克服先入为主的印象，与所有教师都可能走入的误区保持一定距离，即不要快速而轻易地对某些学生下定论。从表面上看，这个建议显而易见。每个人都应该试着对其他人以及他们能做的事情保持开放态度。然而，教师有义务专门意识到这一道德要求。他们的实践是以帮助学习者获得成长和幸福为核心的，除非一个人愿意改变自己对学生的看法，否则他无法欣赏学生的变化。

在佩顿女士的困境中，最难的一课也许是，学习如何教学，仿佛要应对学生随时随地可能发生的变化。我将其称之为最难的任务，因为它包含了教师可能从未真正看到,甚至从未听说过的变化。灵活多变的现实迫使他们采取随机应变的教学姿态,这绝非易事,特别是如果教师对自己的学生感到失望,或者更糟的情况是,他/她不喜欢他们中的一些人。教学本就是一项充满不确定性的工作,更何况还要接受这样一个事实所带来的负担:一个人可能永远不知道自己是否真正发挥了作用。这种情况要求他/她对自己努力的完整性有相当充分的信心,对人性也有同样强烈的信心。亨利·亚当斯(Henry Adams)[1]写道:"教师的影响是永恒的。他永远不知道自己的影响会到哪里为止。"(Adams,1918,p. 300,转引自 Jackson,1986,p. 53)亚当斯的说法表明,老师们也许要自我引导,让自己相信即便面对那些最顽劣的学生,他们也可能产生一些有益的影响。(当然,一个人的能力有限。正如另一句熟悉的谚语所说,没有老师能教会所有人,也没有老师完全教不会任何人。教师的某个同事,也许更适合去教某个特定的学生。)

当我第一次造访佩顿女士的教室时,她正在努力改善与高中生的关系。在随后的两年中,她也继续这样做。她开始为了学生调整课程,并且坚持说,不是要"放水",而是要"放慢速度",这样学生们才能取得一些成功。她推荐的资料少了,布置的作业也少了;她为学生提供了获得额外学分的机会;她允许学生重复一些他们做得不够好的练习。她谨慎而紧张地进行了这项课程改革。按照她的说法,她正在从已知的和被充分证明的领域转移到新的领域(Hawthorne,1992;Paris,1993)。她觉得这个课程改革"实验"是对她一贯期望和标准的直接挑战。"我不想让他们负担过重",当她谈到高年级学生时这样说,"但我总是问自己,我应该把标准降低多少?到了什么节点,就不应该再降低了?我总是质疑我所教内容的有效性。"

---

[1] 译者注:亨利·亚当斯(Henry Adams),美国历史学家、学术和小说家。代表作有《亨利·亚当斯的教育》(*The education of Henry Adams*),是一本教育故事集。

她将关于课程改革的努力与她希望对这些学生不再那么"刻薄"的努力结合在一起。她对自身和学生的进步有所感知,并将其描述如下:

> 这种感觉包括接纳他人。我的意思是说,我认为要求一些学生去做他们无法胜任的事情,这是不道德的。让学生感到沮丧是不对的。对他们置之不理是不对的。他们在你的课堂上一整年都找不到成就感,这也是不对的。我认为这些在道德上都是错误的。因此,我将改变我的课程,并且通过不断地变革来帮助我的一些学生获得成功。
>
> 我认为这是我们必须要做的,绝不仅是说说而已,"我们都在思考如何为学生提供适合的课程"。谁能确定呢?无论你多么努力地尝试,无论你读了多少书来保持学术上的领先地位,事实上,适合一个孩子的可能并不适合另一个孩子……除了学术,我正在和一些真正的人类打交道。而且,面对那些具有高度挫败感的孩子,我感觉并不舒服。

佩顿女士并没有简单地、按部就班地推进课程改革,而是投入了相当大量的时间和精力进行课堂反思,以便从更具洞见的角度来感知学生的能力。她努力保证不会因课程"改变"而降低学术严谨性。(如前所述,与7年级学生的经历相比,这门课的难度已经有所下降了。)根据我的观察,佩顿女士确实拖慢了课堂进程;她更关注课程选题的深度,而且她和学生的互动也变得更友好了。

个体与实践

我在第1章中提到,教学实践本身将"教导"人们这项工作需要什么。

随着时间的推移和经验的积累，投身于这项任务可以引导一个人珍视自己作为教师的义务，而这是别人事先给予再多的教导劝勉都无法企及的。佩顿女士直面教学的核心责任：作为一位教师，不应该放弃那些令人不喜欢的或是令人感到失望的学生，而应该坚持寻找与他们建立联系的方法。

在接受教学挑战的过程中，佩顿也了解到自己做出改变的能力和意愿是有限的。正如她经常所说，她是一位经验丰富的教师，已经找到了卓有成效的干活方式，而按部就班的良性常规往往是很难打破的。虽然她试图以更和蔼可亲的姿态对待高年级学生，但无论对他们还是对7年级学生，她都不想和他们成为亲密朋友。她与学生保持距离，而且，她认为这种距离对于自身履行教师职责而言至关重要。根据她的表述，她几乎不由自主地养成了这种态度。

当我还是个年轻教师，而且苗条得多的时候，我很容易被人当成学生。很多男孩真的会和我调情，走上前来抱住我。此时我对自己说："不行，我得做些事情，让他们不敢想当然地乱来。"所以我采取了一些策略，帮助他们意识到"你是学生，我是老师，我们之间有很大的不同。我是来教你的，不是来跟你交朋友、称兄道弟的。我们之间必须保持体面的距离。"我也在教室里设置了各种各样的规则。事实上，在我的母校，我是出了名的暴君！

这些年来，她说自己已经变得"更讨人喜欢""笑得更多"，而且"约束规矩"更少了。尽管如此，她仍然认为，一定的形式和角色距离（role distance）是成功教学的先决条件。

这并不是说她避免介入学生的个人生活。每当有学生表现得异常糟糕或无法完成作业时,她都会立即投入时间和精力找他们谈话,也会和他们的父母、她的同事以及学校辅导员交谈。她迅速行动,以求找到所有问题的根源。例如,4月的一天,她班上的一名学生将酸(acid)倒在另一名学生存放在走廊储物柜里的外套和物品上。佩顿迅速找到利益相关方对质,并寻求成年人的支持。这件事变成了一个复杂的故事,要弄清楚"罪犯"是如何获得酸的,他为什么会用酸来实施如此具有危害性的行为,以及学校应该给予他怎样的惩罚(结果是这个男孩被停学了)。在讨论整件事的过程中,他们发现这个12岁的男孩独自生活,父母离婚了,现在都不在他身边。佩顿女士带头解决了这个问题,并试图确保这个男孩在停学期间有成年人的监护。

她还经常参与解决学生遭遇的更多日常难题:与同伴争吵,在实验中争论谁做了什么,忘记带材料,丢失东西,等等。此外,她以"严师"而闻名,无所畏惧地制止走廊里的打架和争吵。在我观察期间,有好几次,学生在课间跑进教室,要求佩顿女士帮忙解决纠纷。佩顿女士还定期与家长讨论学生的学业和行为。例如,她描述了她是如何处理三个高年级学生的,他们总在她的第一节课迟到。"他们进来时似乎非常抱歉,"她说,"我已经和他们三位的家长都谈过了,所有父母已经放弃了叫孩子起床,他们今后也会如此。我在想,当孩子应该起床时,父母二人都已经去上班了,所以孩子养成了迟到的坏习惯,因为家里没有其他人帮忙把他们赶出家门。"

仍然值得注意的,佩顿女士做不到"像和我的一位朋友说话那样和孩子们说话"。如前所述,她重视自己和学生之间的一定距离。事实上,熟悉某个学生的问题会让教师更容易与之建立私人关系,也会促使教师更喜欢学生,当被问及这类事实的时候,佩顿回答说:"如果这是真的,我尽量让自己不去想这个问题,因为我知道这真的会影响我如何对待他们。"她担心在这些问题上纠缠不休,可能会使她对学生的要求"更放松"——也就是说,这可能导致她**无法成为**她心目中自己应该成为的那种教育家。她说,她非常不喜欢在学校附近或商店、餐馆里和她的学生偶遇。她强调说:"我不希望在音像店之类的地方,有学生来找我。"

简而言之,除非学生遭遇个人危机,佩顿女士对学生个人背景这类相关"知识"的掌握程度仅限于能够帮助她为他们创造更好的学习环境。几乎她与学生的每一次接触,都是奔着这个目标。她只在课外时间给家长打电话,并单独与学生讨论他们的问题。如前所述,针对孩子们在家里或城市环境中遭遇的各类问题,她的回应方式是在学校里为他们构建一个更加结构化的世界(much more structured a world in school)。她努力在课堂上创造一个她心目中的新世界,这对许多学生来说,他们会有新鲜的学校体验,有真正的学习机会。她从不回避因"教学火花"(teaching sparks)而引发的紧张和冲突。正如我们所看到的,学生们有时会被她的强硬所激怒。这并不奇怪,因为她的大部分努力直接作用于学生因不当教育而养成的坏习惯。例如:有些人注意力不集中、不去动手尝试、不认真对待需要审慎思考的材料。佩顿仔细考察学生的能力,想要了解他们的潜力和才能。然而,一旦她走进教室的门,她就能表现自如(conducts herself),好像对她的教学价值没有任何怀疑。

把学校变成一个"特殊"和"不寻常"之地的想法和学校本身一样古老。这种说辞可能会成为教师和管理人员忽视学生问题和痛苦的理由,这些问题和痛苦在当今的城市环境中往往很严重。佩顿女士对学生问题的关注是否"隐藏"在她想为学生创造一个特殊课堂世界的愿望之中?她的自知之明(self-understanding)是逃避处理学生问题和挑战的一种更便利的方式吗?这种可能性或许存在,并有一定道理。但承认这一点,就等于在评价佩顿女士毫无可取之处。世界上所有的老师都会回避学生面临的许多合情合理的问题。如果一个老师不这样做,他就不可能正常教书。因为有太多问题需要处理,一个老师将花费大量的时间去学习和理解这些问题,以至于把教学搁置一旁。此外,关于一个人可以真正学会和处理好所有这些问题的假设是傲慢的。它是芬克尔和蒙克(Finkel & Monk, 1983)所说的"阿特拉斯复合体"(Atlas complex)的一个升级版,即一个人必须无所不知、拥有全能智慧、能够解决所有人的一切问题和困境。课堂外的人们,往往认为教师应该承担这种超人级别的责任,这种假设同样是错误的。

教师需要解决的问题是让人们意识到个人主观判断和"盲点",以便帮助人们理性认识并设法纠正它们,而且假定这一认识过程与教学行为有关。此外,事情总有另一面(the other side of the coin),正如佩顿女士的多年经验所得,敦促学生把个人问题留在教室门口(即不把个人问题带进课堂),实际上为他们带来了全新的、有益的体验。事实上,佩顿女士并没有**忽视**学生的个人背景,她也没有**假定**学生的发展与个人背景无关。她不会把学生的未来预先设定好。她只是付诸行动,似乎学生们都能有且的确有享受新教育的机会。

佩顿女士既不是代理看护,也并非完全不近人情。如果把这两种状态作为线段的两端,她就会落在中间偏右的某个地方,即远离代理看护的那个方向。至于离中心有多远,那是不可能的,而且,这也不是重点。相反,从她的叙述和我自己的观察来看,佩顿女士是一位努力保持开放态度的老师。她经常征求别人对她工作的反馈。例如,每学期她都要求学生填写她自己设计的评价表格,以评估他们的学业进展,并找到他们所感知到的成功路上的障碍。佩顿女士也会要求学生进行非正式评估。例如,在完成一个测验或一种新的练习后,她经常问学生这个活动是否公平、是否有帮助、是否需要改进,等等。

她向同事寻求建议、咨询和批评。有些反馈，在不经她询问的情况下，也会自然而至，而且通常让她很高兴。"有老师问学生[其中有她教过的学生]，"她说，

——就像在化学课上一样——"你怎么知道要那样做？"或者"你是怎么推理出来的？""嗯，佩顿女士让我们那样做事情，她让我们像那样练习。"这让我感觉很好，你知道，因为这表明他们所掌握的并不是一堆学完就忘的知识。他们需要一个消化知识的过程，我认为这个过程比事实更具深层的基础性意义[1]。

正如我们所看到的那样，理想的教学"过程"包括对教学细节的关注、教学实施的彻底性、充分扎实的教学准备，等等。从佩顿及其的同事的叙述来看，她不仅为7年级学生打下了科学基础，还为他们奠定了如何成为"成功学生"的基础。

小结：职业动力来源

佩顿女士认为，她作为教师的成就源于她在智力发展上的不安分和对新挑战的渴望。她生动地回忆起那种动力的起源。她说，在7年级时，她"发现"了学习的奥秘。还记得当时的自己有多么"兴奋"，因为遇到那么多与众不同的老师，每个老师都负责一个独立的科目——而在小学时，通常是一个老师或几个老师负责所有的科目。她将自己愿意毕生投入教育事业的

---

1 译者注：也可以理解为"程序性知识"比"事实性知识"更为基础。

动因追溯到7年级时的"觉醒"。

佩顿在描述让她持续成长和变化的愿望时变得活跃起来。"我的确认为自己还有成长的空间,我也必须这样想。我必须有这样一种感觉:我还没到终点;因为如果你已经到达终点,或者你已经到达了顶峰,那么你唯一能去的地方就是返回原点。"她还描述了几年前她为何报考研究生的经历,还获得了"图书馆科学"学科的教师资格认证(此前她已经获得了教授生物和体育学科的州立资格认证)。她说:"我当时正在与我的学生一起做科学展览项目。"

> 我们在图书馆浪费了太多时间——我不知道哪里有合适的资源。因此,我发现有一门课叫作"数学和科学的图书馆资源"(Library Resources for Math and Science)。上了那堂课之后,我就被深深迷住了。我对自己说,好吧,当我真的老了,我没有时间跑来跑去收集所有的设备(她在教室里经常需要这样做),我的阅读量无法跟上科学发展所带来的海量信息——即使现在我也无法跟上——但我至少可以把自己看作一个能帮助别人寻找信息的小老太太。当我不需要帮别人时,我也可以自己看书!

当被问及她在课堂上是否比前几年感到更舒适或更自信时,她再次提到想继续成长的愿望:

> 如果你所说的舒适程度,是指你对自己正在做的事情感到满意,完全能够掌控,而且现在要担心的事情比前几年少了,如果这是所谓的"舒适",那么我不得不说,并非如此,因为我不满足于自己现有的教学

内容或教学方式。我总是乐于改进。

自从开启教师生涯以来,她几乎每年都报名参加大学的理科课程。她还修读了一些可以获得州认证的课程,有些是为了弥补她在大学里没有学习的东西,而有些纯粹是出于自我提升的愿望:

我总是去上一些科学课程来提升自己。当我刚开始教书时,我意识到,学生们所知道的和我所知道的事物之间的差距可能有这么大,假定那时只有几英寸(她举起拇指和食指比划)。但是现在的差距,我们可以说,我不知道啊,相对来说可能有好几码(yards)[1]了。

佩顿女士每学年开始时都会准备好一份厚厚的课程和活动文件,随时准备实施。她解释说,事先计划至关重要,因为这样,她"就可以在课堂上专门关注学生,关注他们学到哪里了"。她似乎付出了加倍努力——经常如此,也确实如此。例如,为了准备带学生到市区一个著名的游乐园进行实地考察,她提前开车去踩点,往返60英里,以便在公园里找到适合纳入物理课的活动。她还经常把自己的大量工资花在教室实验设备的采购上。有一年,根据她的账户显示,她花了近5,000美元。她很快补充道,似乎有点不好意思承认,花这笔钱也是因为向学校捐赠设备而可以减免纳税。尽管如此,这种个人支出仍非比寻常的,因为她必须投入大量时间购买和安装设备。最后,她所获得的公众认可,在很大程度上,可能是由于她经常受邀担任地方和州科学竞赛的评委(而非捐赠设备)。她以极大热情和领导力履行

---

[1] 译者注:1码等于3英尺或0.91米。

了评委的职责。

佩顿女士很高兴遇到优秀的同事,她认为他们的知识比她更渊博。有些人专攻生物、化学或物理,而她则继续教授普通的物理科学。她说,教学团队的优势力量使她更容易"向丈夫解释,我为什么不能不去上学。我拿到硕士学位之后,他无法理解为什么我还不满足,为什么我还在不停地上学"。更重要的是,在她看来,

> 我不觉得现在这种挑战(有实力超强的同事)会威胁到我。我觉得那就是我向往的状态。我认为我的同事们尊重我,是因为我对自己的学科非常认真,而且我对自己不知道的事情非常开放和坦诚。我很愿意在我们必须做出课程或材料决策的委员会中服务。我愿意为此付出热血、汗水和泪水。我开始意识到,当你的同事知道你不是在混日子,当他们知道你不虚伪,你是诚实的,而且你的努力是为了教育,为了学生,也为了规则和制度,你就会得到尊重。

佩顿自我描述的综合素质,与她前面所说的自己获得成功的竞争力、内驱力相辅相成。"如果你没有竞争优势,"她断言,

> 或者如果你没有竞争性的那一面,那就意味着你没有进行自我价值评估。我喜欢以其他老师为参照来评价自己。他们是我努力成为"更好的自己"的最佳标杆。当我看到其他老师做得比我更好时,那就是我学习的榜样。而且我**必须**找到榜样。我从另一所学校离职的原因在于,我认为那里没有这样的榜样。我讨厌承认这一点,我觉得那里甚至没有人可以让我学习,这种感觉很糟糕,你知道吗,因为你开始错觉

自己太优秀了,但其实你会说"我还不够优秀"。

她补充了一些令她很困扰的体验:

> 当每个人都来找你解决问题时,你就会想,你也会[对自己]说,"我的解决方案如此糟糕",但是你看,这显然是更好的选择。这就是为什么我离开了那所学校……我觉得,如果我去一所比那里更有挑战性的学校,那么我就能真正发现我有多优秀。而且,即便我发现自己没有那么好,我也可以效仿别人。我会有更高的标准。

她对那些在校外获得认可的同事表示钦佩,他们通过参加暑期学习班等机会来努力提升自己。她总结道:"(这里)有些老师不这么做,他们在这里似乎只是为了挣钱,为了暑假和额外福利。我不想说他们是差劲的老师。我只想说,他们并没有达到我衡量教师职业的标准。"

佩顿女士希望在高期望值的教育环境中工作。正如我们所看到的那样,这种渴望促使她努力为学生创造一个富有成效的学习环境。与此同时,当她与那些对上学失去兴趣的学生打交道时,这种高期望也给她带来了压力。由于她和截然不同的学生群体互动,她在学校的每一天都会涉及平衡的工作。然而,这一挑战似乎促使佩顿女士进行自我批评,思考课程和教学方法的替代方案。她的天职感体现在她试图忠实于两套义务,我将在后续章节将重新审视它们:一套义务体现在教学实践中,这要求她努力教导所有的学生;另一套义务则包含了她自己的愿望,即成为一个相信并践行高成就标准的人。

第3章 走进教学实践

44 当我开始做研究、为写作本书打基础之时,彼得斯先生正处于他教师生涯的第二年。他在圣蒂莫西(St. Timothy)学校教授"宗教研究"(religious studies)课程。这是一所天主教的男子高中,它位于城市环境中,与佩顿女士任教的公立高中同处一地。据彼得斯先生说,他是在反复试验和试错中来学习教学的。正如他所说,他在上岗前没有接受过任何正规师范教育,他因此付出了些许代价,备受折磨。"我曾以为我可以在没有教师资格证的情况下教书,"他说,"学校里没多少人有资格证,而且他们告诉我这也没什么关系。我们有持证上岗的教师,他们也好奇资格认证的真正影响力究竟是什么!"然而,到了他执教的第二年,他才意识到"你一生都在教室里和教师的角色打交道,教学不能只是'糊弄一通'(rub off)。教书[当老师]和当学生是截然不同的"。他试图在工作中变得更有条理、更成体系。他寻求"一种方法论",用他的话来说,就是"用文献来解决问题的特定方法。我想在那方面加以练习,并发展出一些[它背后的]哲学"。

在两年的时间里,我观察了彼得斯先生的37节课,每节课50分钟。我目睹的一些事件印证了他的观点,即他在教学方面还有很多东西要学。他当老师的第二年很坎坷,在课堂上的时间经常过得很艰难。他努力与孩子们建立联系,以赢得他们的尊重,使他们对所学内容感兴趣,并以一种连贯、合理的教学方式来讲授他的学科。他有时无法实现那些目标,尽管并非完全如此。凭借充沛的精力、坚持不懈的精神和一如既往的认真备课,他取得了一点小小的成功。此外,根据他的叙述和我自己的观察,他与许多学生(以及同事)都建立了良好的工作关系。尽管如此,他还是承认,当他回到家后,相比悠然自得的时光,更多的时候他感到烦恼甚至怀疑自己。

彼得斯先生没有放弃教学。相反,他在学校的第三年和第二年工作状态完全不同。他的课组织得更好,也更有条理了;他为课程设计了一套更清晰的基本原理;而且他教学时更加自信满满和乐在其中。他在学校也充分发挥了领导力。例如,他被选为"纪律委员会"(Disciplinary Committee)的成员,为学校的这一重要部门服务;该委员会由副校长和四名教师组成,致力于为学校中所有存在问题的学生提出行动建议。用"转型"(transformation)这个词来描述彼得斯先生从教第二年和第三年之间的变化,可能太过强烈,但它之所以贴切,是因为彼得斯的工作条件几乎没有实质性的变化:他的学生有不同的需求和能力,他的同事有不同的观点和个性,他的上司有不同的关注点,等等。然而,正如我们将要看到的,彼得斯先生已今非昔比。

我将本章的重点放在彼得斯先生当教师的转变上。他能够度过艰难的第二年,重新振作起来,这一事实充分证明了他的职业使命感(sense of vocation),也证明了他对自身及其教学职责的深刻理解。我将描述他的宗教信仰在多大程度上鼓舞了他,他如何以及为什么能够重新树立信心继续教书,以及他的同事和其他环境在他的成功中所发挥的作用。彼得斯先生从一名略感迷茫失落的教师转变为一名深感能够掌控自身及其教学责任的教师,这段历程值得关注,因为它揭示了职业在教学活动中的地位。

在教学中兼顾信仰与价值

去任何一所大学的比较宗教学系看一眼就会发现，为了研究和讨论各类教义和实践，人们并不需要从属于某个特定的宗教。彼得斯先生试图本着这种精神来开展教学：正如他所强调的，不是向学生"灌输"基督教信仰，而是促使他们思考自己确信的是什么，并将这些信仰与天主教的观点结合起来。他最初两年遭遇的困难，部分反映了他尚不确定自己如何在教授基督教教义的义务和不去布道或不去传教的愿望之间取得平衡。

他教的一门课名为"宗教学导论"，是所有一年级新生的必修课。根据学校的课程指南，该课程旨在"向学生介绍一系列宗教相关主题——包括个人成长、信仰、上帝、基督、爱、性、服务和祈祷。通过每周的反思论文和作业，学生们需要探索他们自己的问题和他们的亲身经历，以此方式获得对基督教信仰的更为成熟的理解"。如何界定和实现这些多重目标，这就是彼得斯先生的任务了。这项任务给他带来了相当大的灵活性和令人烦恼的模糊性。例如，他应该如何解释"理解"这个关键词？他应该如何以一种连贯的方式去教授从性到祈祷的所有事情？他应该布置什么样的作业，什么样的"反思论文"？

这些问题，或其他版本的设问方式，可以用于任何科目的课程：英语、历史、艺术、数学。例如，它们可以用于佩顿女士的物理科学课程。正如前一章提到的，佩顿女士想教的不仅仅是事实。她试图教给学生一种过程，它包含了思考、推理和实验室纪律程序等要素。但是，每个老师站在她的立场上，都需要思考这个"过程"到底是什么，以及教授这一"过程"的最佳方式可能是什么。一个人可以或者应该通过模仿别人来学习吗？一个人的学习顺序可以或应该是怎样的,从理论到实践,还是从实践到理论?"过程"和"事实"之间的区别是什么?一旦这些问题被提出,任何课程的模糊性和复杂性就会浮出水面。彼得斯所面临的挑战是每一位不厌其烦地反思自身学科内容的老师都会遇到的。

为了建立自己的课程和教学方法,彼得斯咨询了同事和他认识的校外同行。他采纳了他们的许多建议,同时也开展了自己的教学活动。其中包括定期让学生写日志(规定的一种反思论文的版本),男孩们在日志中回答各种问题,诸如"如果我能改变关于自己的一件事,我想……""友谊对我来说意味着……""你相信或在生活中体验过'更高的力量'吗?""我的上帝还活着吗?"他让学生在课堂上系统地大声朗读圣经,特别是福音书(Gospels),同时讨论经文的含义。他布置了阅读任务,并围绕个体如何克服各种各样的问题——药物滥用或吸毒、犯罪、种族主义——展开讨论,目的在于使学生获得成功的生活。至于学生的性格和价值观,有些是在课堂讲授过程中形成的,大部分是贯穿于这些课堂活动之中,自然而然形成的。

然而,彼得斯先生头两年在布道和教学之间试图平衡的行为,既没有成功地让孩子们掌握圣经的训诫,也没有让他们成功地推理出自己的观点。例如,在他执教第二年,4月的一个下午,彼得斯要求他的9年级学生写下他们的"价值观",简单地将其定义为"你能想到的任何你所持有的价值观"。男孩们谈笑风生、喋喋不休地投入到活动之中。彼得斯鼓励他们"尽可能多地写下你的价值观,填满整个页面"。十分钟后,他让男孩们停下来,并号召同学们自愿分享他们的答案,他则把这些答案写在黑板上。第一批价值清单包括家庭、父母、学校、教育和工作。随着清单项目的增加,男孩们的玩笑也越来越多。很快,他们就开始推荐电子游戏、女孩儿、说唱音乐、各种运动、耐克鞋等项目上榜。彼得斯先生尽职尽责地把它们都记了下来。与此同时,课堂变得越来越喧闹。在评论男孩们的"价值观"时,他这样说道——"很好!你们有很多好主意!"——他还大喊了一声"嘘!"并提醒"举手说话,给予别人你想要的尊重!"和"嘿,请停止其他无关对话!"他的命令使男孩们的嬉闹暂时平静下来,就像一个人在刮风天气散步时突然遇到片刻平静,但他知道大风很快就会再刮起来。"请确保我们在听别人的分享,加油!伙计们!"

在写满黑板的大部分区域后,彼得斯先生指导孩子们把"价值观"按优先顺序排列。他走到黑板边一块未使用的地方,手里拿着粉笔,问道:"你认为哪个价值最好,哪个价值最高?"不出所料,男孩子们喊出了"家人""父母"之类的词,尽管有些孩子抑制不住地喊出了"运动"和"游戏"——他们还没将这些词和"价值观"区分开来。彼得斯先生没来得及问更多的问题,这节课就结束了。第二天,他又回到了这个主题,事实上,在这一年剩下的时间里,他都是这样做的。但正如他在课堂外与我谈话时所指出的那样,他还不清楚自己的教学是否成功地吸引了男孩们,能否让他们学会思考如何把价值观和品位偏好加以区分,或者批判性地理解天主教关于道德价值观的概念和辩护。这节课有很多学生参与,但不清楚它是否产生了有益的教育体验。彼得斯先生似乎对课程内容的适恰性和教学活动的时机心存疑虑(在他解释核心术语"价值"之前,这节课就结束了)。他的不确定似乎引起了一些学生对待这项任务的轻率态度。

至于另一件事,同样发生在他在学校任教的第二年。除了讲授"宗教学导论"的两个部分之外,彼得斯先生还教11年级和12年级的选修课"新约"(New Testament)的三个部分。(他的五门课程每门都招收20至30个男孩。)这门课程的重点在于讲授耶稣和使徒们(Apostles)的生平事迹与布道经历,并研读新约的文本。我将用一些细节来呈现他和高年级学生一起上课的典型场景。这说明彼得斯先生的准备多么充分、工作多么勤奋,但也表明他在引导学生集中注意力和投入学习方面遇到的困难。这揭示了他和学生之间模糊而紧张的状态,关乎他们如何在课堂上表现自我。

4月的一个早晨,男孩们像往常一样,有说有笑地坐在座位上。彼得斯先生站在讲台前整理几份文件。他转身在黑板上写下了"马太福音第25章"(Matthew 25)。一个学生从他的桌子边站起来,递给他一张纸。彼得斯先生抬起头来,对那个转身回到座位的年轻人说:"谢谢你,詹姆斯(James),谢谢你的作业。我很期待。"他随即面向坐在前排的一名学生说:"斯蒂芬(Stephen),你的日志在哪儿?"那孩子耸了耸肩,紧握双手面向前方端坐着。彼得斯先生环顾全班同学,用一种更正式的语气说道:"这是你连续第三次[没完成作业]了!如果你不写日志,这门课你会不及格的。现在看这个,"他转向讲台,不耐烦地补充说,"这是最近被开除的一名学生的笔记本。他再也不需要这个了。"坐在附近的学生咯咯地笑起来。"我已经把他写过的几页撕掉了,现在我把它给你。这可以成为你的日记本。我希望你能使用它。"

"好吧,"彼得斯先生接着说,"为了完成这份作业,你们需要用到《圣经》。"此时,大多数男孩已经把书拿出来了。然而,前排有一个人还坐在那里看着彼得斯先生,仿佛在等着什么事情发生,课堂插曲很快就如期而至。彼得斯先生问:"安东尼(Anthony),你的书呢?"

"我没有书。"这名学生实事求是地回答道。

彼得斯先生又环视了一下全班,用热切的声音催促道:"瞧,你的父亲前几天来过这里。我不得不告诉他你有挂科的危险。现在你还不带书来上课!"当彼得斯摊开出双臂看着安东尼,几个学生笑了起来。他无可奈何地走到角落里的一个小书架旁,从一叠《圣经》中拿了一本给小男孩。

彼得斯还没来得及正式宣布今天开始上课,后排的一个学生就脱口而出:"我们今晚必须要写论文吗?"

另一个男孩附和道:"是啊!我还是不明白我们要做什么!"

彼得斯先生看看这个孩子,又看看那个孩子,说道:"史密斯同学,今天是星期四了,你本该从星期一开始就考虑这件事了。我想,如果那样你就会有很多的时间、充足的时间。我们已经详细讨论过了,任务应该相当简单且明确。如果你有什么困难,随时可以来找我谈。"

这篇论文的主题是关于教会形成过程中的"包容性"与"排他性"。男孩们要写三页纸的论文。

史密斯说:"是啊,但我就是不明白'包容'应该是什么意思。"第三个学生插嘴说:"你总是把它说得那么简单!"与此同时,史密斯低声喃喃自语:"伙计,这也太愚蠢了。"

"注意,我们今天有很多工作要做,让我们这就开始吧。"彼得斯先生决定。"如果你有问题就过来找我。"他转向全班同学,继续说道,"现在,我希望你们花几分钟时间来复习一下阅读材料,然后我们将分小组讨论一些问题。"

大多数男孩开始复习福音书的章节,然而也有一些人不消停,在书包里翻来翻去,或者和邻座同学聊天。几分钟后,彼得斯先生打断了他们。"现在,把这三个问题记下来。我希望你们一起找出答案。完成之后,我们将比较和讨论你们每个小组的想法。"这些问题都是关于"神的国"(Kingdom of God)。

"我希望你们能真正自由地思考这个问题,相互交谈,看看你们在这些问题上的真正立场。例如,在另外一堂课上,有个学生说,于他而言,神的国就像麦当劳,你在那里可以被'喂饱'(fill up)。"

这个比喻在全班引起了一阵哄堂大笑。

彼得斯显然被他们的笑声吓了一跳，他说："当前这个答案有点离谱（an off-the-war answer），我对它不太满意，但这就是我希望你们回答问题的方式。不是让你们复述马太福音第 25 章说了什么，而是表达你们自己的想法或信仰。现在，你们可以用这本书，你们可以用经文去支撑自己的观点，你们可以巧妙地利用（manipulate）马太福音去匹配自己的答案。但是你们一定要诚实地思考这个问题。那么，对此还有什么疑问吗？"

学生们似乎没有问题了。彼得斯先生把全班分成 6—7 人一组，总共四组。当学生们把椅子转过来面向彼此并准备开始讨论时，他们的老师彼得斯喊道："搬椅子的时候**轻拿轻放**！记住，图书馆就在我们楼下！"

在接下来 20 分钟左右的时间里，彼得斯先生从一个小组走到另一个小组，鼓励男孩们继续完成任务。他敦促他们思考如何对这些问题作出回应。他提到了福音书。然而，当他不在场的情况下，男孩们又开始开玩笑，翻看其他课程的书籍或作业，闲聊体育话题和其他课外兴趣，只是偶尔以小组为单位回归正题。一名高个子男生靠在椅背上，两腿叉开，把一支铅笔（橡皮笔头向下）放在桌上弹来弹去。上上下下，上上下下，直到笨拙地让铅笔从他手中弹飞到地板上。他不情愿地弯腰去把它捡起来。在一个小组中，似乎有一个学生独自写下了三个问题的所有答案。在另一个小组，大部分工作都由两个学生完成。

巡视了几次之后，彼得斯宣布："好了，我们现在停止小组讨论。我想让大家听听每个小组的想法。"一些学生继续在聊天。彼得斯先生站在教室前面，转过身来，提高了讲话的嗓门。他的话更多地反映了他的希望，而不是实际发生的事情，他说："**我旁听了一些非常精彩的讨论**，有很多**很好的想法正在持续产生**。现在让我们听听每一组的反馈，听听小组记录员是怎么说的。"(他让每个小组委派一名记录员。)

首先回答第一个问题——什么是神的国？——有一组学生（或者更确切地说，一组中的两三个人）提出了"稳定关系"的想法。

"很好，我喜欢这种说法，"彼得斯先生说，"这就像我们之前谈论过的与上帝建立的关系。这个小组又有哪些看法呢？"

"我们认为神的国就像一个为我们准备的地方，就好像，那是专为我们而存在的。"

"很好，你的回答表明神的国不是某种**未来**的事物（not something in the future），它**现在**就在那里等着我们。这是个很有趣的想法，很好。这个小组呢？"

一个学生推了推他的邻座，"好了，伙计，读出来吧！"男孩读道："神的国是我们的故乡。这是亚当和夏娃最初生活的地方。它是我们所有人都能回归的家园。"

"好的，不错，又是一个很好的形象。这表明神的国就在我们周围，它曾经是我们生活的地方，但它仍然真实地存在于**这里**（still really here）。"每个小组报告完后，彼得斯先生都会走向他们。

"我们说过，王国是我们与上帝的结合，而且——"

"——等一下，贾马尔（Jamaal）。"彼得斯转身对另一个学生说："基思（Keith），拜托别这样。"这两个简短的指令表明，他在提醒那个男孩不要分散全班的注意力。基思耸耸肩，朝着被他打扰的学生们咧嘴一笑。当每个发言的同学汇报答案时，全班几乎所有人都在聚精会神地听，这与他们在小组活动中松懈散漫的状态形成鲜明对比。

"好的，贾马尔，[请你继续]。"彼得斯先生提示道。男孩重复了他的回答。"是的，"彼得斯先生回答说，"'团聚'（reunion）是我们讨论过的一个主题,还记得上周我们看的那部电影的主题吗?有人想对他的回答做些补充吗?我认为他们组做得很好,反映出一些高质量的思考,这正是你们可以一起做的事情。记住我们一直以来对教会的理解:我们是独立的个体,但我们仍然生活在一起,我们作为一个团体(group)、一个共同体(community)、一个教会(church),共同探讨信仰和问题。好的,让我们听听各小组对第二个问题的看法。"

这是关于神的国何时出现的问题。而第三个问题则是关于怎样才能成为王国的一部分。这节课继续像先前那样进行着,彼得斯老师一边回应问题,一边转向一个学生[提醒他]:"请尊重别人的回答,你也希望在自己说话时得到同样的尊重吧。"这些小组清晰地表达了见解,例如:"当我们去见上帝时,神的国就会出现。""它会在我们意想不到的时候出现。""要成为王国的一部分,我们必须展现出信心,我们还必须表现出悔悟。"彼得斯老师针对每个回答都作出了实质性的评论。

"如果对神的国仍有怀疑怎么办?"听到第三个问题的答案时,一个学生插嘴说。"就像我们谈论托马斯和他的疑虑一样。面对这些问题,如果你无法**给出**答案怎么办?"

全班都注视着彼得斯先生,他回答道:"好吧,这是个好问题。你们还记得我们之前讨论过怀疑,不知多少次我们都想要拿出证据,我们也谈论过不需要证据的信仰。但像这样保持怀疑是很好的。也许你可以问问自己,想想有没有一些东西,即便你从没见过,也会相信。"

"进化论,"一个学生说道,"我们是猿类的后代。"

"呃,好吧。"彼得斯先生用手撑着下巴,看看地板说道。全班鸦雀无声。过了一会儿,他极力声明:"实际上,你可以通过科学研究来证明我们是猿类的后代,你可以为这个观点找到证据。""但是,你看,"他突然提高了声调,

"你的**未来**又作何解？你还看不见它,对吧？但是你相信吗？"

"是的,当然相信。"学生说。其他几个人也附和道:"是啊,说得对!""是啊,我也觉得不错!"教室的空气中一时充满了欢声笑语。

"如果你从未听说过上帝,"另一个学生喊道,"你会把你的力量归功于谁呢?"此言一出,全班很快安静下来,彼得斯先生也没有发出明确的示意。

彼得斯先生再次犹豫不决,低头看着地板。他回答说:"即使你从来没有听说过上帝,你仍然可以回应上帝。想想很久以前第一批做出回应的人们吧。他们从未听说过他。他们只是对自己的经验做出了回应,相信世界的面貌比我们看到的更多。"有那么一瞬间,全班同学都密切注视着他。

然而,这堂课即将结束了。"好吧,"彼得斯先生用宣布讨论结束的语气说,"让我们把日志的简要记录写在黑板上。"他写道:"我对神的国有什么感觉?"他转身对着全班同学说:"我认为我们讨论得很好。你们知道,我不确定自己是否总能把这些问题解释清楚,是否总能在一次讨论中兼顾许多事宜。你们对此感到困惑也不足为奇。"

男孩们开始收拾书包。"记住,"彼得斯先生补充说,"你们的论文明天就要交了。如果你有关于论文的问题,可以在今天午餐时间或放学后找我。我们把提纲再看一遍,然后我们——"下课铃声盖过了他剩下的话,男孩们迫不及待地挤着冲到了教室门外。

正如彼得斯先生的课堂结束语所暗示的那样,这节课呈现了他执教第二年期间遇到的诸多困惑和难题。虽然他试图让学生们学会自己推理,但他对他们小组作业的评论更多地体现了他自己的理解,而不是男孩们的理解。他没有向学生提出后续问题(follow-up questions),以便他们寻求证据、解释或对文本的支持。他没有采用适当的机制来确保所有的男孩,或者至少他们中的大多数,真正为他们的小组活动作出贡献。这一事实,加上学生对论文作业多有抱怨等线索,证明了他与班级之间的联系是多么薄弱。有些男孩看上去焦灼不安、脾气暴躁,对他的请求和劝诫都无动于衷。尽管彼得斯先生勇敢地尝试了回答他们所有的问题,但他对自己作为教师的立场尚不确定——包括他是否应该把自己当作天主教教义的"大使"——从他的一些简短回答中可以看出这一点。

彼得斯先生对自身教师角色的不确定感,进一步体现在他关于教会本质的言论中。"我们都是独立的个体,"他向学生们宣称,"但我们仍然生活在一起,我们作为一个团体(group)、一个共同体(community)、一个教会(church),共同探讨信仰和问题。"将一个班级描述为一个"教会"就是赋予它一种规范的意义,这种意义很少与更为熟悉的术语"课堂共同体"相关联。许多教师和教育工作者都赞成后一种观点,其内涵是学生和教师基于互惠开展合作与互动。相比之下,当教会作为一个共同体时,不仅要承认这类互惠的关系取向,而且要在相当大的程度上共享信仰和实践。彼得斯似乎不确定他的课堂应该是什么样的:是一个允许每个人提出质疑并持有截然不同信仰和价值观的共同体,还是一个引导所有人都接受相同观点的教会。如前所述,学校课程指南的要求在这一点上是模棱两可的。

强调共同体与教会相比的差异,并不是要突出彼得斯所面临的特殊困境。毫无疑问,每一位教师都时常纠结于这样一个问题:他/她应该在多大程度上将个人意志注入课堂——应该在多大程度上向学生阐明教师自己的价值观、立场以及关于人生问题的"答案"。每一位教师都必须在布道和教学之间找到自己的位置:介于告诉或劝诫学生思考**什么(what)**和帮助他们学会**如何(how)**独立思考之间。彼得斯解释道,尽管一个良好的师资培育项目可以为思考这一问题提供有用的框架;但应对类似挑战,并没有现成的蓝图可参考。

彼得斯先生在课堂上的行为凸显了他对教学的奉献精神。显然,他经过深思熟虑才选择了这三个问题,并将其作为课堂讨论的主要内容。面对学生们提出的每一条意见和解释,他几乎都能给出实质性的回应。他还始终如一地投身教学活动,尝试一次又一次地吸引学生参与学习,并监督他们的行为。他很清楚孩子们在学业上取得的进步,或是欠缺的部分,并提醒他们注意这些问题。正如彼得斯先生在本章开头所承认的那样,他需要一些有用的教学法作为工具。但他并不缺乏教书的意志与愿望。

而且,这种明显的教学风格对他的学生产生的影响可能比最初看到的要更大。事实上,学生们问到了至关重要的问题——"如果对神的国仍有怀疑怎么办?"和"如果你从未听说过上帝,你会把你的力量归功于谁呢?"——再加上全班同学其实都在认真听彼得斯先生对他们的回答——这表明,课程材料对男孩们的影响比他们愿意透露的影响要大得多。诚然,正如彼得斯指出,他历经艰难、吸取教训之后才明白,**不要急于从表象价值判定学生的行为**。那些看似在开玩笑和胡闹的学生,实际上可能并没有忽视学习过程。他们或许正在以青春期的倨傲和对"学校"的不屑来掩饰其对知识的渴求,即伪装出对学习材料不感兴趣的样子(Cusick, 1973; Henry, 1963; Peebles, 1994)。或者,他们的行为可能反映了一种从校外引进的独特文化风格,因此,从一个角度看起来格格不入(disengagement)的行为实际上另有深意(Gilmore, 1983; Heath, 1983; Peshkin, 1990)。但事情的关键在于,学生们的行为给人留下的第一印象可能会对教师和局外人造成误导。

另外,彼得斯先生遭遇的一些困难更多缘于客观背景,而非个人问题。例如,以他当时二十五六岁的年纪,是学校里最年轻的成年人之一,也是为数不多的几个并不为学生所熟知的教师之一,他不像那些名师那样可以用声望作为"资源"来博得学生的注意和尊重。(我听到不止一个同事在开始新课程时说这样的话:"如果你以前上过我的课,那么你知道我期待什么……")当然,声誉也可能是一种障碍。它可以在老师走进教室之前,成为他/她为了吸引学生而必须克服的刻板印象。事实上,彼得斯先生的情况是后者。他在学校教书的第三年很成功,但却遇到了一些高年级学生带来的麻烦,这些学生从他教书第一年开始就和他在一起,他说,这些学生很难用新的眼光"看待"他。简而言之,因为彼得斯先生年轻,这就要求他需要比年长教职工更努力地工作,从而与孩子们建立良好的关系。

在彼得斯的困境中,文化差异也产生了影响,有两方面值得一提。其一,彼得斯是白人中产阶级出身,而他所有的学生都是黑人,有些学生来自低收入家庭。彼得斯在一个几乎全是白人的环境中长大,而他所教的这些男孩都生活在几乎全部由黑人构成的社区。从刚开始工作时,彼得斯就意识到了这些差异。他尝试开导自己,要与孩子们好好相处,他说这项任务刚开始很困难,因为他们对彼此的期望和预设都不了解。为了消除自己的疑虑,弥补自己知识的匮乏,彼得斯先生经常与黑人同事聊起学生的情况。根据我的观察和非正式访谈,彼得斯的同事们都很喜欢他,并给予他相当大的支持。正如一位老师所说,他们高度评价他的精力和奉献精神。彼得斯先生还花了很多时间与孩子们的父母、监护人、其他亲朋好友(其中一些人是学校的常客)在一起。他开始以自己的方式探索这类文化知识。他一直在阅读相关书籍,并与他人谈论美国黑人的经历。尽管如此,三年前的夏天,他还更加系统地阅读了一系列由美国黑人撰写的有关黑人文化的小说和书籍。他的这些努力以及其他方面的努力都得到了回报,下一节将具体展示。

其二,与彼得斯的难题有关的另一个因素是学校文化。他的18位同事(不分黑人和白人)之中,有些人惯用讲授法(lecturing),彼得斯先生则和他们不一样,在教学形式上力求克制说教,并拒绝把自己的想法强加给学生,在他看来这好像就是司空见惯的教学理念。他鼓励学生形成自己的见解。在他执教的第二年，许多情况下，他的教学方法显然让一些人感到困惑。学生们只是单纯地不习惯直面解释性的问题，无论是有关特定学科的问题，还是关于什么值得相信和知道的问题。学校的官方态度与许多男孩的家庭氛围相一致，对于学生应该持怎样的价值观毫不含糊，也不容置疑。在这种说教式的道德环境中，彼得斯试图让学生独立思考的努力很难顺利达成。他需要时间和经验来优化教学程序，使其既能吸引学生，又不会让他们感到困惑或疏远。

彼得斯先生抱怨道，一些学生在上他的课时，已经对宗教问题有了自己的想法，根本不必担心他的课会"改变"（converting）他的学生。正如他所说，

> 我遇到的问题是，孩子们来学校的时候**已经**被灌输了基督教浸信会（Baptist Christian）甚至天主教（Catholic Christian）的教义。我的意思是，这太不可思议了：在本季度期末考试结束时，我说："写一段简明的陈述，阐述你认为自己学到了什么。尽量精简，谈谈你在第三季度学到了什么。"有一个孩子说："我们知道耶稣基督是上帝的儿子，为我们的罪和所有人的罪而死。"但我们从来不在课堂上谈论这个！从来都没说过。在某种意义上，孩子们已经被灌输了这种思想，当他们走进宗教学的课堂时，你知道，他们仅只是播放存储在脑海里的录像带（turn that tape on）。我得经常处理这种事儿。在某种意义上，我试着对他们"去教义化"（undoctrinate），以便他们可以开始思考自己是谁。

简言之，学生既有的对宗教的期望和假设对彼得斯提出了新的挑战。

随着彼得斯先生越来越意识到自己在什么样的文化环境中工作，他对教学和师生关系也越来越有信心。他致力于精巧地改进教学方法。他提供了更细致入微的指导，例如，他可以恰如其时地完成课程。他还采用了一些辅助策略来激发学生的思考，例如在讨论中提出后续问题。在学科立场方面(disciplinary posture)，他更有掌控力，也更坚定了信心，同时他也更清楚要求孩子们完成学业任务的理由。他似乎对每个学生的学术优势和劣势有了更多了解，同时也更清楚他可以（而且应该）坦率地告诉他们，为了学习，他们需要做些什么。他仍然会有遇到困难和具有挑战性的时刻，但这些似乎再没有像从前那样打乱他的步调了。

　　渐渐地，每当彼得斯先生发现新问题或忧虑时，他就会为男孩们提供个别辅导。在课前和课后，在走廊里，在食堂里，在课堂独立阅读和写作课上，以及在他作为足球教练与男孩们相处的时间里，他都会这样做。他在教室的讲桌旁边放了一把椅子，经常叫男孩们来开会。例如，在12月的一个早晨，他把一个看起来明显很悲伤的学生叫到跟前来。原来这个男孩的家里有人去世了。经过一番平静的讨论，彼得斯先生给这个男孩写了一张纸条，把他送到副校长办公室，看看能不能送他回家。在同一堂课上，一个学生说他忘了带铅笔。彼得斯先生从桌上拿了一支笔递给那个男孩，说道："这支铅笔我可以给你用，但是要有条件。你得选一个句子，用你最漂亮的笔迹，在练习本背面清晰地写十遍。"临近下课时，他把男孩叫到开会（有时是忏悔）的椅子旁边，和谈论他的写作和书法，以及如何提高它们。他还召唤了另一名学生，这个学生在最近的作业中只写了一小段，而其他人都按要求提交了一整页。"这可不行，史蒂文，"他对男孩说。"你要知道，我希望你能成为别人的好榜样。"

　　彼得斯先生发生转变的另一个例子，发生在他从教的第三年，他利用新近完成的阅读任务来重新编排他的价值观课程（本节前面提及）。他再次引导学生感知他们所珍视的东西。然而，这一次，他让学生更加系统地讨论人们用来界定价值和做价值排序的一切可能的原则和标准。他让学生们写一些关于核心价值观的论文，比如友谊、爱、尊重、忠诚、同情，等等，他把这些文章贴在教室公告板的显著位置上，让所有人都能看到——这是一种公开赞赏他们认真思考价值观的方式。

彼得斯说，他在课堂上的第三年，仍然感觉自己像个"新人"。他试图通过对比自己读高三的经历来解释这种转变。他讲述了那一年自己如何突然变得自信起来，在学术和社交生活中都找到了真正的满足感。他说，他开始在高中那所学校里感到"如鱼得水"——就像他现在作为一名教师感到"如鱼得水"一样。他解释说，从当老师的第三年开始，他就在教室里营造了"一种与众不同的氛围"。他认为自己更有自信，更有威严。事实上，学生有时似乎"有点害怕他"，他对此颇为自得，他说，利用学生这种谨小慎微的心态来吸引他们投入学习，并相信老师可以作为他们的顾问，在某些情况下甚至是他们的导师。他发现了在他工作中有一种所谓的"道德立场"（moral stance）：即在课堂上促进学生的学习和思考**的确**是有价值的，尽管这项任务可能极具挑战性。在下一节中，我将更详细地阐述彼得斯发生转变的一些要素及其诱因。我还将讨论是什么让彼得斯先生发现了自己的天职，以及它包含哪些内容。

职业自在感

在成为教师之前，彼得斯先生就被"为他人服务"的观念所吸引。这个观念来源于他的宗教背景，就像世界上许多人一样。

我的个人信仰，比如同情、关心、爱和看到被压迫者的价值，在我的宗教中有着象征意义（been symbolized in my religion）……我认识很多非基督徒，他们对世界上经受苦难、奴役和被剥夺权利的人抱有同样的感受。这可能只是人类独有的感觉……（但）这一切被带到我面前，通过以耶稣和基督教传统为榜样的人——基督徒——影响了我的心灵和灵魂。我的意思是，这种观念的确很重要。一种为他人服务的观念。

这种观念促使彼得斯在大学毕业后进入神学院学习，怀揣着未来可能成为一名牧师的目标。然而，在学习的第二年，他觉得自己"脱离"了这个世界，便开始寻求能为世界做出切实（且即时）贡献的方法。当他得知圣蒂莫西学校在招聘时，他就申请了这个教职，尽管他以前从未教过书，也没有准备成为一名教师，尽管他几乎没有在异文化环境中生活或工作的经验。

根据他的描述，从一开始，彼得斯先生的教学目的就不是教他的学生相信什么，而是教他们认识信仰本身包含什么或需要什么。他解释说，他试图在所谓的"教条主义"和"一切皆有可能"的相对主义之间找到一条中间道路。他经常告诉学生——在课外讨论中也经常这样说——他的目的是让他们更深入理解信念、信仰、希望和个人身份等问题。他承认自己在谈论这些事情时是一个"相当虔诚的天主教徒"。"我对待《圣经》的态度与新教牧师不同，"他进一步解释他如何处理这些问题，"在对待人类经验以及我们与上帝的关系时，我的态度与其他宗教不同。所以从这个意义上说，我并不主张那种随你怎么想的开放式问题……我告诉学生，'我只是在问你这个问题。并非告诉你该相信什么。'但你要知道，在这个问题的框架中，你已经设置了一条先入为主的特定道路。"虽然彼得斯先生允许一系列讨论按照自己的教学方向进行,但他不断地将讨论内容与天主教教义和实践进行比较和对比。

彼得斯先生努力认真对待学生们的问题,以及他们的质疑。"我可以成为一名宗教导师,"他说,"但如果有人决定不相信上帝,我不会觉得那人是在针对我。[反之],如果有人决定信仰上帝,我也不会自夸说,'你看,我又拯救了一个灵魂'……这是上帝和那个人之间的事。""我不会把人们都变成基督徒,"他道。"我不会强迫人们加入任何宗教,亦不负责让人们信仰宗教。"他将自己的工作与传教明确区分开来,并坚持认为传教活动绝不属于课堂。

彼得斯先生的宗教信仰对他来说很重要。他强调,在圣蒂莫西学校执教的第三年,他比之前两年更充实、更成功,在这个过程中他的信仰发挥了重要的作用。当被问及如果不持有宗教信仰,他是否会以不同的方式教学时,他随即做了说明。起初,他无法回答这个问题,似乎很难想象如果**缺乏(without)**最深刻的信仰,自己将会如何。彼得斯解释说,他保持沉默的一个原因是,他想"公正地"(to do justice)对待他的宗教信仰在他生活中的核心地位。"我无法回答你的问题,"他说,"不是因为我没有答案。而是我太害怕说了点什么就把答案简单化了,所以我才会回避。"

无论如何,彼得斯的回答展现了他作为一名教师如何挑战自己的信仰,但最终又重新根植信念的过程。用他自己的话来说,他相信他的工作"重新点燃"并"重新构建"了他的宗教情感。它更新了他的信仰,并"滋养"和"唤醒"了他。他补充说,这个过程是互惠的:正如教学重振了他的信仰(beliefs)一样,由此带来的自信(confidence)反过来也强化了他的教学实践。在执教圣蒂莫西学校之前,他秉持所谓的"基督教人文主义信仰",承认道德和社会进步的必然性。现在,他说:"我的愿景不仅仅是来到这里,关心世人,传播爱和善意,然后坐等世界自然而然变得更美好。我不认为我们单凭同情或类似的情感就能帮助这些孩子突破困境。"他努力避免他所谓的"迁就主义"（accommodationist）和"社会向善主义"（meliorist）策略——前者主张维持现状并放弃希望的行为，后者相信世界正在势不可挡地朝着美好的方向发展。也许是想到自身作为教师的挣扎，或是考虑到更广泛的社会问题，彼得斯先生认为，承认人类的局限性是很重要的。他把这种承认视为一个增长智慧的机会。他声称，正是在这个节点上，"认识到我们自己的无能，宗教的力量才真正开始显现"……当有人开始说："我们需要帮助""……这就是恩典出现的地方，在那里，一些宗教团体，以及我这样的人，会强化我们的承诺，去实现正义，去投身教育、去同情那些被忽视的人。"

彼得斯表示，他当老师的头两年遇到了一些困难，一部分源于他怀疑自身努力的实效性、怀疑自己对教学本质的理解。另一部分则源于学生给他的生活带来的混乱（见下文）。在那段时间里，他承认自己有时会"绝望地"回家。他从那些至暗时刻中复原的能力其实植根于他的信仰。他说，必须对这种困境做出回应，才能让他"恢复活力"。"正是[在]绝望的时刻，[那份]恩典就出现了。我的意思是，至少对我来说，当一个人真的很沮丧的时候。我上完课回到家，会因为刚发生的事情、因为学生、因为一种绝望的感觉而泪流满面。[但是]我总是发现自己从这些经历中获得了基督徒所说的恩典、新生和希望。"当被问及这种绝望感的特征时，他坚持认为一个人必须真正地去"感受"它。"这不可能是虚假的绝望，"他解释道。"如果你不曾真正感受过这种深层体验……你不会需要完整的眷顾（the whole），你也不需要恩典（grace）。用另一个基督教的比喻来说，如果你没有真正经历过被钉在十字架上的痛苦，你就不可能复活。"

彼得斯使用如此强烈和戏剧性的象征隐喻，既证明了他对待工作的认真程度，也印证了他在工作中获得成功与失败的感受有多么强烈。尽管他使用的语言可能会让其信仰体系之外的人觉得夸张，但回看他当老师的经历，就能窥见其中缘由。彼得斯必须处理他的学生带来的麻烦和恐惧，它们源自于那些时常充斥着暴力的城市社区，在某些情况下，还源于不稳定的家庭生活。他们的学校坐落在一个经济萧条的区域，这种环境中经常发生的暴力事件在所难免。一位深受学生和同事欢迎的学校辅导员（school counselor）在一个街区外被谋杀。我作为访客待在这里的三年期间，就有两名学生在他们的社区内被杀害，一种损失惨重的感觉随即在圣蒂莫西这个小而紧密的教育社区弥漫开来（Hansen, 1994）。［为了规避类似事件重演］，一次又一次地，彼得斯不得不寻找合适的方式回应学生们的个人需求。

他还必须应对那些咄咄逼人地拒绝他和其他权威人士的学生。例如，12月的一个早晨，在他的高年级"比较宗教学"课堂上，一个身材高大、体格健壮的男孩上课迟到了几分钟，这个孩子所有的课业表现都很差。按照学校的正常程序，迟到的学生要从行政办公室拿一张迟到单交给老师。然而，在这种情况下，男孩若无其事地走进教室，停了下来，拿出一张写着什么东西的卫生纸，朝上面吐了口唾沫，递给彼得斯先生。彼得斯先生吓了一跳，举起双手拒绝接受。全班安静地看着，彼得斯先生鼓起勇气，等男孩在座位上坐好后说："这并不风趣。"然后，他生气地补充道："如果你想参加周六晚上的比赛，往记分条（notes）上吐口水可不是个好主意！"这引起了全班同学的一阵嘲讽之声："喔喔喔喔！"这个学生在整堂课上完全不理会彼得斯先生。除了这样的挫败遭遇——虽不是每天都发生，但确实经常发生，足以让彼得斯先生感到压力——还有其他更严重的困境和损失，它们挑战着学校里所有人的信仰和承诺。

彼得斯先生关于不得不"经历十字架苦难"的隐喻表达，引发了人们对各地教师所面临的各类困境的关注。所有教师都用自己的意象和符号来表达他们的失落、受伤、痛苦和沮丧,以及喜悦和成功的感受。每个老师都带着一类知识体系和一套价值观(未必是一成不变的)走进教室。当学生还没有准备好欣赏这些知识和价值观时,尤其是当他们抵制或拒绝这些知识和价值观时,作为教师的那个人,可以了解到自己的情感和心理极限。尽管一个人已经尽了最大的努力——或者说,的确,正因如此——这个人还是有可能会逐渐丧失信心。导致这类问题的原因不是一种教学方法与另一种教学方法的不确定性之比较,也不是一种课程与另一种课程的不确定性之较量,所有这些都可以通过系统地研究来决定哪一种最合适。相反,深层的问题在于这个人作为一名教师和一个人所具备的整体素质。面对可感知的失败,有的人会觉得自己"错了","缺少了什么",与学生和教学本身"不合拍"。有的人可能会认为自己的处境不公平,觉得自己总是在给予,却没有回报。有的人会感到无助,不知道该做什么,甚至不知道如何摆脱内心的沮丧,更不用说如何在实践中解决它了。正如许多教师所印证的那样,这些令人不安的情绪可以支配一个人的意识,甚至一个人的梦想。"作罢吧!"一个人对自己喊道,"别老想着这件事了!"然而,就像一个人不能**制造信念**(make belief)或**主导确信**(make conviction)一样,一个人也不能简单地消除挫败感。改变一个人的感觉和信念都需要时间。

面对教学中的挑战,彼得斯先生的应对之法是探索内心深处进而重拾自己的宗教信念和信仰。他认为这样的过程完全不同于"抓住救命稻草"(grasping at straws)或"捕捉简单的答案"。他对自身宗教立场给人留下的这种印象很敏感,正如他所说,这种姿态显得"愚蠢"。"你知道彼得斯吗,"有一天他开玩笑地说,"他在圣蒂莫西学校工作,你知道,他在那里工作太久了,有点绝望,现在他正在发展这种绝望哲学。"彼得斯先生的信仰似乎使他能够预见到一个更好的未来,包括他自己作为教师的未来。在最初的几年里,他努力教书,这样的努力让他回忆起那些曾经教过他的人,那些在年少时帮助他茁壮成长的人。尽管遇到这样或那样的问题,但他说,他"知道有一种方法可以影响这些学生,因为[我看到]它已经产生了。我知道这是可能的;即便产生影响那一时刻不在我的教室里,但那的的确确是有可能的。"他认为,教师们需要怀有这样一种"可能性"的图景,相信自己的工作会有改进,自己会对学生产生及时的影响。他认为,如果没有这样的希望,"我可以看到(高中的教学)会变得非常困难、乏味、令人沮丧。因为孩子们通常不会按照你希望的方式来学习。他们也不会像你希望的那样,把大量知识塞进脑子里。如果你只是在寻找那种景象,我可以肯定你将经历各式各样的挫败"。

职业成就感

"'我们为什么要学习宗教学?'"彼得斯说,他的学生有时会问这样的问题,"它对我的生活没有帮助。它对我没有任何意义,也无法让我谋到一份差事。"正如老师们最先证实的那样,学生们会对学校的每一门学科都提出这样的问题。他们并不总是把教育者对课程价值的假设视为理所当然。许多入职第一年的教师反馈,这种情况即便不令人生畏,也会令人感到不安(Bullough, Jr., Knowles, & Crow, 1991; Dollase, 1992)。如果一位准教师不曾审慎地思考一些问题,例如,他/她的学科对人类发展有什么贡献,为什么选择教这门学科而非其他学科,等等,那么他/她的不安感就会更强烈。

在彼得斯执教的第三年,他对自己教授宗教学的理由已经有了很多思考。"我有点喜欢这个(有价值的)问题。它让我更清楚(我在做什么)。我真的强烈感觉到,开设宗教学(课程)是有原因的,我们不把它纳入课程也有充分的理由。"彼得斯认为宗教学课程让学生接触到关于自我和人类目的的根本问题。他相信在他课上涌现出的问题——例如,"如果对神的国仍有怀疑怎么办?"——能激发学生的独立思考。此外,彼得斯先生认为,在认真对待这些问题时,他让学生确信他并没有试图引诱他们信仰什么。这样使他更容易说服学生,一来他并不想把他们变成他所说的"社会工作者"(social workers),二来也不想把他们变成具有传教热情的人。相反,在明面上讨论这些问题,可以让学生根据他的要求去反思他们正在成为什么样的人。

如前所述,几乎所有的高中教师都会在某一时刻遇到这样的学生,他们将学校学习视为无关紧要的、强人所难的、"不酷的",甚至会对他们自身的认同感造成潜在威胁(Arcilla, 1994)。在某些方面,彼得斯先生面临着比主科教师更大的挑战,这是由于宗教学具有强烈的规范性内涵(normative connotations)。此外,彼得斯所处的情境很特殊,由于他的许多学生频繁而密集地接触宗教,相关内容早已融入他们的整个生命历程。一方面,正如彼得斯先生之前解释的那样,一些学生过分沉浸在宗教教义中,以至于他们觉得有必要对这种学习方式提出质疑。另一方面,一些学生来到他的教室,对那些他们从小听到大的、没完没了的宗教话题感到厌烦并且想要远离。有时,他们会把这种怨恨投射到课堂上。彼得斯先生解释说,理查德·赖特(Richard Wright)[1]的自传体小说《黑孩子》(*Black Boy*)是学校课程的一部分。

> 我从孩子们那里听到一种秘闻(an encapsulation)——(赖特)对宗教怀有真正的反叛精神,事实上,宗教是强加于他的(stuffed down his

---

[1] 译者注:理查德·赖特(Richard Wright),美国黑人小说家、评论家。其作品以写美国黑人题材、写种族歧视主题闻名于世。

throat)，以及他后来也逐渐对其失去兴趣。我意识到……[学生们]不想被宗教捆绑，他们不想"封闭思维"[就像他们有时对彼得斯说的那样]："嗯，如果我有信仰，你知道的，这就有点像我相信地球是平的，对吧？除非有人告诉我不同的事实。我可不想**犯傻**！"

62　彼得斯试图避免这种说教，尽管如此，他还是努力让孩子们思考宗教问题。他还力求尊重一些学生的信念和宗教信仰。他解释说："我从来都不是那种跑到外面去喊'耶稣基督是主'的人。"

　　有宗教信仰的孩子，或者想要拥有宗教信仰的孩子，抑或是那些确实经历了非同寻常的生活的孩子，他们都不想到处大喊"耶稣基督是主"。他们拒绝基督教的很大一部分原因是他们看到[一些]人变得那样的疯狂。"为什么我必须表现得像个傻瓜？"我就这个问题与他们沟通，一类答复是，"好吧，你不必表现得像个傻瓜。"

彼得斯先生努力为孩子们树立一种行为榜样，让他们既能尊重自己的信仰，又能正视自身对尊严和自尊的需要。"我一直想成为这样一个人，"他说，"**在生活中**，他可以对宗教非常虔诚，同时也只是一个普通人。"彼得斯先生的人生目标让我们回想起第一章的论点，即教学中的职业观念并不意味着布道、传教热情或英雄行为。相反，根据彼得斯的描述，它更接近于他和学生们学习的《登山宝训》[1]（Sermon on the Mount）。他们考虑的几个主题之一是马太福音第 6 章的评论："你们要小心，不可在别人面前炫耀自己的

1　译者注：《登山宝训》为耶稣的训诫言论集，据说为耶稣在山上传讲的法则道义，又译《登山训众》《山上垂训》《山上宝训》。

82　教学召唤

虔诚,故意让别人看见……你施舍的时候,不可大吹大擂……为了要得到别人的夸奖。"

教得越久,彼得斯越意识到他所教的课程内容与男孩们在校外的现实世界之间存在张力。他解释说:

> 当你教那些来自上层阶级、中产阶级或是拥有中上层阶级背景的孩子时,我会很自在地说:"看一看,钱能给你带来什么?什么能让你开心?你需要什么?"因为他们来自"有钱人"(have)的世界,所以他们是"富有者"(have's)。……但面对[圣蒂莫西学校的]这些孩子,你绝不能说,"你应该努力变得更穷一点。"……我不确定这些孩子是否需要听到这种言论。比如,我们这所学校尊崇圣弗朗西斯[1](St. Francis)一样……圣弗朗西斯放弃了他所有的财产而沦为穷人。如果你一开始就很富有,或者你听过这样的传说,那就不足为奇。但如果你什么都没有,当你听到这个故事时,你就会想:"为什么有人要放弃他拥有的东西?"

到了第三年,彼得斯不仅开始意识到学生们对学科内容充满担忧甚至怀疑,还知道了如何扭转这些抵触情绪。他鼓励那些对课程持怀疑态度的学生在课堂上和日记中描述他们所确信的事物——如,是什么构成了他们的行为基础。与此同时,他努力履行学校的课程义务。他接受了这样的任务:他的9年级学生上完"宗教学导论"课程时,应该对《圣经》烂熟于心,而

---

[1] 译者注:圣弗朗西斯·阿西西(St. Francis of Assisi, 1182—1226),圣方济会的创始人。生于意大利富商之家,少时纨绔,后经战乱,20多岁时彻悟,放弃财富,追求贫穷和隐修,乞讨为生,身着粗布僧服,每日前往城外的一座小教堂虔诚地祈祷,四处传播福音,一生充满传奇。

且能通过天主教的视角来解读圣经。他相信,他的 11 年级和 12 年级学生应该在"比较宗教学"课程结束时,能够简要地了解基督教、伊斯兰教、佛教、印度教和其他宗教的内容和区别。但他也试图通过提问来帮助学生确定自己的信仰。

有时候,他提出的问题会让学生大吃一惊。"当你采取这种立场时,"彼得斯解释道——他的意思是他有义务问这类问题——"你总会发现有人说,'其实,我不想谈论上帝,'或者可能有人说'我不相信上帝'。要知道,[对于老师来说]袖手旁观地敷衍一句很容易,'哦,我们只是在讨论**关于**上帝的问题。'"但彼得斯试图挖掘学生们的真实信仰。根据他的表述,在他从教的头一两年里,他很抗拒提出这类问题,而现在他认为它们体现了宗教学的学科内容本身蕴含的潜在价值。因此,他更努力地关注孩子们通过自身言行向他传递的"讯息"和"信号"。

他做到这一点的窍门——与他入职头两年不同——就是更有耐心。他说,当他刚开始教书时,他脾气暴躁,会把学生赶出教室送到学校行政处。"我当时的感觉是,"他解释道,"如果你惹恼了班上的同学,那你显然并不想受教育。那你为什么不穿过马路去游乐场玩儿呢?这就好像在说'我可不想照顾你,我只想教书'。"然而,现在他对"教学"的理解似乎更全面更包容了,将其视为一种更努力地与学生建立教育联系的义务。"我只是放弃了[从前的]方法……如果一个学生在学习上有问题,我不再会说'嘿,你有自由意志。如果你想学,你就能学会。如果你不想学,那好吧,我就把你赶出去'。这是不对的,我来这里是要给孩子们指明方向的。所以,如果你有问题,我不会把你撵出去。你就待在我旁边。"他这番话让人想起佩顿女士为了更有效的教学、更尊重高年级理科学生所做的努力。

彼得斯在职业生涯第三年发生转变的另一个原因是,他学会了认识和反思自己作为老师可能对学生产生影响的迹象。这并不意味着他已经克服了先前的所有疑虑。相反,他似乎对教学中不可避免的不确定性有所了解。当谈及那些取得明显进步的学生时,他说:"我不确定他的进步是不是我的教学设计的功劳。说实话,我也不确定。这可不像给孩子出代数题那么简单:'现在他学会了,看吧,是我教的。'"他明白,想要把他对学生的影响与他们生活中许多其他事件和人物的影响区分开来,是多么的复杂。"表面上看,这可能不是我在课堂上教的东西。你知道,我也许会注重一个概念的认知理解,它会引发一系列情感反应。它们碰巧发生了。我无法衡量它们,无法预测它们,无法计划它们。但当它们发生时,我会说,'好极了,太棒了'。"

然而,彼得斯确实关注学生是否**以及**如何参与课堂讨论(Hansen, 1993b)。他密切关注学生们在小测验和测试中的表现,其中大部分题目是他设计的,几乎所有的小测验和测试都需要书面回答,而不是多项选择题或填空题。他留意着学生们在日记里写的东西。他思考着同事们对学生的评价。他也很在意学生们直接告诉他的事情。例如,在彼得斯从教第三年的中期,他描述了一个学生在他的日记里写下的文字。

> 他说——我得转述一下,虽然我曾经记住了学生说的话——他是这样说的:"这门宗教课对我意义重大。你教会了我很多关于我自己和上帝的知识。到目前为止,我真的对此感到很困惑。"最后他说:"彼得斯先生是我和上帝之间的桥梁。"……我回复说,等一下!不,我不是!但是,我明白他想表达什么,这种反馈让我觉得获得了某种成功。

就像观察佩顿女士一样,我目睹了彼得斯先生自己可能永远不会知道的成功迹象。例如,4月的一个早晨,学校正准备为几天前在公园被枪杀的学生罗伯特·威廉姆斯(Robert Williams)举行追悼会。在追悼开始前的一段时间里,彼得斯的一位同事在上课,这位老师问学生们是否想谈谈他们的感受。一个男孩举起了手。"在我的日记里,"迈克尔(Michael)举起他的宗教学课程笔记本,说,"我写下了当听到罗伯特被谋杀的消息时,我有多么沮丧。我很害怕。所以我就待在家里,不想出去,我害怕发生在他身上的事也会发生在我身上。但是彼得斯先生曾经说过'善良主宰世界'(Goodness rules the world)。我问他事到如今是否仍然相信这一点,他说他总体上还是看到美好的一面(Good)。我觉得我也必须走出去,我想看到那种善良(Goodness),因为如果彼得斯先生看得到并相信它,那么它肯定是好东西。"

小结:职业的践行

在他执教的第三年,11月的某一天,彼得斯在黑板上画了9个间隔的点(如图3.1A所示),同时要求9年级学生把这些点临摹在一张纸上。他给全班提出了一个挑战:用不超过四条直线把所有的9个点连起来,而且不能把钢笔或铅笔从纸上拿开。

孩子们急切地投入到这项任务中。欢乐或沮丧的喊声很快充满了教室。"拜托!"——"彼得斯先生!你不能这么做!"——"伙计!"男孩们注视着邻座同学的努力,有人紧张地离开座位、探头看着过道那边,有人单膝跪地看着。他们兴高采烈地互相戳着对方:"笨蛋,那样行不通"——"老兄,看看你在干什么!"——"得了吧,兄弟,你也没干成!"彼得斯先生平静地看着学生们的表现。他拒绝提供任何暗示。相反,他提出了一个建议:"除了我提到的那些规则,不要给自己强加规则。不要给自己设置不存在的规则。"

15分钟后,彼得斯先生戏剧性地宣布了解题方法。他回顾了这个挑战的规则：用不超过四条直线连接所有九个点，同时不要把书写工具从纸上拿起来。他走到黑板前，画出了解决方案如图（如图3.1B所示）。当他解出这个谜题时，全班爆发出喜悦、惊奇和假装生气的叫喊。"厉害！"——"真酷！"——"彼得斯先生！我们怎么才能想到它呢？"彼得斯先生转向黑板，回答说："我们大多数人都了被这个现实[条件]困住了。"他很快画了9个点，画了4条线，连成一个方框，中间的点没有连接。他指着方形的四边解释说："我们为周遭生活划定了界限，并说'世界仅止于此。这就像给自己强加了一条规则：上帝不存在，因为我们看不见他。但**你认定只有我们看到的**规则才是真实的。我们就设定了这个边界。"男孩们聚精会神地听着。彼得斯先生后来每次敦促孩子们重新考虑他们的假设和信念时，都会引用这个例子和其他类似例子。

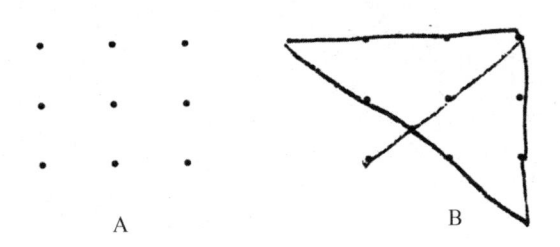

图3.1 彼得斯先生的挑战题

彼得斯先生希望学生学会独立思考，同样强烈希望他们认真对待基督教，在这两件事之间，他还没有找到缓和张力的完整方法。然而，抛开这个反复出现的困境不谈，他确实扩展了自己作为教师的想象力，用他自己的话来说，他希望在这个角色中感到"自在"。尽管他的工作条件没有改变，他还是这样做了。学生们仍然有很多需求。他的学校仍然向他和他的同事们提出了艰难的挑战。彼得斯先生的薪水远低于他在公立学校的同行，他同时承受着别的压力,要做一个好榜样,要严格要求学生,要教育他们、激励他们。他关于给自我设限的那堂课也适用于他自身的实践。他的经验表明,教学中的职业使命感并非通往一个与世隔绝的世界,而是会引发一场跨越熟悉的教室围墙的冒险之旅(an adventure beyond the walls of the familiar)(Nicholls & Hazzard,1993)。有一次,彼得斯谈到自己在课堂上的表现:"我认为,学生们从你的教学方式和做人方式中就知道,'这个人相信这个,但他不会强迫我相信这个,他是在给我机会。他让我尝试冒险。'"也许彼得斯先生在教导学生方面取得了一些成功,那是因为他自己承担了风险。

第 4 章　于困顿中坚守课堂

詹姆斯先生和佩顿女士在同一所公立高中的特殊教育部门工作。詹姆斯先生已经在公立学校系统教了 14 年书。他教的是身体残疾的学生和学业表现最差劲的学生,这些学生的许多问题都源于他们对老师、管理人员和学校的敌对态度。詹姆斯先生的所有学生都曾一度被常规课堂赶出来、放到他所在的部门接受特殊教育服务。他们中的许多人习惯性地旷课或迟到。许多人甚至没毕业。

为了体现在当今社会中他所秉持的教学意识,詹姆斯先生写了下面这段文字:

> 老师和学生一起在价值观的战场(battleground of values)上工作。教师在传授学科内容和努力启迪思维的同时,也在倡导同等重要的有关行为态度、是非对错的概念。学生们观察到:"这就是他的行为方式。他很有把握。"或者,"他迷失了;他一点头绪都没有了。"想要让学生具备诸如坚毅、诚实、同情和宽容等品质,要么通过老师以身垂范来培养;要么通过[学生]不断审视并发现老师缺乏这些品质从而反向激发。
>
> 教师总是与年轻人一起应对问题和危机。教师的职责是为混乱带来秩序,以平和回应暴力,用清晰取代困惑。尽管这些不利的情况并不

能迅速得到改善,但学生会关注老师对危机的处理方式。她[教师]选择的立场至关重要;这决定了哪些价值是首选项。即便教师依照兼具理性与人文性的价值典范去行动,但其仍然是一种感性的、依循本能的生物。例如,明目张胆的不公正会激起教师的愤怒,这是一种必须被感受到和表达出的情感反应。

随着时间的推移,学生们会发现什么是被认可的,什么是被鄙视的,什么是被老师认为微不足道的。如果人们认为我们的差事干得漂亮,我们的价值观在他们看来似乎就会更加可信。

我在本章中会多次探讨詹姆斯所说的"价值观的战场"这一隐喻。它恰如其分地映照出他某天谈话时对自我定位的描述。"我是一名瘟疫斗士。"他宣称,其中"瘟疫"的概念来源于阿尔贝·加缪(Albert Camus)[1]的《鼠疫》(*The Plague*)。这本小说的读者会回想起那里面扣人心弦的一段叙述:一群市民如何在他们的城市里与黑死病的侵扰作斗争,而这场"瘟疫"象征着法西斯主义,它曾使法国在20世纪30年代和40年代陷入动乱。詹姆斯欣赏加缪的故事,部分原因是他觉得自己站在道德战场的前线。他把自己视为复杂环境和力量的抗争者,正是这些环境和力量将他的那些"问题学生"引入歧途。他致力于为学生们的生活带来他所谓的"秩序""平和"与"清晰"。一方面,他把自己当作一个"道德能动者"(a moral agent)——也就是说,作为一个人,他**能够**对学生产生积极的影响——另一方面,他把自己当作一个"道德教育者"(a moral educator)——即一个对于引导学生向善负有教育教学义务的人。

---

[1] 译者注:阿尔贝·加缪(Albert Camus),法国作家、哲学家,诺贝尔文学奖获得者,主要作品有《局外人》《鼠疫》等。

然而，詹姆斯先生的个人举止以及他和学生一起工作时的风格绝不是剑拔弩张或针锋相对的。在课堂内外，他都始终保持着镇定自若的仪态。即使面对那些欺负同学或老师、不做作业或摆明了利用他的学生，他也很少提高嗓门。对詹姆斯来说，这些难以预料的冲突几乎贯穿于他在学校的每一段时间。但是，当他对待那些不守规矩或有学习障碍的学生时，既没有大声地诉诸于良心谴责，也没有采取英雄式的励志手段（更没有试图吓唬或恐吓他们）。相反，在旁观者看来，他秉承一种耐心的、坚定的信念去和学生讲道理。他如此行事似乎想证明，**他的**这种基于尊重的行为模式最终会比**其他人的**那些通常不够友善的、甚至彻头彻尾充满敌意的行为模式更能吸引学生。此外，正如我们将看到的，詹姆斯先生的姿态透露出他对学生的困境和麻烦饱含同情。这也展现出他对学生怨恨和恐惧来源的敏锐洞察。具有讽刺意味的是，接下来我们将观察到，正是这种意识阻碍了他在学术工作上的实效性。他如此专注于与学生之间的融洽关系，以至于他有时把建构这种关系本身当成了一种最终目的，而非促进学生在智力上和学业上取得成功的一种举措。

我将在本章中阐明詹姆斯先生的工作环境是多么的艰难。有时，他的工作量之大、工作境况之差，几乎超出了他所能承受的极限。这些境况催生了许多紧迫的议题，例如，学生的学习动机，当今学校的组织架构与管理模式，以及为所有年轻人提供教育的一种公共事业的承诺。然而，与这些问题同样重要，甚至更令人感兴趣的是——鉴于本书对职业的关注——为什么一个人会在面临诸多障碍的情况下继续从事教学。詹姆斯先生的行为和证言显示，他这样做既不需要英雄主义的情结，也不需要他所谓的与"瘟疫"作斗争的想法。作为一名教师，排除万难继续教学，更依赖于自身内在的韧性（an inner resilience）和对服务价值与目标的坚定信念。詹姆斯先生的工作表明,即便在最为贫瘠的条件下,职业使命感依然能够被彰显。

教育的洼地

在詹姆斯先生所在的高中里,当他自己、他的学生以及和他一样在特殊教育部门工作的同事们被边缘化的时候,詹姆斯低调、泰然自若的工作风格更加展现出非同寻常的意义。来自学术部门的老师通常不愿意与那些接受特殊教育辅导项目的学生一起工作,一部分原因是这些学生有学习障碍,另一部分更为常见的原因是这些学生的行为表现异常糟糕。其中一些学生还经常说别人的坏话,学校里的老师、其他成年人和同伴都深受其害,他们严重扰乱了课堂秩序。根据我的观察和詹姆斯先生的证言,科任教师不仅仅是单纯地讨厌这些学生——很多人在这一点上甚是都不屑于掩饰他们感受。更确切地说,教师们集体呼喊着"把他们赶出我的教室!"这反映出教师们不堪重负[故而难以容忍这些特殊学生],他们每天要承担 5 节课甚至更多的教学任务,每节课要教 30 多名学生。不仅如此,我在学校做研究的这段时间观察到,每节学术类的课只有 40 分钟。可以理解的是,教师们希望尽可能公平地将有限的时间分配给所有学生,而不必额外投入时间去不停地关照某个特殊的人。至于教师是否**应该**投入这样的时间以及**如何**投入时间,类似的问题近年来备受关注,特别是在有关"是否以及如何将有特殊需要的学生纳入常规课堂"的论辩之中(参见:Gartner & Lipsky, 1987; Howe & Miramontes, 1992; Stainback & Stainback, 1992)。教师们还希望尽可能多地关注学术科目,而这也是他们自己和学生们来到学校的主要原因。

尽管如此,事实上,詹姆斯先生仍然坚守教育洼地,他就职的部门被校内多方人士视为"一潭死水"(backwater)。从教师、管理人员和学生的非正式证言中都可以看出,许多被送到詹姆斯先生这里的年轻人都被当作学校里的"残次品和废弃物"(flotsam and jetsam),他们是长期的失败者,在离开学校这个体系之前都一直需要被管控。就连与詹姆斯先生一起在特殊教育部门工作的一些同事似乎都快要放弃这些学生了。例如,2月的一个早晨,一名教员走进教室,用一种难以置信的声音对一名学生说:"哟!你居然在**学习**呀?!其他人都在干嘛——""——他们不是在玩儿吗?"男孩回答道,他的同学们此刻正在教室里嬉笑打闹闲晃荡。这种精神冷漠和道德败坏的迹象,或隐或现,已经成为特殊教育这个部门中不难察觉的风气。

鉴于这种情况,詹姆斯先生不止一次地大声询问也就不足为奇了,他很想知道观察者[1]能从他的工作中发现什么有趣之处。他尖锐的质问倒并不意味着他对自己的工作缺乏兴趣,而是他意识到自己的岗位生态位(occupational niche)在别人看来是多么的荒芜凄凉。詹姆斯先生的大部分教学都是在特殊教育"资源教室"(Resource Rooms)进行的。然而,这一术语并不适用于描述物质资源。詹姆斯先生最常工作的房间在学校教学楼三层(即顶层)的走廊旁边,那是一个没有窗户、毫无特色的地方。天花板上吊着荧光灯。房间里有詹姆斯先生的一张办公桌(他和另一个同事共用),两张圆桌,每张桌子旁边放置着四五把大小不一的椅子;还有一块布告栏,一块置于展示架上的黑板,还有一些文件柜,里面塞满了破旧的、多半已经过时的教科书。这些椅子的规格款式不同,明显是从别处捡来的。大多数书籍的品相残破,更加凸显一种被遗忘和被丢弃的氛围。书架上还陈列着棋盘游戏,但很多都是给小孩子玩的。例如,益智游戏"环游阅读"(Read

---

[1] 译者注:此处观察者指本书作者。

Around)的包装盒上明确标注"适合5～8岁的儿童"。这些明显为低龄段儿童设计的游戏出现在高中生的学习环境中,实在有点匪夷所思。同样令人感到尴尬的,是一年前在公告板顶部出现的一个镂空的标志:"资源教室的神童"(Resource Room Whiz Kids)。批评者可能会说,这种布置教室的方式,无论出于何种善意的动机,实际上都对那些被指派到这个偏僻角落里完成任务的师生们构成了一种微妙的讽刺。

在一个典型的"资源教室"课堂中,詹姆斯先生会单独辅导3～8名学生,具体人数取决于具体时间段和当天的出勤情况。詹姆斯先生帮助他们完成家庭作业,尤其是数学作业,以及其他常规课堂的作业,例如,准备学期论文或口头汇报。这些时段也会被用来对学生进行一些标准化的心理、运动和学术测试。除了其他特定目标,这些测试主要用于确定学生是否需要接受特殊教育服务。

在我进行观察并与詹姆斯先生交谈的两年时间里,学校的一天包含九个时段(九节课),詹姆斯每天要完成三节"资源教室"的课程任务,每节课40分钟,与学校常规课的时长相等。詹姆斯还要教三节数学课,这是他专门为接受特殊教育的学生设计的课程,并且获得了学校管理部门和数学学科组的批准。每堂数学课的学生人数与他的"资源教室"课的人数相当。詹姆斯解释说,开设这些课程的目标是让他的学生有机会获得平常难以拥有的东西,即在正式课堂中取得学业上的成功。为了最终达成目标,他设法把课程安排在普通教室,而不是拥挤的特殊教育办公室。他还努力在课堂上与学生进行小组互动,而不像在"资源教室"课堂上那样进行单独互动。

除了这六节讲授课,詹姆斯还剩一个时段用于午餐,两个时段用于备课、与教职员工和学生进行正式谈话,以及填写与特殊教育相关的大量文书表格。在实践中,这些时段都变成了集中解决麻烦的时机。个别学生和教师经常就各种问题征求他的意见。他经常受邀去裁决纠纷,并解决与该项目学生有关的分歧。他乐于为其他老师代课,有时是临时通知的——例如,刚开始上课时突然需要某人代课。简而言之,他在学校的日常生活包括公共调解、个人咨询、学术指导和教学。

在"资源教室"课和更正式的数学课上,詹姆斯不断敦促学生专注于自己的作业。他的敦促是必要的,因为大多数学生的注意力持续时间都很有限,短暂专注之后就会陷入无休止地互相取笑和戏弄之中。许多人的情绪导火索(emotional fuse)一下子就被点燃了。一旦发生小争执,詹姆斯会在其升级为愤怒的争吵和偶发的打架之前,迅速解决冲突。如他所料,他在数学课上让学生们形成团队合作的努力并未完全成功,一部分原因是他缺乏作为一名"常规课"教师的相关经验,另一部分原因是他和他的学生似乎都习惯了他们更为熟悉的"资源教室"课堂上那种个别化的教学风格。

一般来说,詹姆斯的学生很少在学术能力或学术品味方面展现出系统性的努力。在某些情况下,他们之所以表现欠佳是因为遭遇了学习障碍。在另一些情况下,长期以来的记录显示,他们因挑战学校权威、"勉强应付学业"或在学校系统中被草率分流而无法得到太多正常的关注。正如接下来的小插曲所呈现的那样,他们反复无常且充满对抗性的行为,把詹姆斯先生变成了牧羊人的角色,不断跑来跑去以应对学生们的各种插科打诨和个人需求。之所以选择这些小插曲,是因为它们代表了詹姆斯工作中极为平凡的一天。

里克(Rick)上数学课迟到了,拉松德拉(LaShondra)嘲讽他:"说曹操,曹操到!"(Speak of the devil)。[1] 里克咄咄逼人地反驳说她今天看起来"真

---

[1] 译者注:该句为英文俚语,直译为:"只要一说到魔鬼,他就来了。"此处转换为更符合中文语境的表达。

的很胖"。拉松德拉非常愤怒,对着男孩里克大喊大叫。詹姆斯先生打断了他们的争吵,说道,"曹操"只是一种修辞手法。里克显然认为这意味着他的老师站在了拉松德拉这一边,于是他愤怒地冲出了教室。詹姆斯先生紧跟其后,他解释自己之所以这么做,部分原因是为了防止这个男孩与其他老师或走廊管理员发生纠纷(学生没有通行证是不允许在上课时间进入走廊的)。

克里斯(Chris)被代课老师赶出教室之后悠闲地踱着步晃荡到了资源教室。"克里斯,"詹姆斯先生有点不耐烦地说道,"你得学会不要去当显眼包。你上周就做得很好,但即便有所改善,你也仍然需要控制自己。"

詹姆斯先生试图解决安德鲁(Andrew)和另一个学生之间的纠纷。"你不必对这件事**怀有敌意**,安德鲁,你**真的没必要**充满敌意。"安德鲁回答说,詹姆斯先生总是反对他。"你这话可就有失公允了啊。"詹姆斯先生做出了回应,并提醒这个男孩他已经给予了他多少时间和关注。安德鲁噘着嘴,从和他吵架的学生手里抢过一本书。詹姆斯问道:"你认为抢夺别人的物品是对的吗?"在剩下的课堂时间里,詹姆斯和这个男孩继续争吵,安德鲁咄咄逼人,而詹姆斯则竭尽所能地保持耐心。

"好了,我们来做第3题。"詹姆斯先生手里拿着数学练习册,发出指令。在40分钟里,他已经花了将近15分钟的时间来召集他的6名学生。特雷尔(Terrell)笑着回应他的指令:"詹姆斯先生,如果你想继续做第3题,那你自己继续吧!"詹姆斯先生苦笑着对特雷尔摇了摇头。男孩则转向他的同桌。"詹姆斯先生,快看,他想做第3题!"过了一会儿,詹姆斯先生说,全班现在应该讨论第4题了。一个学生脱口而出嚷嚷道:"我才不想做第4题!我只想要一百万美元!你们老师就知道[让我们]做作业!"

在资源教室的课间,詹姆斯让迟到的杰基(Jackie)搬去另一张桌子就坐,这样他就可以和已经坐在那里的两个学生一起继续学习。杰基吼道:

"你要把我**挪走**？我**本来**马上要开始做我的作业了，但现在我不做了！""好吧，好吧，"詹姆斯先生迅速回答，"你待在原地吧！"杰基接着说，没有面向特定的对象，"我不知道我到底怎么了，我感觉今天突然有了想做作业的状态。我今天甚至在第一节课上就回答了问题！"她转身向詹姆斯先生要了一些纸来写字。"你快点啊，詹姆斯先生，不然我就真的不写了！"

数学课上，两个男孩在詹姆斯先生屡次提醒他们停止讲话之后，仍然在叽叽喳喳地闲聊。最后，詹姆斯先生只好暂停了讲课，走向他们。"对不起！请专心一点！"他说道。但孩子们既没有抬头看他，也没有停止喋喋不休。"你们在干什么？"詹姆斯先生恼怒地说，"我说了'专心一点！'"克里斯抬起头，面无表情地说："您请便，詹姆斯先生。"然后继续他们的谈话。"好吧，克里斯，"詹姆斯先生试图跟他讲理，"你在这儿待了这么久，应该听得懂我在讽刺你。"克里斯用另一句讽刺的话反驳了他，这时詹姆斯先生走了出去打算叫他的家长来学校。听到詹姆斯先生的用意，克里斯从座位上跳了起来，紧接着追出去试图劝阻詹姆斯先生。与此同时，班上的其他学生都心不在焉地应付着他们的作业。

特雷尔在课堂上插嘴说："你知道吗，詹姆斯先生，我在和女士相处方面遇到了有很多麻烦！"詹姆斯先生不理睬他，开始和其他几个学生一起做作业。特雷尔转身跟一个同伴说，"我和詹姆斯先生正在进行一场男人和男人之间的谈话！话题是关于女人！"两个男孩又笑又闹。最后，特雷尔几乎带着炫耀的口吻说："再见了，詹姆斯先生。如果您看到有姑娘在走廊上揍我，您就知道我为啥烦恼了！"詹姆斯先生无奈地摇了摇头，咧嘴笑了笑。

詹姆斯先生在黑板上写了一道题，引发了安德鲁的大叫："我们不能做这题，詹姆斯先生，这里面有**分数**($fractions$)的内容。我绝不会做那道题！""好吧，"老师回答说，"如果有时间，我们最后再做这题。"后来全班都没来得及做

"好吧,我们开始吧。肖恩(Sean),第 1 题你会吗?""詹姆斯先生,这题是关于什么知识点的?"肖恩笑了起来,看看周围的人[想向他们求助],但他们都不理睬他。突然,肖恩向走廊里路过的人挥了挥手。詹姆斯平静地重复道:"肖恩,这道题你会怎么解?"肖恩低头看着他的作业本,沉默了。詹姆斯先生转而问另一个学生(尽管他好几次转回来想要提问肖恩)。在余下的课堂时间里,肖恩凝视着外面的走廊,和同学开玩笑,大声地自言自语。"詹姆斯先生总是唠叨'你接下来做这个','你接下来做那个','伙计,你怎么什么都不做!'……[这时肖恩突然指着走廊上经过的一个女孩说道]那姑娘曾经在小测验中帮我作弊!……没错,那门课太无聊了,无聊到你可以静静看着灰尘落下!"

74 观察者很快就会产生这样的印象:尽管詹姆斯先生还在努力教学,但特殊教育部门的教学时段往往只不过是一种正式化的"保姆工作"(babysitting)。出现这种情况,并不能把责任直接归咎于詹姆斯先生或他的学生,即便学生们的行为很糟糕。这里存在着制度化局限,制约了师生们所能完成的事情。首先,詹姆斯先生和他的同事们不是学科课程专家。他们[1]深知,他们能为学生提供的学术帮助很少比得上准备充分的学科教师。"他们[2]从不让我教普通的学生。"詹姆斯在回答他是否曾在特殊教育部门之外授课的问题时说。当被问及这一事实是否意味着"他们"认为他没有资格教正常孩子时,詹姆斯回答:

也许吧。无所谓了。可以确定的是,特殊教育大概率不是[学校]科层体制中排名最高的部门。事实上,有些人可能认为这里是排名最

---

1 译者注:此处的"他们"指的是詹姆斯先生和他的同事们,即特殊教育部门的教师。
2 译者注:此处的"他们"指的是特殊教育部门以外的人,如,学校管理者和其他学科教师等。

低的地方……有时你的脑海中会突然闪过一丝念头,你压根儿不是[老师]。别人会说"你都没带过一个完整的班级。你不能被称之为老师",这仅仅因为我的班额没有那么大。我的学生也没有普通老师那么多……类似情形总令人感到有点耻辱。我们在很多方面发挥着老师和辅导员(counselor)相结合的双重功能……[但]我们是边缘化的,勉强算是老师,勉强算是辅导员。

詹姆斯补充说,他的学生完全了解这些看法[体会到特殊教育部门教师的不利处境]。他提到,有一次,一个学生对他说:"他们立刻就把你扫地出门了(picked you out)! 他们不需要你! 他们把你送到我们这里来啦!"

与这些似乎已经被其他成年人抛弃的学生一起工作,给詹姆斯和他的同事们带来了沉重的负担。一种孤军奋战的感觉持续弥漫在他们饱受限制的环境中,仿佛他们要用一根手指之力撑住即将溃决的堤坝。一些教职工对待这些学生的态度通常不好,倒也情有可原——因为在他们看来,这些学生仿佛是没有责任感、没有成就感、没有光明前途的人——但是这种预判往往只会使问题恶化。学生和一些老师都不尊重他们彼此的时间和努力。有时候,一节课开始了,资源教室里却没有一个学生;有时候,课堂上甚至没有老师在场。在这种情况下,学生们只会开玩笑、嬉戏打闹,或者到走廊里闲逛,扰乱学校的正常生活。

詹姆斯先生必须投入大量的时间和精力来说服学生端正学习态度。正如前面的小插曲所展示的那样,"命令"他们合作就像克努特国王命令海水停止涨潮一样困难[1]。"我过去常常对着他们喊叫,"詹姆斯说,"但那也不管

---

[1] 译者注:典故出自英国童话故事《克努特国王在海滨》(King Canute on the Seashore)。比喻某件事的难度很大、异想天开、毫无可能。

用。他们已经习惯了无论走到哪里,要么自己大喊大叫,要么听别人大喊大叫。如果喊叫都不起作用,那你还剩下什么绝招呢?"相反,詹姆斯现在更倾向于使用说服策略而非咆哮策略,这也是源于他模棱两可的角色。正如他所强调的,他的任务既不是教学,也不是咨询。这一事实也令学生对其角色产生疑问。他们不清楚自己究竟要向詹姆斯先生寻求个人建议和咨询辅导,还是将他视为学术导师?也许正因为学生难以回答这个问题,这种未曾言明和未经承认的模棱两可的印象加剧了他们不确定感和困惑。这些情况反过来又进一步削弱了詹姆斯的[教师身份]权威。由于他的权威并非立即显现的,这不同于他的那些教常规课的同事以及学校的辅导员和行政人员,他经常发现自己只是依靠个人的融洽关系和吸引力在开展工作(Page,1987,1991)。

杰克逊(Jackson,1993)和他的同事们认为,"有价值的假设"(assumption of worthwhileness)巩固了教师和学生参与学术工作的意愿。关注学科内容的前提假设在于,他们认同这样做实际上是有价值的。没有这个假设,就很难设想有意义的教学。詹姆斯先生所在部门的情况似乎更接近后者。学生和一些老师并没有带着对工作和学习的期望坐到资源教室的课桌前;而在许多常规课堂中这种期望是存在的。与此相反,特殊教育部门的师生要么不知道该期待什么,要么[对自身和一切人和事]只抱有极低的期望,就像前文小插曲所暗示的那样。若将他们的行为归结为一种"无价值的假设"(assumption of worthlessness),这也未免言过其实了。但目睹了这里发生的事情,我偶尔会认同这个概念。

詹姆斯先生在不知不觉中束缚了自己为促进教学和影响学生行为所做出的努力。例如,他毫不犹豫地为学生提供纸张或铅笔,从而削弱了学生的主动性。他把办公室的钥匙交给学生,以便他们随意取用材料[1]。他所在的部门确实有各类项目材料的预算(比如,乘坐公共汽车用的代金券)。然而,不管学生们愿意与否,直接把材料分发给学生的做法会阻碍他们未来的发展,不利于培养他们充分准备、提前规划、以及学会关注学习工具和其他资源的能力——顺便说一句,学生中之中的许多人并非来自贫困家庭。这种包办讲义材料的做法还可能间接地导致学生们不断向詹姆斯先生提出琐碎的要求。

詹姆斯先生不厌其烦地向学生强调教育的重要性。但他有时会提出一些看似妥协的建议,以确保他们配合教学工作:"里克,勤工俭学(Work-study)可以帮助你更快地完成学业,这对你来说是一个不错的选择。"此外,他习惯性地对学生有求必应,常常在无意中浪费了教学时间。面对他的学生,詹姆斯先生经常扮演棒球场上站在本垒后的"接球手"角色。无论学生投来什么样的"坏球"[出现任何不端行为],他都接得住。有些"球"[行为]偏离路线失控了,他必须把它们"从泥地里捞回来"(out of the dirt);而更多的"球"[行为]则是"又高又野",他必须迅速反应。正如我们将看到的,詹姆斯先生这样做有他自己的理由。继续使用这个比喻,[我们会发现]与许多常规课堂的教师不同,詹姆斯先生甚至无法左右"投手"[学生]投什么球。学生们总是一次又一次地绕开当堂课的教学安排。

影响的迹象

读者可能会好奇,对詹姆斯先生的教学环境的描述这般令人不安,是否

---

[1] 译者注:结合上下文语境,此处所指的"材料"(materials),不仅包含教学、学习材料,还有针对特殊需求学生的生活补助物料等。

过于夸张了？如果情况果真如此糟糕,那么为什么任何一个有理性的人还会接受在这样的环境中工作呢？如果其中尚有好处,那会是什么呢,他们能从中得到什么补偿呢？为什么我要把詹姆斯先生的努力写进一本主题涉及"以教学为职业"的书里呢？毕竟在他的处境中,教学所代表的有意义的服务和自我实现的可能性很难被感知到。此外,考虑到詹姆斯先生在学术上没有佩顿女士和彼得斯先生那样的影响力,把他的故事和他们的放在一起,对他来说是不是不公平？

任何一种对学校环境的描述都是片面的。它永远不可能涵盖所有视角,也无法穷尽从环境中衍生出来的所有意义。如果把这种描述作为唯一可能的解释,它几乎不可避免地会扭曲事实。詹姆斯先生每天都面临着一项艰巨的任务[即认识到环境的局限性并努力认识学校生活的全貌及其意义]。然而,他也意识到自己享受到了成功,至少一个人可以根据自身处境与合理实现自身期望的方式来定义"成功"。考虑到詹姆斯先生的实际情况,如果期望他能像佩顿女士那样帮助积极进取的 7 年级学生完成那么多的事情,这种期望本身也是值得商榷的。

詹姆斯先生的一些学生确实在行为和表现上有了很大的改善,可以重新回到普通班级。还有一些学生在他的指导下数学成绩有所提高,并能回归学术学习的主流。有时,他的学生对他所教授的内容非常着迷。例如,今年 2 月的一个下午,詹姆斯正在黑板上演算一个几何证明题。随着他的热情越来越高,他一反常态地脱下运动外套,扔在椅子上。所有的学生都兴致盎然,以至于杰姬(Jackie)不停地评论:"詹姆斯先生真的很投入,他真的很有魅力！他在脱夹克！他这题解得太好了！"关键是此时此刻所有的学生都在认真"做题"。

对于詹姆斯先生的一些学生来说,除了普通教师给予的帮助之外,他们所能获得的学术支持全部都来源于詹姆斯先生。有些孩没有父母、监护人，甚至家中都没有能对他们学业负责的其他成年人。也许正因为如此，人们经常能听到学生在课堂上向詹姆斯先生讲述自己在学业上获得成功的经历，然后感谢他的帮助，使之变为可能。5月的一天早晨，戴安娜（Diana）对一位同学说："尽管我实际上支持安乐死［在特殊情况下］，但在辩论中我将持相反立场。"她的同伴气急败坏地说："为什么？假如你明明就**赞成**安乐死，［为什么要选反方］？""因为这样一来，"戴安娜说，"我就能知道为什么有些人反对它了。"她对詹姆斯先生含笑致谢，因为他花了相当多的时间来帮助她厘清思路、明确立场。下课铃声一响，他就喊道："记得告诉我辩论进展如何了！"

只要詹姆斯先生的日程安排允许，他都会亲自参加学生的常规课程，旁听他们的口头报告、演讲、表演等。例如，11月的一个早晨，他去了英语课堂，听瓦莱丽（Valerie）朗诵诗歌，那是他上个星期带着她读的诗。5月的一个场合，他欣赏了唐纳德（Donald）的柔道表演。几周以前，也就是4月份，詹姆斯先生还参加了另一节英语课，伦纳德（Leonard）在那里发表了一次演讲，讨论学校里的社会歧视（social discrimination）——这恰恰是詹姆斯的学生与他交谈时经常提到的话题。这名男孩抱怨说，他的同学们"执着于"评价别人的衣服、鞋子和整体外貌，正是这种病态的风气导致他们取笑像他这样体重超标或身患各类残疾的学生。"我有阅读障碍，"伦纳德说，"我还在接受特殊教育。我对此没有意见。耶稣、《巴黎圣母院》里面的驼背敲钟人、《象人》里面的畸形人、《麦田里的守望者》里面的主人公、《人鼠之间》里面的莱尼，他们都曾遭受社会歧视。"伦纳德的这番话呼应了詹姆斯先生平时对学生的劝诫，伦纳德总结道："尽量不要成为歧视的帮凶。每个人都有势利的一面，但你没必要将偏见诉诸于他人。"伦纳德的演讲在内容上和结构上，都得到了英语老师和同学们的赞扬。类似事例表明，虽然詹姆斯先生的岗位条件仍然存在困难，但它们已经不像初见时那样令人绝望了。詹姆斯先生基于个性化关注的教学方式得到了一些学生的良好反馈。学生们显然很感激他为他们所付出的努力。

詹姆斯先生的行为和他对学生的看法与许多研究报告所描述的"教师倦怠"（teacher burnout）形成了鲜明对比。"教师倦怠"是一个术语，特指那些消极的教育从业者，他们已经丧失了或从未发展出与青少年有效互动的能力；在某些情况下，他们甚至已经厌弃学生了（Ashton & Webb, 1986; Cedoline, 1982; Dworkin, 1987）。尽管在艰难困顿的环境中工作，詹姆斯却没有表现出情绪失控或道德枯竭的迹象。他从不与学生们逗口舌之争，也不会对着他们大声吼叫，更不会恐吓或羞辱他们。无论面对何等桀骜不驯的学生，无论其进步何其缓慢且不确定，他始终保持着稳定的自控力与循循善诱的耐心。整整十四载，他始终坚守在特殊教育的这方阵地。

我曾有机会观摩了詹姆斯先生的 30 节课和"资源教室"课程。我还在他的午餐时间以及一天中的其他空闲时间，与他交谈。我们的谈话经常会有个别教职工和学生临时加入，这样我就有了更多的机会来感受詹姆斯先生在学校的状态。他身上显而易见的坚定、毅力和对学生无微不至的支持是有目共睹的。因此，他所在部门的同事们常常唯他马首是瞻。例如，1 月的一个早晨，参加特殊教育服务项目的学生在一个集会教室参加一项标准化考试。当学校走廊的一名主管进来抱怨学生们在教室里闲逛时，部门主任立即回答说："去找詹姆斯先生，他是这里的'老大'！"坐在旁边的两位同事微笑着点头表示同意。詹姆斯先生便出去解决这件事了。

去年 10 月，作为全校"在职研修日"（in-service day）活动的一部分，詹姆斯先生、特殊教育的部门主管以及部门八名教师中的两名，分别与全校四分之一的教师进行了单独讨论。当天早些时候,校长和教育委员会的一位专家与全体员工谈话,随后召开了长达一小时的会议。他们都强调特殊教育服务部门与全体教员协作的重要性。詹姆斯先生在小组讨论开始之时分发了一份讲义,上面印有一幅漫画,画的是一位老师问一名孤坐在课桌前的学生。"班上其他人呢?"学生回答说,"您把他们全都送去特殊教育部门了!"这幅漫画下方附了一段说明文字,敦促教师认识到"学习障碍"一词不应该被教师当成"脱身之计"(easy out),即他们忽视或看不起学业表现不良学生却不对其尽到教育义务的托辞。教师应该考虑可能导致或促成课堂问题的"个体和非个体"因素。在研讨完讲义后,詹姆斯先生详细地解释了他所谓的学生的"人性"特征,以及他们作为年轻人的各种需求和困难。他呼吁教师们要珍视自身对学生的重要影响。"和你们在一起上常规课对学生们有好处,"他争辩道,"得让他们去上你的常规课。"此后,他详细描述了一场典型的"资源教室"课程活动,包括他为学生们提供的各种建议,以及他为他们开设的数学课。

詹姆斯先生的校长安排这个"在职研修日"(in-service day),是为了解决学校特殊教育部门和学术部门之间的不信任和沟通不畅的问题。一些特殊教育教师怀疑其他同事把学生"甩包袱"似地推给他们,而一些学术教师则把特殊教育部门的同事视为"保姆",认为他们没有给学生提供足够的实质性帮助。如前所述,这两种观点的佐证都不难找到。然而,在研修日期间,詹姆斯先生的同事们注意到了他,并围绕他们自己的问题和担忧向詹姆斯求教。也许,他们愿意听他讲话的一个首要原因在于,他们知道詹姆斯言行一致,他用实际行动证明了其教育理念的实效性。例如,詹姆斯定期为在他这里托管的学生准备学业进展报告,并确保学术教师能及时收到报告。他会与其他教师单独沟通学生的情况,总是秉持积极的态度,并鼓励教师们在遇到问题时向他咨询。我在学校做研究那一年的早些时候,在英语学科组教师的一次会议上,我听到了詹姆斯先生的这些努力产生影响的证据。教师们正在抱怨,特殊教育部门业务松懈、没能及时与他们共享信息。一位老师说,她直到学期结束后才意识到她的一个学生听力不好;另一位老师说,他最近才发现他的一个学生有阅读障碍。然而,有几位老师话锋一转,用"詹姆斯先生与众不同"来修正他们的抱怨。诸如此类的评论都印证了同事们与学生们的共识:詹姆斯先生是一个真正将他人的关切置于心间的人。

为什么而教?

詹姆斯先生并非注定要从事他现在这份的工作。"没有什么宏伟的计划促使我成为一名特殊教育教师。"他解释道。尽管他说自己在青少年时期确实怀有成为一名社会工作者的意向,但他并不是因为感受到利他主义的召唤才去帮助那些苦苦挣扎的年轻人。大学毕业后,他获得了英语教学硕士学位。他随即进入到一个竞争激烈的就业市场,一度未能觅得合适的教职。然而,在高中阶段,新兴的特殊教育领域有很多机会,他便接抓住其中一个机会。"这只是我在人生进程中从另一个方面塑造自己,"他说,"我只知道我得付房租,而我又不想当机械师!"

詹姆斯先生再也没有从事英语教学,他并不后悔那个决定。假如当初当了一名英语老师,他认为自己会成为什么样的人?相比之下,从事14年特殊教育对他有什么影响?当被问及这些问题时,他回答说:

我想[我所学到的]是接受所有学生的优点,**发现**他们的优点。如果我是一名英语老师,我想我不会把注意力放在学生身上。我想我可能会更侧重学术性,不那么敏感,也不那么宽容……[在特殊教育中]我收获了很多的私人关系,因为与学生建立个人联结是教师职责的一部分……我并非刻意塑造年度模范人物(the goody-goody of the year)形象,但作为一名特殊教育老师,这是你必须做的。你面对的是一个有残障的个体,他们的问题不仅限于身体层面的残疾,还涉及高度个体化的心理层面和情感层面的障碍。我认为你要做的第一件事就是给那个人一些支持。为了做到这一点,你必须发自内心地喜欢学生,并持续在他们身上发掘值得你喜欢的闪光点。

詹姆斯先生的叙述反映了一些普通科任课教师平时是如何对待学生的,这种判断是他从他的学生那里获得的。他抱怨说:"其他学科老师有时会苛责我的孩子。""有些人对他们相当严厉,极尽讽刺和不耐烦。当他们[老师]把学生挑出来刻意刁难的时候,我真的会感到困扰。"詹姆斯先生反对的并不是严格的管教方式本身。他知道他的学生经常行为不端,学业疏怠;他自己也一再敦促学生们专心完成面前的任务。让詹姆斯更加深感不安的是,当他的学生被"挑出来"进行讽刺时,就好像他们在某种程度上是不正常的,没有资格得到"正常"人类应有的尊重和关怀。詹姆斯先生的一个学生曾经在谈及英语老师时,这样对他说:"她不尊重我,她教会我的是,等长大以后,我也可以用居高临下的口气和年轻人说话,这是不对的!我想我也不会尊重她!"詹姆斯先生的语气中流露出保护性的、强调归属的意味——注意他都是在说"我的孩子们"——这可能会令各个教育阶段的教师们产生共鸣。一个教师越接近学生,就越期待他们表现得好、得到别人的认可。可是,这样的事情并不总会发生。当期待落空时,这个教师可能会变得愤怒、抗拒,也可能成为学生利益的维护者。

詹姆斯承认,与学生相处是多么的困难。然而,他试图一边提醒自己克服困难,一边向同事们阐明他多年来悟出的经验。他解释说:他的学生"会有不良行为","这是肯定的"。

他们表现出来的外显行为,其实是内在问题的表达。为了干好我的工作(job),我不能在每次有人行为不端时都用简单粗暴的方式回应……[他们有这样的行为问题]是很自然的。这就是他们的行为方式,他们正在尝试解决自身的问题……[当面对不良行为时]我必须停下来对自己说:"好吧,你的工作不是拒绝它。你的工作就是去尽力帮助那个学生,使他能够做出真诚的尝试,以便改善他的行为。如果他出现在课堂了,你的工作就是要试着建设性地处理他抛来的任何难题。"

乔丹(Jordan)是附近一所独立学校的 2 年级教师,他的教育理念恰恰可以让詹姆斯对待学生的态度更加清晰地显现出来。据乔丹自己描述,他把 2 年级学生视为一块块干净的"白板",在进入他的课堂之前,没有受到学校以外的观念和期望的拖累。"我希望这些孩子都能变得正常,"他说,"我知道他们当中一些人的家庭生活困难重重,我知道他们当中一些人有特殊的问题,无论是学习障碍还是情感问题。但如果我给他们创造一个环境,让他们来到这里就感觉自己很正常,也许他们当中的一些人,有生以来第一次感受到自己被当作另一个孩子来对待,那么……他们会更加放松且安心。他们斑驳的过往并没有跟随他们进入这个教室。"(Hansen, Boostrom, & Jackson, 1994, p. 26)

虽然詹姆斯先生很难忽视学生们的那些"斑驳的过往"(checkered past),但他似乎坚持把它们当作乔丹所说的"正常"来对待。从一个长期观察者的角度来看，詹姆斯先生经常和他们交谈，就像一个普通的课堂老师和他/她最喜欢的学生交谈一样。此外，他在和他们交谈时，会设想他们"正在"和"可能**成为**"的样子，而不是拘泥于他们实际表现出来的状态，把他们看作陷入困境和迷茫无措的年轻人。这种"设想学生最好一面"的姿态——设想一个充满希望的未来——是职业观念的核心，我将在第 7 章中重申这一点。

毫无疑问，英语老师当然会反对詹姆斯先生的假设，不同意他所说的教英语会对英语教学实践者产生的负面影响——当了英语教师，就似乎就不那么个性化、不那么宽容、不那么关心他们的学生了。此外，一些批评人士可能会问，如果不把学生的智力发展放在工作的核心位置，老师怎么能算是真正关心学生呢？他们持此立场的一部分原因在于，教学不同于如养育子女的其他实践，教学的重点在于促进学生知识和智力的增长。正如我们所看到的，詹姆斯先生帮助学生取得的学业成就往往是相当有限的。但他所言不虚："面对特殊教育的学生，表现出你真心关注他们、耐心倾听他们的问题才是第一位的。这是因为，如果学生们觉得你不关心他们，那么他们也就不会想从你身上学习任何东西。"在这个前提下，人们仍然想问，什么时候能停止"调教"（tuning）学生，什么时候能开始学术学习。有些学生似乎要求教师不停地"调教"他们，詹姆斯和他的同事们也似乎不加批判地满足了这种要求。

詹姆斯先生察觉到了这些批评。他也很想知道自己为学生所做的工作是否足够——他的自我怀疑表现在他会不由自主地摇头，不知道观察者能从他的教学之中发现什么意趣。从这个角度来看，他表现出一种职业使命感，与我们之前在佩顿女士和彼得斯先生身上看到的特质相似。例如，他花了几年的课余时间完成了中学数学教育的认证课程。然后，他被分配到特殊教育部门，给学生开设了三门数学课。"我能感觉到数学学不好的孩子问题出在哪里，"他解释说，"我一直在帮助孩子们学习数学，我想，'既然如此，为什么我不开设自己的数学课，专门教我自己那些接受特殊教育的孩子呢？我将是他们的数学老师。这样我就不会感觉把所有的时间都耗费在帮助他们学习那门总也考不及格的常规数学课之上。这是一种更有效的方法。'"他的计划得到了行政部门和数学学科组的批准。他这种因材施教的做法给一位同事留下了深刻的印象，这位同事效仿他，为英语成绩不佳的学生开设了类似的课程。

然而，正如我们所观察到的，这类课程的实施仍然有困难。学生们的行为问题层出不穷，詹姆斯先生和同事们需要迅速而充分地应对它们。与团队合作相比，他们发现很难打破一对一互动辅导的习惯。詹姆斯先生说，在教授自己设计的课程时，他感受到多方面的"拉扯"（feeling pulled）。一方面，正如他之前所强调的，"对接受特殊教育的学生表现出真诚关注、耐心倾听是第一要义"；另一方面，"要教数学课，你就必须有条不紊、做足准备，在某种程度上，我认为你必须抑制学生的个性化反应，以确保他们能顺利完成任务"。实际上，他承认，自己还需继续学习如何兼顾平衡多方面的责任。当前，课程进度不均衡，有时还会造成教学时间的严重浪费。

詹姆斯的自我怀疑让他有理由推断，他"每天应该夜以继日地为每个孩子考虑一些具体的事情"。然而，他一次又一次地回到个人层面的师生合作模式。他针对每个学生的特点侃侃而谈。他说，自己开发出一套与他们"联系"（connect）的方法，并从中获得了相当大的满足感。他强调了在每个学生身上"找到喜欢的闪光点"的重要性。他声称，作为教师，一个人如果想要对学生产生积极的影响，那么关爱学生就是不可或缺的。简单来说，他并没有谴责英语老师——他自己差一点就当了英语老师。詹姆斯先生下面这番话,似乎是在提醒所有学科的任课教师:切勿假设你的学生会像你一样喜欢这门的学科。为了吸引他们对这门学科产生兴趣,甚至产生热情,你可能要确保给予学生足够的个性化关注,这样一来,学生们就会感觉到你喜欢教他们(teaching them),正如你喜欢教你的学科一样(teaching your subject)。[1]

詹姆斯先生承认,他真心发觉:让教师喜欢每一个学生并不容易,也违背人性。"有时候我确实觉得很难,"他说,"你总会遇到这种情况——我和同事们也经常谈论——有些学生,你真的不喜欢。"然而,他接着说,"有趣的是,随着经验的增加,[悦纳学生]这件事变得愈发容易。我无法解释其中缘由"。他认为,发生这种变化的一个原因仅仅在于,历经多年,他越来越熟悉那些被分配到他这里的学生们。他还提到了自己为人父母的经历,并暗示这也加深了他对学生的需求和担忧的同情。尽管一些学生的言行令他感到惊讶、甚至震惊(详见下文),但他似乎很快就原谅了学生,并迅速做出了回应。

当他刚开始教书时,情况截然不同。他解释说,当时这项任务几乎压垮了他。"一开始,和那些有严重问题的学生打交道,对我来说简直是一种折磨。"他的话让人想起彼得斯先生的证言,他说:"我当时只有二十三四岁。每天下班时,真的感觉糟透了。我印象中,那段时光不堪回首。那时更多是为了生存,而没能够好好反思教学。我就只比我的学生大六七岁。"与各个教育阶段的教师一样,詹姆斯先生至今仍清晰地记得他在职业生涯早期遭遇的许多挫折与失败。他讲述的最具戏剧性的案例发生在十年前,涉及他辅导过的一个男孩。这个学生是出了名的捣蛋鬼。那天,詹姆斯先生一气

---

[1] 译者注:作者引用詹姆斯先生的话探讨教师"教什么"的问题,呈现出教学对象和教学内容之间的辩证统一,即"教学生"与"教学科"、"育人"与"授业"、"解惑"与"传道"等教育教学活动彼此依存、相互影响。由此可以联想到中国语境中有关"人师"与"经师"的讨论。

之下把他赶出了教室。男孩按要求去了行政办公室，一到那里就和校长打了起来，简直是拳脚相向。此后不久，男孩被送进了青少年教养所(reformatory)，最终因持械抢劫而入狱。"在很长、很长的一段时间里，"詹姆斯先生回忆说，

> 我被这种内疚感压得喘不过气来。如果我当时说一句："好吧，米歇尔(Mitchell)，放松点！"或者我能多忍受15分钟，那么后面的一切就不会发生了……我彻底受够了那个学生行为。整个学校的师生都对他忍无可忍，因为他在很多不同的地方制造麻烦。但我当时并没有给他太多的警告。虽说他之前已经受到过很多次警告，但是，你要知道，让我感到内疚的是我自己在极限情况下处理问题的方式。

詹姆斯先生暗示，当教师处于情绪"极限"时，不应该仓促做出关涉到学生的决断，这是一条得来不易的真理，想必许多教师都很熟悉。"或许我本应该看得更远一点、把问题处理得更好一些。"他总结道。

然而，从本章呈现的内容来看，詹姆斯先生显然已经把他的这条"惨痛"教训牢记于心。两年来，我从未见过他把学生赶出教室作为惩罚。他亲自处理每一个不当行为。此外，他的工作取向似乎已经远远超越了最初的"生存"模式。随着经验和信心的增长，他似乎发现了职业满足感的来源。他深知，外部回报难以兑现：比如，丰厚的薪酬、公众的认可和荣誉、职业声望的提高。鉴于特殊教育在他的学校里地位低下，他根本无法获得这些形式的补偿。但詹姆斯先生赢得了来自同行和许多学生的尊重。他享受逐渐了解学生全貌的过程，连同他们的缺点一并接纳。事实上，他发现自己"更容易"喜欢学生了，这似乎与他喜欢自己的工作密切相关、相得益彰——无论这种

喜欢是模棱两可的,还是清晰坚定的。"我快四十岁了,"他坦言,"但我仍然觉得自己像个年轻人,初来乍到,没有固定模式且不给自己设限,保持着可塑性,每天都是崭新的开始……我不知道自己该如何行事,也不知道该如何应对每种临时的突发状况。"他似乎很享受这种不确定性。实际上,詹姆斯先生每天清晨踏入校门之前,就仿佛已经给自己设置好了挑战任务:今天肯定会发生各种不可预测的棘手事件,我将如何面对,并且始终保持一种尊重与鼓励的姿态?

詹姆斯先生善于利用他在职业角色中感知到的"自行裁量权"(discretion)——颇具讽刺意味的是,这可能是职业模糊性带来的一种积极意义。他解释说,从技术层面讲,特殊教育教师的服务"应该是适配的",即在充分评估和描述学生需求的基础上给予他们相应的支持。詹姆斯先生恪守这一原则,努力提供服务。然而,在实践中,他会将这一原则拓展性地解释为他应该成为学生的"支持者"。"学生们普遍需要支持……[所以]我会根据学生的具体状况做出反应。无论他们需要心理咨询,还是需要情感支持,我都会试着回应……你要[优先]解决这个问题,而不是把课程表强加给他们。"然而,詹姆斯将"支持"学生与密切介入学生的个人生活区分开来。如他所言,他并不寻求与学生建立"过分私人化"的关系。多年来,他已经摒弃了所谓的"精神分析式"和"弗洛伊德式"的方法(psychoanalytic and Freudian approaches)来帮助学生。他说:"我现在深切意识到,对我来说,了解这些学生[行为]背后的所有弗洛伊德式的解释,并没有什么建设性的益处。""我不再过多地接触与社会工作或准精神分析法相关的业务了。在我的课堂教学中,如果有人遇到'支持性困扰'时,我会试着专注于理解他们所说的话,即便那是破坏性的。"从他的这些证言来看,詹姆斯先生致力于培养学生从社会性视角来审视自己的行为表现,引导他们将自身的行动视为与他人的关系互动。

詹姆斯先生充分利用了他自身和他所在部门在学校中的弱势地位。"你看,在某些方面,边缘化的处境反而让我获得了自由。我可以随心所欲地倾听学生们的心声,而不是非得维护某些特定的威权人物形象。"他能够为学生提供他所谓的"一种避难所",让他们免受"官僚主义"和"琐碎事物"的干扰。他支持学校强调维护秩序和遵守规则,并且注意到这种管理理念在一定程度上反映了学校工作人员和家长对学生自伤或互伤的担忧。一旦詹姆斯先生感知到规则干扰了他的教学理念,妨碍他以尊重的方式对待学生并帮助其学会尊重他人的决心之时,他就会淡化这些规则。例如,他很反感那条不准男孩们在学校戴耳环的禁令。"这倒不是说我对这项政令怀有敌意,"他解释说,"我只是觉得我追求的是格局更大的游戏规则,比如,针对那些扰乱课堂,或者在走廊里闲逛滋事的行为颁布相关规定。"[尽管未必认同规则,]他不会违背规则行事。"如果我觉得学生的行为越界了,"他说,"我会毫不犹豫地动用管理部门的校规'利器'来惩戒他们。"他支持校方惩戒学生的许多行政决定,包括停学等严厉制裁。

然而,詹姆斯先生似乎更支持法律的精神而不是条文。他更加珍视自己与学生建立的私人关系。在14年的教学生涯中,他始终没有放弃这种立场,尽管学生有时会不怀好意地利用它。有些人利用他的同情心,不停地抱怨和发牢骚,实则破坏了他的教学意愿。有些人为了逃避学习,使出了各种各样琐碎而令人讨厌的伎俩。例如,他们在上课时要求去洗手间。詹姆斯先生通常会照例应允这类请求,他认为把他教的这些"半大孩子"(young adults)当作小学生来对待是"不公平的"。然而,总有一些人借此机会去走廊里游荡,惹是生非,陷入困境。而詹姆斯先生像往常一样,总是那个必须站出来"灭火"[解决麻烦]的人。因此,他必须牺牲更多的教学时间来处理这类问题——只要他能与学生保持相互尊重的关系,他似乎愿意接受这种代价,也能让学生接受这种代价。

詹姆斯先生对部分校规的宽松态度有时会引发他与同事的矛盾,这不仅再度浪费了教学时间,也难免在彼此之间留下尴尬和受伤的感觉。此外,詹姆斯先生眼中的"尊重"——即把学生当成负责任的成年人来对待——反而加深了其他教职员工对他本身和对特殊教育部门的质疑,认为他们一点也不负责任。某天下午,一位在走廊值班的老师把两个学生带到詹姆斯先生面前,当着全班同学的冷冰冰地说:"再有下次,必须确保他们有走廊通行证。"——仿佛詹姆斯先生是个新手,从未听说过这一规定。还有一次,按照他的习惯,詹姆斯先生允许一个学生去洗手间。这个名叫里克的男孩在走廊里徘徊,扰乱了另一堂课。一位在走廊值班的老师赶到现场,当即就和里克大吵了一架,主要原因是这个男孩不肯透露他的姓名(他也没按规定带着学生证)。听到动静后,詹姆斯先生飞快地冲出教室来到走廊。就在此时,一个名叫威廉(William)的男孩向他的同伴喊道:"他这是要去告状吧!""别瞎说,伙计,"另一个学生罗伯特回答说。"不用担心詹姆斯先生!他太酷了!他才懒得跟这小子较劲儿呢!"

不久之后,里克和詹姆斯先生回到了教室。他们脸上都露出了紧张的表情,部分原因在于他们都没有把男孩的名字告诉走廊管理员。正如詹姆斯后来解释的,他当时恳求管理员对里克宽大处理,辩称这个男孩最近进步显著,值得通融一下。但他的恳求无济于事。走廊管理员已经前往行政办公室报告了这一事件,试图寻求校方支持,从而迫使詹姆斯先生配合。这节课结束后,她走进詹姆斯先生的教室,解释说她已经提交了一份书面报告,行政办公室坚持要知道那个学生的名字。当她和詹姆斯先生交谈时,几个男孩在他们围在他们周围(里克一听到下课铃声就冲出了教室)。"别啊,詹姆斯先生,别告诉她,伙计!"罗伯特催促道,"敷衍她一下呗,伙计!"管理员十分冷静,根本不理睬这个男孩。詹姆斯先生转向他,平静地问:"你想让我怎么做,罗伯特,撒谎还是编造一个名字?"罗伯特犹豫了一下,似乎在权衡利弊。他见无计可施,便转身离开了教室,嘴里嘟囔着:"唉,伙计!老大,就这样呗,随便编一个名字吧!"等男孩们都离开后,詹姆斯先生极不情愿地说出了里克的名字,仿佛背叛了某种神圣的东西。

这一事件表明,詹姆斯先生对学生怀有强烈的"同伴感情"(fellow-feeling),他表示这种感情多年来愈发强烈。这反映出学生对他的信任——在某些情况下,这些学生甚至认为学校里的其他成年人总是"针对他们"。尽管像里克这样的某些学生,会故意利用詹姆斯先生的宽容,但他们似乎都很感激他的支持。有的教师可能会认为,詹姆斯先生允许学生按需上厕所之类的做法,即便算不上幼稚,但至少也是不明智的。有的教师可能会后悔,因他们注重维护与学生的私人关系而牺牲掉了教学时间。但鉴于前文强调的关键点,即詹姆斯先生在学校文化中被视为教师和辅导员的模糊混合体,这样一想,詹姆斯先生的权衡似乎就情有可原了。用他自己的话说,这些观念"解放"了他,让他把注意力集中在对他而言最重要的事情上:他每天如何对待学生,以及学生如何对待自己和他人。这些核心关切不难理解。詹姆斯先生很难有机会和那些专心读书的学生打交道。他的部门里也没有那种能与人轻松相处的学生。詹姆斯说,他寻求与自己负责的学生建立融洽的关系,这并不妨碍他与他们一起努力改善行为举止的必要性。恰恰相反,融洽的关系促进了良好的行为,后者被视为前者的结果。

詹姆斯先生指出,有些学生非常残忍,对其他人毫不宽容。他有大量的事例来佐证这一论断。例如,他努力为学生提供众多有益的体验活动,其中一项是在星期五的最后一节课组织打篮球。他通过体育部门安排活动。詹姆斯说,经过一周的漫长学习时光,男孩们(女孩很少参加)非常珍惜这个可以"释放压力"的机会,他们的内心感受或口头表达都印证了这一点。詹姆斯先生通常会挽起袖子和他们一起打篮球。11月的一个星期五,学校足球队的两名队员来到篮球场,径直加入了比赛。詹姆斯先生无法说服他们离开。这两名高大的男生欺负、推搡詹姆斯的学生们,用言语辱骂和几近打架斗狠的方式发泄恶意,场面一度剑拔弩张——詹姆斯先生的学生并没有因为这俩家伙的挑衅而退缩,即便对方在体格上远比他们强壮。最后,詹姆斯好说歹说才让这两名闹事者远离。但这件事让他感到震惊,情绪低落。他最不愿看到的,就是他那些本就处境艰难的学生在每周最后一节课接近尾声时,还要被如此令人紧张焦虑的经历所折磨。这让他的学生非常沮丧和愤怒,以至于詹姆斯先生担心他们在周末会惹上麻烦,甚至可能伤害他人或自己(詹姆斯提到,每个周末对他的学生而言,都像是一种道德考验;有些人常常孤身一人,得不到任何成年人的监督和照顾)。

　　这一事件令他感到不解,这两名校队运动员为何会如此野蛮。更令他震惊的是,他们显然完全没有意识到自己的行为是错误的——正如他强调的,那是"**恶劣行径**"(a bad thing)。詹姆斯先生认为,他遇到的一些学生根本分不清是非对错。他的话让人回想起他在本章开头提到的"价值观的战场",他认为学生们往往缺乏"道德方向感"(moral bearings),不知道什么是良好的行为、什么是与他人合作的精神。这一事件以及他的回应方式,让人回想起他竭力想要矫正的学生行为模式。这种行为模式的典型特征包括:注意力不集中、情绪易激化、以及经常陷入无休止的言语"抬杠"和竞争游戏。

　　正如我们所看到的,詹姆斯先生努力与这种行为模式对抗,他并非采用一些咄咄逼人的激进策略,而是凭借一种持之以恒的理性态度,就像他用自身的行为模式来为学生树立榜样那般温和持久。他每天来学校时都打扮得非常得体:穿着熨烫平整的休闲裤、擦得锃亮的皮鞋,在正装衬衫外面套上一件运动外套。他的仪态形象从多个层面将"尊重"这一价值具象化了:对自我的珍视,对职责的坚守,以及对学生的重视。他主持的每一堂常规课、每一次资源教室活动,都充满了带有特定意图的评价,其目的在于教学生尊重他人和他们自己。"安德鲁,你这样做会打断肖恩和我的注意力……特雷尔,如果你再闹下去,杰基和我都无法帮你解决**本该由你自己解决**的问题……安德鲁,你这是在我的课堂上捣乱……当你做题做到一半起身去削铅笔时,你的注意力就已经丧失了。"尽管偶尔招致学生的冷嘲热讽,他依然坚持这种理性而耐心的"道德评价"(moral commentary)方式(Jackson et al., 1993)。"我经常告诉孩子们,"他解释道,"如果有人做了令你厌烦(bother)的事情,你就直接说出来。你可以说:'你刚才做的这件事或那件事,我不喜欢。'因为即便他们不喜欢用'厌烦'这个词,也总有办法表达不满,既能维护自身的权利、又不会被中伤和侮辱。有时候,我能让他们找到这种办法。"当学生开始抱怨其他学生或老师时,他总是打断说:"不要指名道姓!"他尝试引导学生们思考他们所关心的问题,而非单纯地指责令他们讨厌的人。他设法引导学生反思情绪产生的原因,以此来取代他们的愤怒或怨恨。他努力培养学生的责任感,但他随手给学生提供纸笔的习惯不利于实现这一目的,这一点我在前文有所提及。然而,从另一个角度来看,他毫不犹豫地把他的钥匙交给学生,让他们去办公室拿文件或其他材料;这一事实表明,他充分信任他们,即便这些学生经常达不到那种被信任的程度。对于一些学生来说,詹姆斯先生把他们当作"值得尊重的人"来对待,这种姿态在成年人之中非常少见。

小结：教学中的觉知与处境

詹姆斯先生知道，允许学生在上课时间上厕所的举措，可能会给一些学生乃至他自己带来麻烦。他也知道，自己履行的并不是字面上的规则条文，而是学校规章制度的精神。很明显，他并没有在那个制度框架下承担起他的岗位职责，这并不意味着他否定他的学校或一般学校的教育。相反，在实践中，他似乎以自己的方式践行了更丰富的职业精神和职业条款，从而实现了职业使命感。从本章的字面内容来看，詹姆斯先生的生活和工作世界，与一个普通旁观者眼中的世界截然不同。对于旁观者来说，詹姆斯先生的工作环境黯淡而荒唐，绝对是公立学校系统中的一片"洼地"。**然而，詹姆斯先生并非活在[别人眼中的]那个世界**；而是活在[自己建构的]这个世界。身处其中，他看到年轻的学生遭受了许多打击，他们在日常生活和与人相处方面还有许多需要学习的地方。詹姆斯先生的行为表现仿佛昭示着：他的努力是有意义的，他不厌其烦地说"你打断了我们的注意力"是值得的，他保持自我克制是有意义的，他应当日复一日地以理性、尊重的方式对待每一个学生。

詹姆斯先生的姿态凸显了本章前一节提出的那个问题的必要性——为什么而教？——这是一个"糟糕的苏格拉底式问题"的例子（Stout，1988，p. 301）。斯托特（Stout）用这个术语指代那些本意虽好，但人们基于合乎伦理和道德原因、无法为其提供答案或解释的问题。例如，访谈者可能会问一个年轻人，他/她为什么看重"思虑周全、体谅他人"（thoughtful toward one another）的品质。这个问题可能令人惊讶，以至于对方最初的反应可能是"我真的不知道"（抑或陷入沉默，就像第 3 章中彼得斯先生被问及'如果自身没有宗教信仰,是否会以不同的方式教学'时的反应)。若深究答案,年轻人可能会回答:"我猜想,这大概是因为,如果不思虑周全、体谅他人,我们将无法生活。""但是,为什么我们不这样做就无法生活了呢?"访谈者追问道。在这一点上,受访者也许深感困惑,也许会借助一个生动的例子或故事来说明"思虑周全"在实践中意味着什么。这种困惑是可以理解的。年轻人无法找出任何理由来衡量"思虑周全"的价值,是因为没有什么比这种品质的价值更令人确信。他/她也无法援引比这更朴素的依据了。思虑周全背后并无支撑原则;它本身就是原则。在不知不觉中,访谈者已经通过对话发现了这个人的道德基石。

追问詹姆斯为什么要继续和他遇到的那些有困难的学生打交道,就好像在问他一系列类似的重要问题。这并不是说他的努力是英雄主义的,或者值得其他老师不加批判地效仿。詹姆斯将是第一个驳回这种主张的人。相反,他的工作反映了这样一个事实:有时候,一个人可能找不到"理由"来为一种超出现有生活模式的观点辩护,正是这种观点使得生活的超越性成为可能。伊塔洛·卡尔维诺(Italo Calvino)在研究文学的价值时,阐明了这一观点。卡尔维诺引用了苏格拉底被处决前最后几个小时的一段记载。当他们准备毒药(hemlock)时,苏格拉底正在学习吹奏长笛。[苏格拉底的]朋友们问他:"你临死前学会这首曲子对你有什么用呢?"(Calvino, 1986, p. 19)。可见,苏格拉底的朋友们问了他一个"糟糕的苏格拉底式的问题"。他的生活方式本身就体现了一种信念——如果这种信念存在的话,那肯定是教育者的信条——提升自我和改善人类事务永远是值得的,直到生命的尽头。除了秉持"为所有人创造一个更美好世界"的坚定信念,再没有任何"理由"能支撑人们去寻求这种改善了。苏格拉底在他生命的最后几个小时里还在学习长笛的故事蕴含着一个相反的问题:若生活在一个缺乏这种信念的世界里会是什么样子？

威廉姆斯（Williams, 1985）写道："一种实践［如教学］可能与我们的经验直接相关，以至于它为我们提供的理由比我们为它预设的任何理由都更有力量。"(p. 144)除非抱持"这样做，比不这样做更好"的信念，詹姆斯先生也许没有理由去做那些通常吃力不讨好、收效甚微的工作。社会尚未改善到能让所有学生都获得学习支持的程度，在此之前，与其放弃里克、杰基和克里斯这样的学生，还不如努力照顾他们。詹姆斯先生的努力印证了前两章的一个中心思想：教师的个人能动性对其工作质量有决定性的影响。教师对自身角色和对学生的觉知（perceptions）不仅是随意的、个人化的观点。这种觉知力塑造了"何为教师"的本质。教师的觉知可以经由他人告知，甚至经由他人决定。或者，他们也可以通过反思和自己的行动来影响他们，很明显，詹姆斯正是这样做的。人们可能仍然想问他那个"糟糕的苏格拉底式的问题"——他如何能在如此艰难困顿的条件下，年复一年地诚心正意地教书。但是，答案恰恰蕴藏于教学的职业使命感力量之中，那是一种"我可以有所贡献、有所作为"的使命感，一种"我能够塑造世界而不仅仅是被世界塑造"的使命感。

詹姆斯的工作还揭示出，职业使命感并不是一副可以随意戴上或取下的"眼镜"；亦不是一种主观臆断事物的方式。詹姆斯先生无法放弃用充满希望的方式看待学生，就像他不能放弃自己的品格和身份一样。品格和身份不是随意选择的结果，而是长期经验的沉淀。这就是为什么改变对学生或对教学的观念需要大量时间和反思的原因之一，就像我们在佩顿女士、彼得斯先生和詹姆斯先生身上看到的那样。

这些观点并不意味着教师可以忽视或轻易克服恶劣的工作条件。"世间没有一种生物的内心如此强大，"艾略特提醒我们，"它无法强大到完全不受外部环境的影响"(Eliot,1871 – 1872/1985,p. 896)。如前所述,詹姆斯先生的处境并不利于职业理想的实现。它们阻碍教育上的成功,妨碍他履行自己的使命。但詹姆斯始终保持着一种目标意识,这说明了核心觉知(central perception)在教学中是多么重要。但无论人们持何种观点,教学中的支持性条件同样重要,不容忽视。

第 5 章　连接学生与课程

史密斯女士在一所独立学校教 6 年级的"社会科"课程,她在那里工作了四年。在加入该校教师队伍之前,她曾在一所公立学校的初中教了十年书。史密斯女士非常享受她的工作,并赋予其深远的意义。她将教学视为一场"冒险",并认为这是促进儿童学习和她自身成长的一次机会。而且,她秉持的这些观念似乎**源于**她执教多年的经验,而不是**凭空产生**的。我之所以这么说,是因为以往的研究表明,教学实践可能会使一些教师的思维和精神变得狭隘与僵化(Lortie,1975;Waller,1932;Yee,1990)。这种实践消磨了他们的热情、创造力和奉献精神。根据这些研究,教学实践使一些教师沦为向学生"传输"课程的办事员(functionaries)[1],而非秉承着个人信念投入工作。与这些教师相反,史密斯女士多年的教学经历似乎拓宽了她的教育观和人生观。

从她的证言以及她在课堂上给予学生的即时回应来看,她的工作充满了大大小小的惊喜。其中大部分惊喜都是她所乐见的,支撑着她对教学的乐观信念。另一些则有可能变为惊吓,令她感到挫败和沮丧,就像媒体报道的坏消息会让一个人在做事时蒙上心理阴影一样。在史密斯女士的课堂上,惊喜和意料之外的事情常常在几分钟甚至几秒钟内接二连三地发生。

1　译者注:或可理解为机械地执行教学大纲、照本宣科的"教书匠"。

有些事情看似稀松平常，至少乍看如此，但却为她关于教学是一种"冒险"的观点增加了实质性的佐证。

例如，在2月某天下午的课堂上，史密斯女士坐在教室前面的讲台上，针对学生们头天晚上阅读的短篇小说提出一系列问题。她的24名学生围坐在五张不同的课桌前，在桌上摊开了书本和教材。大多数学生都时不时地举手回答她的问题，有些问题是事实性的，另一些是解释性的，需要观点和证据来支持。在讨论正激烈的时刻，史密斯女士一边走到其中一张课桌旁，一边继续听着一名学生回答问题。她没说一句话，就从迈克尔（Michael）手里收走了一本关于跑车的杂志，迈克尔则不敢吭声。她把杂志放在一叠作业上，继续听刚才那位学生发表观点。回到讲台后，史密斯女士请本（Ben）把他同学刚才说的话复述一遍。然而，本耸了耸肩。"你在听吗，本？"史密斯女士问道。"并没有，"男孩承认道。史密斯女士叹了口气说，"本，我要怎么做才能让你认真听讲呢？"男孩又耸了耸肩，那表情似乎在说，他知道自己在捣乱，但也知道老师会原谅他的过错。与此同时，史密斯注意到拉丽莎（Larissa）举起了手。她点名让这个平时安静而内向的孩子发言。拉丽莎针对课堂上最初的问题提出了一个新颖且发人深省的回答，于是课堂讨论朝着一个全新的方向展开。

这些小插曲只占用了不到一分钟的课堂时间。然而，它们却是史密斯女士每天都要面对的跌宕起伏的教学工作之缩影。她必须时刻留意哪些学生在认真听讲，哪些学生心不在焉。她必须随时准备好把那些做白日梦的或调皮捣蛋的学生的注意力拉回来，而又不打断自己的思路或全班的注意力。她必须敏锐地察觉到某个素来害羞或沉默寡言的学生想要发言、为课堂做贡献，而且她必须有相应的知识和技能来促成这种贡献。在确信教学价值与质疑教学意义的日常事务之间纠结起伏的状态，当然不是史密斯女士独有的。它存在于各地、各级、各类正规教育之中,是教学的普遍特征。然而,这些事件揭示了,这种跌宕起伏与最普通的课堂事务是如何紧密相连的。从教师走进教室的那一刻起,不可预测性和不确定性就接踵而至,无论课前还是课后,均是如此。

从史密斯女士证言以及我们前几章中遇到的几位一线同行的经历来看,这些跌宕起伏并不会削弱教师的教学愿望。正如那句熟悉的箴言所说:潮起潮落,自有其道(They come with the territory)。跌宕起伏本身并不是需要被消除或克服的问题,而是教学的常态。这些起起落落正是源于教师对工作以及对自我的严格要求。以这种严肃的姿态应对待教学,就意味着在取得成功的同时,也必然伴随着一定程度的失望和失败。

在本章中,我将重点讨论史密斯女士作为教师的主要目标,即让学生喜欢上"社会科"和"历史"课程。她希望发掘学生的兴趣,并将学生的个人兴趣与人类过往的历史记载以及现下的发展前景联系起来。她希望学生们学会阅读、写作和公共演讲的技能,以便清晰地表达自己所知道和所信奉之事。她希望学生们享受这些活动。她采用各种方法来激发他们的好奇心从而促使他们自主开展合作学习。与此同时,史密斯女士还希望学生能够通过修读她的课程成为更优秀的人;她希望他们能认识到有关自我和他人的宝贵价值。这一育人目的,与她更为纯粹的学术目标相结合,使她成为一名志存高远的教师。不仅如此,在她14年的教学生涯中,她的雄心壮志似乎一直有增无减。正如前三章所述,这似乎也是许多致力于教学实践的教师们的真实写照。

职业条件

史密斯女士转到目前这所学校工作的部分原因是她想在一个学术要求更高的环境中任教。她想与那些爱岗敬业且富有想象力的同事们一起工作。她想教那些得到家庭更多支持的孩子，他们的父母重视学校教育，不仅在经济上给予支持，而且在时间上和精力上舍得投入。她解释说，在之前的学校，她发现自己越来越多地扮演着"代理家长"的角色，这种趋势让她感到不适。她不喜欢充当心理学家的角色，多年来，她在学生工作领域一直努力远离她所谓的"治疗性"路径（therapeutic approaches）。史密斯女士表示，她已经摈弃了自己早年使用的"精神分析框架"，这令人回想起詹姆斯先生的视角转变。她进一步解释道，根据那个标准，"如果孩子们不守规矩……那么问题就源于某种疾病，是病理性的，只要有合适的治疗师，他们就[有可能]得到救治。你可以修复他们；他们出了毛病，然后你就可以修好他们了。"

然而，她不再依赖所谓的"烹饪手册"（cookbook）来告诉她该做什么。"我认为根本不存在这样的手册。但我看到了努力朝向另一种路径、另一种方式去思考这些事情的可能性。"这种新方法是随着她对学生和教学看法的改变而逐渐显现的。现在，她不再求助于"治疗性"的技术，也不再不假思索地让学生去找学校辅导员，而是直接找那些有学业问题或行为问题的学生进行理性沟通。回顾前一章使用过的术语，她首先假设她所有的学生都是"正常的"。她采用社会性的矫正方案来解决问题，例如，让较弱的学生与较强的学生组成小组一起学习。她长期以来保持着与学生建立私人关系的习惯，正如我们将看到的，她认为这样做是职责使然。但是，她的教学愿景完全围绕着这样一种观念展开,即青少年的智力和道德发展的最佳环境是在课堂共同体之中。

她换学校教书的另一个原因是,她厌倦了从前的环境中泛滥的物质主义。"而在这所学校,"史密斯女士描述道,"贪心表现在知识上。'我知道的比你多。'……不管出于什么原因,这样的比较令我更舒心,而不是'我有一个比你更大的房子'。"她略带调侃地说,这两种形式的"贪心""同样糟糕",但她补充说,"两害相权取其轻,我宁愿选择那些比我更加博学的人!"

在这所学校的许多教室里,包括史密斯女士的教室,都可以明显感受到一种充满学术追求(academic commitment)和竞争活力的风气。教师们布置了大量的家庭作业和课堂作业,所有这些都被视为理所当然。大多数管理者、教师和学生似乎都表现得深谙学术的价值。表现不佳或一贯行为不端的学生会被学校"劝退"。教职工定期开会讨论个别学生的进步情况。许多家长积极参与辅导孩子的学习,并鼓励老师对他们提出挑战。

简言之,从许多客观标准来看,史密斯女士的工作条件比之前遇到的三位老师的条件更具吸引力。佩顿女士和詹姆斯先生在一所大型公立高中工作,他们的学校面临着当今都市教育环境中的诸多困难:资源不均衡,一些教职员工士气低落,学生因社区暴力而分心甚至受伤,等等。(史密斯女士的学校位置距此仅一英里,也无法完全摆脱这些困境。)詹姆斯先生的全部工作以及佩顿女士的一小部分工作都必须与那些成绩很差的学生打交道,这些学生根本不会被史密斯女士的学校考虑录取。彼得斯先生在两英里之外的一所天主教学校工作,那里的经济环境不景气。他所在的学校一再面临资金短缺的问题,由于工资低、工作条件艰苦,学校一直在寻觅甘于奉献的教职员工。这所学校的物质资源和它附近的公立学校一样匮乏,无法与史密斯女士的学生所能获得的资源相提并论。从总体上看,两类学校的人力资源也**全然**不可同日而语。史密斯女士明显可以从相对稳定和强大的师资队伍中获益。

然而，这本书的一个核心前提是，无论身边的或远方的同行在做什么，也无论一个人可能获得什么样的外部支持，教学职业都要求这个人树立高期望和高标准。教学更多地取决于教师自身的投入，而非他们所能获得的外部资源。显然，有些教师面临着比其他人更繁重的负担和外部约束。他们必须更加努力地去实现自己的目标。有时，正如我们在詹姆斯先生身上看到的那样，现有的工作条件使他们几乎不可能做到这一点。但即使是那些工作条件更优越的同行，也必须在一定的限制内工作。成功的教学从来不会自动发生。它的前提是一种坚持不懈的参与和努力。没有哪位老师能使学习自行发生。也没有哪位老师能够直接闯进学生的头脑，植入知识或价值观。无论在哪里，教学始终都是一项挑战，其结果也充满了不确定性。

此外，前几章已经说明，在既定环境的限制下，人们可以做的事情其实很多，并不存在预先设定的上限。想象力和精力的价值不取决于外部资源和支持。这些资源本身毫无意义。关键在于教师必须知道如何利用这些资源，这样的事实再次凸显了教师的能动性。这种能动性是教师职业的核心，也是在实践中付诸职业行动的体现。重申一次，这并不是要淡化环境对教师的影响，我将在第6章和第7章再次提到这一点。这是为了强调教学工作应坚持的"人"的中心地位。

史密斯女士所在的教师团队之所以充满活力，首先是因为他们极其努力地工作，而他们的薪资和福利待遇却比附近公立学校的同事要低。在整个学年中，史密斯女士和她的一些同事经常每周工作六天甚至七天。放学后和晚上的时间，他们还经常被家长和学生的电话轰炸，内容多是关于学生在学业和行为方面的进展情况。

史密斯女士还面临着其他挑战,这些挑战对于公立学校和宗教学校的同行来说都很熟悉。例如,她的教学和辅导任务并不轻。我在学校观察的第一年,她教了四门6年级的"社会科"课程,每个班大约有25名学生。她还担任很多学生的学术辅导员(academic counselor),每天都会在"指导"时段与这些学生见面,讨论他们在完成作业等方面的进展。学校给她施加了相当大的压力,要求她努力做好学生工作。正如史密斯女士所说,要"全身心投入"(be there)指导学生的学业,"[这意味着]我必须相当了解他们。我必须知道他们可能对哪些问题感兴趣或不感兴趣,以及他们能在什么水平上[工作],因为这确实因人而异"。她的100名学生不仅个性鲜明,而且她负责的四个班级的教学进度也不尽相同。这并非由于学校采用了制度化分层教学体系(an institutional tracking system),而是反映了她与每组学生合作的个性化方式。正如她指出,在繁忙的工作中,她时不时会忘记每个班已经讲过的内容。她承认,在一天中的第四节课,她偶尔发现自己忘记了在课堂上给学生提供信息或指导,她会理所当然地以为前面已经讲过这些内容了。她描述了她的担忧:尝试深入了解100名学生,这确实耗费了她的许多精力。到了一天中的最后一节课,她时常感到"头昏眼花",她为此很苦恼,并认为自己的这种状态对于那些在这一时段别无选择而被分配给她的学生来说是不公平的。此外,她发现自己无法总是专注于维持走廊纪律(所有老师都对此负有责任),尤其还要负责课外的"个别辅导"(individual counseling),她在这方面投入了相当多的时间。最后,由于每天要教100名学生,她无法按自己的意愿布置那么多论文和开卷测试。然而,她还是坚持这样做,这意味着她的下午后半段、晚上和周末等时间,常常都要用来批作业和评试卷。"我需要花很长时间阅读他们的文章,"她解释道,"你必须逐字逐句地仔细阅读,并努力从字里行间了解到他们最初想要表达的意思。"

在我访问她的学校的近三年期间,她最重要的成就之一就是在校方批准下,实施了一门由英语和社会科整合而成的核心课程。因此,她得以从每周四节45分钟的课,总共教100名学生,转变为每周两节90分钟的课,总共教50名学生。根据她自己的陈述以及我的观察,这一变化为建立一个更加多样化和复杂化的学术项目创造了条件。她可以更加了解学生的学术兴趣和能力;她可以更深入地探究各种主题;她可以安排学生参与更多的自主学习任务,学会对自己负责;在她看来,"中学阶段'愚蠢的[学术]分科制'鲜有可取之处,它不一定与孩子们的学习方式相适应",而每天90分钟的跨学科学习时间,为建构以学习为中心的课堂共同体提供了肥沃的土壤(关于这一点的扩展讨论,参见:Hansen,1992;诺丁斯也提出过相似论点,支持延长教师和学生彼此接触的时间,以便他们能够更充实、更有效地合作,参见Noddings,1992)。

在实现目标的道路上,史密斯女士持续遇到了其他障碍。有些障碍虽小,却让人耿耿于怀,就像牙痛一样挥之不去。例如,在她之前工作的学校里,有一位"出色的部门秘书,负责处理事务,打印材料,非常能干。这真的能让我腾出时间来全身心投入教学……然而在这里,"她观察到,"我们有一个部门秘书,但是鉴于这里的微观政治环境,想让她为我做任何事情都是非常消极的,以至于我只能自己动手。这些都是制度上的障碍,因为我不能为订购一部教学影片之类的事情花费掉两三个小时!"

她对其他一些制约因素的感受更为深刻。例如,她坚信学术学习的价值,并尊重学校对这一目标的重视。然而,正是这种信念迫使她对学生的要求更严格,甚至超出了她的意愿。例如,她仍然对如何评价和评估学生的进步感到纠结。在学年的第一学期之后,她让没有通过测试的学生把试卷带回家,由家长或监护人签字。尽管她意识到这会给一些学生带来紧张和焦虑，尤其是那些与家中成年人的关系有问题的学生，但她还是推行了这项"政策"。"若非如此我还能怎么办呢?"她大声问道，"我没法严格地批改家庭作业，是因为我不知道是谁在背后帮助[学生]做作业。"再者，她也对小测验的评分感到困扰，因为她知道学生有时会作弊。不仅如此，她还很理解学生在测验中的两难处境。一方面，史密斯女士想教导学生成为合作学习者和良好的课堂公民。另一方面，正如她所说，"你人为地制造了一个悖论[即既要互助，又要竞争]，'这是一项测验，伙计们，你们现在**不能**互相帮助了'"。根据她的证言，她还没有妥善解决评估的问题。前几年，她尝试在学习项目甚至小测验中使用小组评分。"但学生们没有花足够的时间在一起[讨论一个主题]让这个评价方法奏效。"她笃定地说。尽管如此，史密斯女士仍然非常重视个人的主动性、责任感和认可度，以至于实施小组评分的想法总让她"感觉不妥"。因此，她又尝试了各种各样的评价方法，包括征求学生对彼此作业的意见。

个人影响

史密斯女士在她整个职业生涯中都致力于解决评价问题，这反映了她不断努力调和双重使命，既要坚持对学生学业成就的高期望，又要满足学生在行为规范层面渴望成人指导的需求。她相信她的学生向她寻求的不仅仅是学科知识(knowledge of subject matter)。她说："我在孩子们的生活中所能扮演的角色，也许比20年前更重要了。""他们认为我是一个有自信的成年人，这对他们来说非常重要……我确实觉得他们需要更多的引导。"她认为，她的学生们"肯定在研究什么是好人，以及如何成为一个好人……"他们想成为好人。他们想知道什么是好的行为，他们也愿意去思考"。虽然史密斯女士对成为"代理家长"心存警惕,但她认为,她有责任帮助学生们学会如何自信而明智地行事。当回述詹姆斯先生的观点时,史密斯女士坦言,学生需要她的指导,这是因为"很多时候,他们不知道哪里出了问题。对我来说,这是最大的变数,正如我刚刚因为某件事吼了一个孩子,可转念一想,他是真心不知道自己做错了"。她辩证地分析道,学生经常需要"帮助、尊重和培养",但不知道如何开口。学生们"总得有个能依靠的人,"她总结道,"如果你不在他们身边,那么我想这在某种程度上算是一种背弃。那样一来,你也许就是坏人了。"

史密斯女士想成为一个值得学生信赖依靠的人。这个目标在她的言谈中反复涌现。例如,她坚称教师可以产生"巨大的影响",并认为自己要对课堂上发生的"一切"负责。"有很多糟糕的事情是我不知道的。但事实上,我在那里,倘若任由它发生,就意味着我在纵容或鼓励它。这让我很担心……之后当我走在回家的路上,某些事情会猝不及防地冲击到我,'天哪,他当时那般强势地对待她,而我却没能及时注意到,现在一切都无法挽回了'。"她将自己的这种警觉意识归结为一种"伴随课堂生活而产生的期望"。她补充道:"我在生活中[其他场景下]没有这种感觉。""[但]在课堂上,我应该意识到周遭发生了什么,我更应该对学生产生积极的影响,而不是消极的影响。"

在史密斯女士的课堂上,不难发现学生们对品行规范充满困惑。例如,5月的某日课后,南希走上前认真地问:"查理曼大帝是个**好人**吗?他喜欢学者和音乐家,但又杀害了那些不愿成为基督徒的人。这样他还算好人吗?"史密斯女士认真地听完,建议这个女孩写一段对话,在对话提出问题,并假设让查理曼大帝来回答。她告诉女孩,自己很乐意阅读并和她讨论这份作业。南希继续追问:"但是那些归顺查理曼大帝的人都是基督徒吗?我是说,他是怎么做到让他们保持信仰的?他们难道不会为了活命而假装信教吗？怎么能让人们放弃曾经信奉多年的东西而彻底改变呢？"当注意到其他几个学生也在等候求教，史密斯女士敦促南希通过写对话作业继续探索她的问题，并与她保持沟通。

南希的问题是老师们随处可见的问题。从1年级学生关心的如何照顾教室里的宠物兔子的问题，到12年级学生感到困惑的人际交往的问题，老师们始终都被赋予了期望，即成为道德指引的源泉。他们必须经常在公众面前展示自己的正直和判断力。而且，这样的要求对于教师而言，责无旁贷。即便某位教师拒绝对这些要求作出回应，也会发出一个信号，即他/她在这些问题上没有足够的知识储备或道德立场，故而倾向于"推卸责任"。正如许多教师可以证实的那样，帮助学生解决棘手的问题往往令人忐忑。在学生们的注视下——各个教育阶段的学生似乎都会密切关注这种［问题］时刻——老师即便不宣之于口，心中难免浮现这样的念头，"我该如何应对？什么说法才是恰当的？"在课堂上，老师通常能够即时做出回应，或者引导学生参与讨论。然而，同样常见的是，教师必须在课外时间创造与学生交谈的机会。要做到这一点绝非易事。正如史密斯女士所说，在仓促繁忙的学校生活中，多少事情匆匆而过，在你还没来得及解决问题之前，教育契机就"已经消失了"。

南希关于查理曼大帝品格的问题只是一件稀松平常之事。但正如前几章描绘的教师一样，史密斯女士也被要求处理更严峻的问题。例如，在学年中段，一个6年级的孩子试图自杀，这一事件使整个学校都陷入了混乱。这名学生的许多同学都深感不安。为了帮助他们恢复镇静和信心，史密斯女士开始利用午餐的闲暇时间邀请学生坐下来谈心。后来，参加这个午餐小组的人数激增到25人左右，逐渐形成了一种正式活动的氛围。曾有学生打趣道，"如果在这里发言我还必须举手，那我就不再奉陪啦！"彼时，学生们关于那位同窗的焦虑已经有所缓解,而那位同学也已完全康复。然而,那么多学生响应了史密斯女士的邀约,不仅缘于他们对同窗的担忧(也证明了他们或曾模仿朋友的意愿,毫无疑问,这也是一部分人参加午餐会寻求解惑的动机)。他们去找史密斯女士,并不是因为他们认为她是一位训练有素的心理咨询师,可以分享专业知识。相反,他们这样做是因为她似乎是一个值得托付信任的人。这种信任感有助于解释这样一个事实,即学生经常在下课后立即围到她的课桌前,或请教问题,或品评课程,或分享个人生活近况,或只是静立聆听。

这些事实折射出史密斯女士对学生可能产生的道德影响。她的许多学生频频向她寻求建议、忠告和指导。正如我们所看到的,学生们前来求教,有的是深思熟虑后的刻意为之;有的是潜移默化下的自然之举,连他们自己几乎都没意识到。例如,在课堂上,她的学生们常常不自觉地凝神注视着她。11月的某天下午,当一名学生发表了评论,她立即做出回应,并对全班示意:"嘘!安静!我想认真听清楚发言。"她倚靠在自己常坐的那张讲台上,聚精会神地听那个女生继续发表意见。当史密斯女士这样做的时候,几个学生好奇地看着她,仿佛讶异于她竟会对同学的发言展现出如此浓厚的兴趣。

在那一刻,史密斯女士并非刻意示范何谓"尊重他人"。相反,她**那时**本就是发自内心地专注。正如她所言,她在教学时经常忘我投入,全神贯注于课堂讨论,这对她的学生来说"大有裨益"。"他们可以看到,我只不过和他们一样投入,"她说,"我和他们一样想知道同学们要说什么。他们的见解如同其他任何人的一样,值得重视。"若被问及如何看待史密斯女士这般全情投入的教学方式,学生们或许都不知道该如何作答。这样的追问可能会让他们感到害羞,甚至困惑。然而,正如亚里士多德所强调的那样,人们学习诸如"尊重他人"或"体察他人"等美德的方式之一，正是通过亲眼见证它们被付诸行动，并有机会亲身实践。

从学生们的非正式描述和日常行为来看，他们显然意识到史密斯女士热爱教学，并真心盼望学生成才。此外，他们似乎还笃定，她尽心育人，在培养人的意义上关心他们是谁。例如，在前文提到的午餐小组中，曾有几名学生抱怨另一位老师。一个女孩说："他根本不关心我们。"这名学生能在史密斯女士面前袒露心声，加之众多学生主动争取机会和她共进午餐，这些事实无一不表明，在学生们心目中，史密斯女士早已用行动证明了**她**对他们的关爱。

然而，在对她的课堂和学校进行观察的近三年时光里，我从未听到史密斯女士直白地向学生们表达她"喜欢"他们或"关心"他们。本书描述的另外三位教师也没有明确对学生说过类似的话。但大量证据表明，这四位老师对学生都抱有普遍的善意。这一观察结果是否具有深意？一般来说，有的教师会对学生直言关怀，有的教师会在行动上付诸关心而不是把关心学生挂在嘴上，相较而言，二者可能对学生产生同样积极的影响。但另一种可能性在于：教师的服务意识，唯有通过身体力行而非口头标榜，方能对学生产生最深远的影响。

课堂指南

虽然史密斯女士喜欢教书，但她的言行强化了詹姆斯先生和佩顿女士的证言：喜欢所有学生，并非易事。她承认某些学生令她心烦意乱，她必须极力克制才能避免在他们面前失态。此外，她强调，对学生的"喜欢"超越了一种纯粹的个人情感。据其所述，史密斯女士对学生的兴趣源于她对学生学习过程的着迷,以及她对于如何以最优方式促进学习过程的思考。她解释道,执教之初,自己曾过度关注学生的言行表现,以至于忽视了作为一名教师的本职。

101 　　我当时不知道如何改变[学生的]行为,完全不懂!我只知道如何观察事物,所以我会坐在教室的前面,就这么静静看着他们。'这可太有意思了!'结果课堂一片混乱!我沉迷于观察孩子们在干什么,非常有兴趣了解他们如何相互回应,但我却[对自己应该做什么]一无所知!

她坦言,当时采取这种放任姿态的部分原因在于,她作为一个民族志研究者,刚刚完成了一项调研;在这项工作中,她运用了自己在大学期间主修人类学专业所学到的观察和倾听技巧。

　　我过去习惯于完全敞开心扉去体验,静待顿悟出自己的育人模式。然而,在教学方面,我需要有一个明确的日程。否则,我就会被这些繁杂的事务压垮。这对我来说,真正促成了自身性格的转变,我只能说:'教学很重要,我[面对那些其他事情]必须有所取舍'。"

史密斯女士解释道,在14年的执教生涯中,她一直致力于搞清楚教师工作的优先级。她竭尽所能地"了解(tune in)"学生们是如何学习的(这是她经常使用的一个短语)。她刻意"培养"这种觉知力,并补充说:"我花了很长时间和孩子们相处。我很了解他们,而且我在感知孩子的需求方面,愈发得心应手了。"她最大的恐惧莫过于遗忘这些宝贵经验。"我总害怕某天醒来,我忽然丧失了倾听的能力。或许因为将来发生了某种变故,我不再能听懂孩子们真正在说什么。"

对史密斯女士来说,学生"真正在说什么"(really saying)的核心在于他们对彼此的观点和对课程内容的真实反应。她努力让学生参与她所教授的"社会科"课程。作为一名教师,她感觉自己成功的高光时刻在于:"当孩子们在某种程度上被我课堂上发生的、经由我主导的事情深深激励。"她坚持不懈地鼓励建构以学术内容为中心的课堂共同体意识。她几乎每节课都要带领学生进行讨论。她针对所读课文和故事,不断向学生们抛出大量的事实性问题与阐释性问题。她追问学生是否赞成同伴们所说的话,并要求他们使用证据和论证来支持自己的观点。她定期要求学生总结小组讨论的内容,并描述他们所参与的相关作业的目标。她还会征求学生的建议,询问他们如何才能提高整个班级的学习效率与成果质量。

学生们以热情洋溢的方式在课堂对她做出各种回应,尽管他们并不总是那么专注。面对那些疯狂地挥舞着双手、为了抢在别人之前发言的学生,她的回答是:"不行,丹尼斯(Dennis),你这样吵闹可不对……梅根(Megan),放松点,你还有机会……玛丽(Mary),别着急!先等等!"面对那些在开学前几周就取笑同学的回答、嘲笑并朝着同学大喊"真蠢!"的学生,史密斯女士会立即纠正道:"嘿!如果你不同意,请先举手再发表自己的观点!"史密斯女士坦言,她着力教导学生如何尊重彼此,如何包容不同的意见。"我不喜欢孩子们在别人说话的时候举手。"她解释说。她告诉学生,当别人发言时你还举手"表明你只是迫不及待地等着轮到你,[却]没有认真听别人讲话……我会说,'如果你全神贯注,别人说话时你就不会举手。你的手是放下的,因为你会先倾听再思考是否有话要说。发言抢答并不意味着在我刚提出这个问题时,你心中就有了自己的打算;而你[只是]试图在那场发言中占据一席之地'"。史密斯女士认为,参与课堂生活不仅仅意味着获

第 5 章 连接学生与课程 137

得自己的"发言时间"。

史密斯女士力求鼓励学生尊重学科内容。例如,在讨论一个短篇故事时,她点名让一名一直在积极举手的男孩发言。该学生对故事中一个人物的行为做出了不合情理的解读。在制止了同学们的哄笑之后,史密斯女士要求他拿出证据来支持自己的观点。男孩起初对这一要求不以为然,但还是拿起书本开始翻找。与此同时,史密斯女士命令全班:"放下手!"并对几个挥舞着手臂高喊"噢!噢!噢!"的学生发出"嘘!"的声音。一时间,课堂鸦雀无声。学生们或低头查找课文,或抬头注视老师。最后,史密斯女士问那个男孩:"好了,安德鲁,现在你明白自己编造答案和在故事中寻找答案的区别了吧?"男孩点头表示理解后,史密斯女士继续提问另一名学生。

如前所述,她习惯性地尝试让全班每次专注于一个议题(至少当他们参与整组活动时这样做)。通过这种教学实践,她宣扬了专注力、连贯性、持久性等品质在集体思考中的价值。她经常在讨论中穿插诸如"我们现在处理的核心问题是什么?"或者"我们当前讨论的话题是什么?"通过提问,她为学生创造了诸多练习思考的机会,让学生在他人观点的基础上学会反思和建构自己的观点:"伯特(Burt),玛丽刚才补充了哪些我们以前没有听到过的观点?""理查德(Richard),到目前为止,我们谈论他们的文化时都说了些什么?""莎拉(Sarah),请用你自己的话告诉我们,你对丹尼斯刚才的发言有什么看法?接下来,汤姆!——我想问你是否同意莎拉的总结。"史密斯还鼓励学生们在答错了或回答卡壳时通过点名互相帮助。她的学生很快就习得了这种做法,当有人需要帮助时,他们会主动喊出:"哦,史蒂文(Steven)!我有答案了!"或者"答案在这儿呢!我知道啦!"每当被同学点名的学生开始面朝**她**解释答案时,史密斯女士就会立即引导学生朝向彼此,比如这样说,"不,彼得,把你的答案解释给**玛丽**听"。

138　教学召唤

尽管史密斯女士会忽略或不理睬一些不当行为,但她还是尽力管教那些分散他人注意力或以其他方式扰乱课堂秩序的学生。她会点名让他们回答问题,或复述其他学生的发言。她还会直接质问学生,比如"你现在应该做什么?"或者"你要怎样才能改正自己的行为?"不仅如此,如果一个学生在回答"他应该做什么"的问题时只是敷衍地说一句"认真听讲",史密斯女士不会就此罢休。'听'什么?"她继续追问道。"听讨论,"学生回答。"不,这太笼统了,"她反驳道,"讨论的**重点**是什么?"男孩迟疑了片刻,回想起来:"嗯,呃,我们在讨论罗马的道路。""对!"史密斯女士予以确认,随即迅速恢复课堂讨论。

史密斯女士还让学生们参与惩戒捣乱者的纪律管理过程,这种策略与她"让学生在遇到学习困难或学术困惑时主动求助于他人"的教学习惯相辅相成。她会提出诸如此类的问题:"马克(Mark),或许你可以请别的同学给你一些建议,告诉你怎样学会集中注意力。"以及"谁能给彼得一些建议?"随着学年推进,学生们逐渐学会了提供和接受有关他们行为规范的建议,这种行事方式就像来上课一样变得自然而然(当然,这并非意味着这些建议总能被欣然接受)。

假若脱离具体情境来看,史密斯女士提出的问题或许显得刻板而迂腐,是那种可以在教学方法类教科书中找到标准答案的一般性问题。然而,在实际课堂情境中,史密斯女士的提问方式有助于学生集中注意力,并帮助学生培养探究学术问题的意识。这种提问引导使学生得以领悟:何为真正的理解?何为掌握未知领域的东西?——在某些情况下,他们并不知道自己不知道。在她的指导下,学生们制定了评估自己进步的标准,并领悟了某些观点和论证优于其他观点和论证的原因。此外,她对不良行为毫不犹豫的训诫,以及她对学术问题坚持不懈的追问,共同促进了学生发展,让他们变得更加自律和自持。她坚持鼓励学生们更加用心地体察他者的存在——更加敏锐地意识到自我与他人的关系。她反复提出的那些问题和评论把教学实践的双重任务具象化了，既要引导学生专注于学习本身，也要帮助学生维系富有尊重意味的人际关系。一整个学年下来，从史密斯女士和她的学生们在一起说了什么和做了什么来看，她的课堂逐渐摆脱了"辐条式"的结构：在这种结构中，一个个学生就像车轮上的一根根辐条，只与他们的老师（或"轴心"）具有正式的关系。与之相反的是，在史密斯女士的课堂，学生们在他们的日常行动中，切实体会到成为有目标、有教育意蕴的学习共同体的一员，究竟有哪些益处。

对史密斯女士来说，教学不仅意味着培养这种目标意识，还意味着培养兴趣意识，甚至是好奇心。她特别强调提出"真正的"问题（genuine questions）的价值。为了阐明这一教学理念的背景，她谈到了自己从前的英语教学经验（也是在初中）。她回忆起自己被迫按照固定模式教授语法之时，是怎样地挫败沮丧。

> 我再也没有耐心去教那些规定要教的语法了。我对教学内容的抵触情绪已经到了一个无以复加的地步，甚至阻碍了[学生们的]学习……我意识到，一台计算机就能完成我的教学任务。然后我就更讨厌它们了，既然我可以被机器取代，那我就不用再教书了。

史密斯女士如今仍然在教学生语法，她说她深知语法对于良好的沟通而言是多么重要。然而，她特别强调，当师生之间谈论一个"真正的"问题时，"我们谈论的是一个唯有人类才能解决的问题。这绝非是机器能够给你提供反馈的问题"。她描述，自己一直会因学生针对阅读和讨论的材料提出问题而感到十分欣喜，包括那些她以前教过很多次的文章。

例如，她已经教了八遍"阿伽门农和特洛伊战争"的故事——"要知道，"她感叹道，"整整教了八个不同班级的孩子啊！每一次都有孩子发问，'可是为什么阿伽门农要这样做［牺牲他的女儿］？'这个问题让我感到脊背发凉，因为我认为它真的是一个非常深刻的问题。所以，也许一个好问题就是一个让你永远不会厌倦的问题。"另有一个案例，她回忆起曾经教授语法课的一件事："你必须把宇宙一词分为具体名词和抽象名词，"她说，"学生的问题立马来了，'上帝是抽象名词吗？'如果我要写一本相关的书，用这个问题作为书名简直堪称完美！我的意思是说，这正是我坚持的原因。我［对那个学生］说，你得自己寻找这个问题答案，因为我也不知道。"

史密斯女士希望她所有的学生都能在学习中发现类似的问题。她说，要实现这一点，一部分教学任务就在于要充分利用她所认为的孩子们"对世间万物天生的热忱"，并为他们提供"在学校中能掌握的追寻这些热忱的技能"。她解释说："只要我能让孩子们在校外也能自行探索他们喜欢做的事情——就是那种纯粹的乐趣——把它们转化和延续为校内学习所需的能量和热忱，我感觉这样我便算是成功了。"她回忆起自己童年的快乐，"放学回家就沉浸于书海，读书，读书，再读书。但我的这种激情却从未能在学校里得到满足"。

然而，她坚定地相信，这种激情可以而且应该在学校里得到激发，尽管学校的教育环境通常被视为人造的（artificial）。为了阐明这一观点，她以参观艺术博物馆的经历作为类比。

> 昨天，当我置身于乔治亚·欧姬芙（Georgia O'Keeffe）的画展时，我忽然想到：每当我凝视这些画作，内心深处总有些东西与这幅画产生

共鸣,这正是我在课堂上追求的体验——为孩子们提供创意、激发灵感。而且,你知道吗,我看着整个[展厅]人头攒动,画作琳琅满目,每个人都想带一幅回家,把它放在客厅里,细细品鉴好几天。我的意思是说,没有人愿意挤在展厅里欣赏它。[但]这就是人们必须做出的妥协。这也正是我所寻求的[那种在场参与感]……

史密斯女士意在表明,学校和博物馆都需要某种"妥协"。要想亲眼目睹乔治亚·欧姬芙的真迹,一个人就必须置身于挤满了其他崇拜者的博物馆。要想亲身领会学科内容,至少是其中的某些形式,一个人就必须置身于挤满了其他学习者的学校。这两种环境虽然在某些方面都不太理想,但却为人们提供了系统地专注审视人类想象力、经验和努力所造就的文明成果的机会。虽然其中一些成果陈列在博物馆里,但更多的成果体现在学校课程之中——例如,数学、科学、语言、文化和历史等方面的成就。学校和博物馆确属人造的,但这绝非贬义,所谓"人造"之本意在于它们是由人类创造或建构的,而不是由自然力量塑造的。在史密斯女士看来,学校和博物馆都可以而且应该促进个体自身的成长和对人类成就的赞赏。

史密斯女士竭尽全力为学生创造课堂参与的条件,让他们有机会体验人类文明的成果。她想让"那个从未有过这种体验的孩子参与进来,[这个孩子]甚至没有意识到他自己如何能[在课堂上]实现这一点"。简言之,史密斯女士试图帮助她的学生学会如何有效利用学校资源,学会如何充分享受学校提供的特定学习机会。她希望学生们将来都能学会认真对待自己和学校环境,并为此付出努力。正如她反复强调的那样,她不相信学生天生就具备这些能力。就像在所有的人造环境之中——即,人为刻意构建的环境——初来乍到者必须先了解这种巧思奇技背后的**意图(purposes)**,理解这些环境被创设出来是为了帮助他们学什么或做什么。这条真理同样适用于学校、博物馆、法院、教堂等场所。

史密斯女士希望学生们在离开教室时仍兴致勃勃地"谈论着我们学到了什么",并感到这是"有趣的",因为她认为学习的状态本该如此。如她所说,她希望她的学生们能与课程"产生共鸣"。为了构建一个支持性的课堂环境来实现上述目的,她不仅持续向学生抛出前文描述的一连串问题,而且还敦促他们培养自身对"任务时间"(time on task)的充分尊重。她将多年前在教师预备培训项目中习得并烂熟于心的一条教学格言描述为"一个重要理念"。她期盼学生们学会"在某种程度上带着觉知去利用时间"。她想要看到学生们"高水平地参与[课堂生活],这样一来,当他们走进我的教室时,他们全然在场,这意味着他们的注意力已经在那里了,也意味着他们是'谁'将由自身投入学习的程度来决定"。她相信学生们能直观地理解这种目标追求。她坚持认为:"他们得知道沉浸式参与是什么感觉,心神俱在是什么感觉……他们明白那种感觉。而且他们还得知道自己什么时候不在状态。"

史密斯女士进一步阐明她的教学理念,她解释说,她希望学生关注的不是他们与教师本身的关系,而是与所讨论的历史材料的深层联结。她说,学生无法获得历史的"直接体验",在她看来,这种"直接体验"却可以在艺术或体育这类学科中获得。回顾她的一个比喻,历史"已然随风消逝"(already gone)。因此,她致力于通过激发学生的想象力来帮助他们"走进"历史学科。许多次在教室上课时,她让学生假装生活在过去。"如果你置身于一个不同的历史时期,你会是什么样子?"她会追问,"你那时拥有什么样的外表?你可以使用什么技术?使用技术是否以及会怎样影响你享受生活?……假设你是一名考古学家,你发现了这些物品,你能通过它们得出有关这种文明的什么结论?……假设你是一名制图师,兰德·麦克纳利(Rand McNally)

公司[1]需要这张地图,你会把哪些内容绘制进去?……请把你所了解的伊特鲁里亚文化的特征整合在一起,制作一份旅游手册。"

当被问及这种历史教学方法所体现的现代主义(presentism)倾向之时,史密斯女士回答说,她注意到了这一点——例如,在伊特鲁里亚时代,"旅游"并非真实存在的一种体验范畴。她的确很努力地与学生们讨论这样一个事实,即过去人们的思维方式不同,就像他们建造房屋或从事贸易的方式也与今天有所不同。然而,她声称"让[学生们]深挖彼此的观点就已经够艰难的了!更何况还要让学生们去想象他们[现在]认识的人,过去可能在想什么"。对史密斯女士来说,历史课不仅成为学生了解人类历史各个方面的机会;理想的情况下,历史课还可以帮助学生更好地认识自我、理解他人。史密斯女士希望,通过激发学生对历史的思考,她正在潜移默化地影响学生成为他们终将成为的人。她曾经这样描述她的课程:

> [历史课]帮助学生思考他们想成为什么样的人,以及如何才能成为那样的人。我的意思是,这正是我所思考的课程主旨所在。它探讨的是作为人类意味着什么,一个好人和一个不太好的人之间的区别——以及如何理解做人的意义。

她的课堂经常在有关如何评判某个历史人物或虚构人物的讨论之中收尾。这些讨论既会引入相关人物的视角,也会结合学生自身的视角。

正如我们所看到的,史密斯女士希望她的学生能够以富有智慧和想象力的方式应对历史(wrestle with history)。她描述了一个案例,说明这种情

---

1 译者注:兰德·麦克纳利是美国一家著名的地图制作和出版公司。

况是如何发生的——以及它会带来什么样的结果——她谈及自己正在实施的一堂课,为此她专门研究了教科书和城市博物馆中的希腊花瓶。"有一个孩子,"她回忆说,"他观察一个花瓶,弄明白了花瓶的实体特征,[然后]把它和另一个花瓶放在一起;随即弄明白了花瓶上的文字含义,开始思考语言从何而来,思考如何更精准地使用单词,思考他可能知道的其他词汇。这正是我要谈论的一部分内容。"另一个例子是她的学生之间一次不寻常的交流。11月的一个下午,他们刚刚学完了关于古代苏美尔文化的单元。史密斯女士要求他们将当时所学到的文化知识与今天的生活进行比较。

罗伯特(Robert)率先发言:"古人比我们现在的人聪明,"他给出了论证,"因为今天我们有太多的工具神器来保护自己,反倒不再有那么多思考了。但他们真的需要想很多。"

"是啊,"芭芭拉(Barbara)补充道,"科技已经让我们远离大自然了,[若回到其中]我们无法像当时的人们那样保护自己。"

"我们现代人自诩聪明,"丽萨(Liza)说,"但实际上,这都是前人的功劳。我们今天所知道的,都要归功于他们。"

"是啊,很快人们就会忘掉那些重要的东西,"玛丽说,"比如,我们现在有电视和录像带,你随便沿着一条街走下去,就能找到五家音像店,但却找不到一家书店!没有机器,我们现在根本无法生存,[有了机器,]我们正在遗忘太多东西。"

"但是,且慢,"瑞秋(Rachel)反驳道。她认为"我们"确实比苏美尔时代的人懂得更多。比如,她描述说,曾经在她家做房屋整修的建筑工人给她留下了深刻印象。她谈到了他们细致的规划以及对现代工具的运用。"他们对自己要做的事情了如指掌。"她总结道。

"你说的没错,"玛丽插话道,"但我[所说的重要的东西]指的是房子的外形,为什么会产生**这种式样**的房子。我的意思是——"随着这节课结束,她的话音被打断了,但她和一些同学离开教室时,仍然边走边就这个问题进行着激烈的辩论。

他们的讨论揭示了史密斯女士为什么把她的课程视作一个熔炉(crucible)。她试图引导学生进入一个不同于以往的而且在她看来更加辽阔的世界,这个世界建立在人们对过去的感受以及对古今关系的感悟基础之上。在她的课堂上,引导学生的这个过程与学生们被动地接受学习材料的过程截然不同。她使用的方法并非"模仿教学法"(mimetic teaching)(Jackson,1986),即老师讲授学科内容,学生将其复述出来。这个过程使学科内容和学习者在本质上**均无变化**。相比之下,史密斯女士的课堂似乎旨在促使儿童和课程本身都发生改变。她不仅为学生们提供了学习事实的机会,还让他们学会了思考这些事实所蕴含的意义。在这样的教学过程中,她为学生创造了条件,使他们可以通过思考形成对事实的新的解读。例如,原则上,每个学生对于十字军东征的原因都保有自己的看法,但史密斯女士将十字军东征作为中世纪文化研究中的一个重要议题,这将影响学生形成独到的见解。也就是说,在其他任何地方的任何教室里,都不曾听闻孩子们能采用这般**独特**的思维方式来理解这些历史成因和事件。此外,它还可能成为一粒变革的种子,尽管乍一看似乎微不足道,但它却能促使孩子在自身所处的文化中重新审视并深度理解历史事件。这种教学方式假定,学生要充分投入地学习知识材料,并将其融入自身的人际交流互动之中。它还假定,一个人不能编造事实或作出未经证实的解释。不仅如此,这让人想起杜威的论点(Dewey,1902/1990,1916/1966),即学习者是动态的,这意味着他们能够成长和改变;课程也是动态的,这意味着它可以通过研究的新发现以及观察熟悉现象的新方法来获得发展和变革。

教学中的张力

和我们遇到的其他老师一样,史密斯女士的教育期望并非总能实现。尽管她希望她的学生能够以一种富有想象力和充满活力的方式接触课程内容,但是在一学年中的某些时候,课程似乎会自行呈现出一种**规定性(prescriptive)**的发展态势。"涵盖"既定内容的常规式教学有时比互动参与式教学更重要。例如,在听到学生们努力表达观点的时候,史密斯女士经常会突然打断他们:"你看,我们快下课了。情势危急。你得说快点。快点吧,玛丽!""现在,即刻结束,因为我们没多少时间了!""好了,够了,我们现在要继续往下讲了,否则你们学不完所有的内容了。""我们现在就开始吧,否则下周二[预定的考试日期]之前我们赶不完进度了。""你的观点很好,罗伯特,但我们需要继续上课了。""现在,在你们的[小]组中选出作业写得最快的人!"在她匆忙追赶课程的内容进度时,史密斯女士偶尔会忘记她的目标是引导学生独立思考和理性推理。"泰勒斯这家伙真的存在吗?"理查德(Richard)在讨论古希腊哲学家和数学家所做的事情时发出了这样的疑问。"是的,历史书上有他。"史密斯女士漫不经心地答道,然后迅速转而向学生解释哲学家是干什么的。这时,玛丽举起了手。她说"书上有提到,它给出了一个定义。""是吗?""'哲学家'是'寻求真理'的人。"玛丽随即朗读起来。"很好,不错。"史密斯女士匆忙地回答,却忘了问孩子"寻求真理"是什么意思——这大概正是他们作为历史课的学生打算要做的事情。

有时,史密斯女士不会要求学生立刻领会她刚刚提出的问题,而是会继续讲课并回复说:"这可能是一道很棒的测验题!"因此,她无意中给学生留下了一种印象,即个人掌握的知识不如适合考试的知识重要。在其他情况下，史密斯女士传达了这样的观点，"好"的答案是那些能让她按计划教完一整天课的答案。例如，1月份的某天，她评价了本（Ben）的发言："非常好！"当时有几个学生正在兴奋地谈论自己的观点时，本同学却回答了史密斯女士之前提出的事实性问题。其他学生立刻安静下来，看了看本——在他发言的时候，他们并没有在听，而是在听到老师表扬他"非常好"之后，才注意到他。这件事所传递出的信号，无论多么简短，都表明"非常好"这样的赞许并不是针对学生真正的质疑和思考，而是那些"推动他们继续学习"〔课程规定内容〕的答案。

史密斯女士意识到，她偶尔倾向于工具性地对待学生的意见——也就是说，曲解学生的意见来为她的课程服务，而不是让课程服务于学生。她知道自己有时也会仓促地照本宣科，仿佛在履行死记硬背的责任，而不是在教书。她还注意到，自己难免会陷入所谓的"坏习惯"之中。她解释说，在当老师的最初那几年里，她有时会被自己的课程计划塑造成"专制化"的形象，实际上就是在没有考察学生会如何反应的情况下就把这些计划强加给学生。她进一步解释，之所以这样做的一个原因是她缺乏经验和信心。

110　　我记得我当时非常心虚，像是在玩一种名叫"学校"的角色扮演游戏，我不想被任何人发现我其实根本不知道要干什么。因为我觉得自己像个冒牌货，一个彻头彻尾的冒牌老师！每次有人走进我的课堂，我就在想，完了，这回肯定要露馅儿了。我那时满脑子想的都是赶紧把我该讲的基本内容讲完，然后装出一副老师的样子，也顾不上深究当老师到底应该是什么样。

她的叙述让人回想起詹姆斯先生关于"熬过"教学新手期的论述。由于初任教师对于如何当老师感到茫然无措，发现这与他们在学生时期经年累月观察到的那些教师的经历截然不同，因此他们往往采取最安全稳妥、也是最狭隘保守的行动方案。史密斯女士和我们遇到的其他老师都暗示，成功教学的关键在于避免让坏习惯固化。为此，教育实践者应该不断尝试，直到他们真正领悟自身作为教师**能够**实现何种成就。本书的一个核心主张在于，职业使命感可以支撑教师度过课堂上那些充满困惑与不确定性的艰难时刻。这种使命感可以帮助教师关注教育教学的长远图景，而不是仅仅纠结于如何应付今天的下一节课。尽管有时候即便是最资深的教师，也难免因为环境的影响而只顾眼前目标。

凭借从十几年教学实践中获得的自信和洞见，史密斯女士表示："我更愿意放下自己编写的课程教案，转而应对真实发生的课程情境。"她的意思是，如果条件允许，她会优先回答学生即兴提出的问题和意见，即便这样做会占用她原计划的教学时间。她认为这种行为是良好教学的核心，也是她先前所说的对"真正的"问题感兴趣的一方面。她坚信，认真对待学生的问题是促进学习的重要途径，是促使学习者与课程建立深层联结的珍贵契机。

尽管如此，她仍然需要努力解决棘手的问题，考虑如何回应以及何时回应学生对教学材料的各种反应。她也不反对用激励机制来引导学生听从她的命令。某个1月的早晨，她告诉学生，如果他们先复习完指定的课本章节，最近几天都可以去讨论筹备短剧排演了。学生们热烈鼓掌，迫不及待地想要投入他们钟爱的角色扮演活动。"但如果我们不复习这一章，一切免谈！"史密斯女士重申。下课后，她又主动陷入了自我观察和反思："天哪，我这样做简直就是自毁课堂！这就好像是在告诉他们，第二章一文不值！"

在4月的另一节课上，她只点名叫了那几个平时准备充分、学习能力更强的学生来回答问题。下课后，她对这节课做出了评价："如果你想看到我在一堂课上打破自己所有的规矩,那么这堂课刚好就是一个典型了。由于它带来如此令人反感的差异,我还认真地反思了一下。我认为事情是这样的:'我想赶紧把内容从头到尾讲一遍。不会去细想学生们在写什么。天气很热,我想快点结束这堂课。'"她把那天下午的状态描述为教学生涯中"更早期的状态"。她直言,那是一堂"糟糕透顶的课",因为"我不停地提问那些已经知道答案的人。为了赶进度,我没有理会任何一个不知道答案的人。我想让大家听到正确的答案,并且[我想]:'我们不要再纠结于[学生们]现有的学习水平在哪里,或者纠结于[他们]获得了哪些不完整的理解,顺其自然吧'……我的意识是,这堂课简直就是一个完美的反面教材。""我忘记了教育最基本的原则,"她总结道,"即教学是一项合作的事业。要想促进学习学习,你不能只是把教学内容过一遍,也不能光听那些正确答案。这些道理我都懂……但我偏偏还是打破了所有的准则。"

史密斯女士自述作为教师的失败经历,无疑会引起众多学校教育工作者的共鸣。有时候,一个教师根本无力满足教学的所有要求:专注、灵活、耐心、礼貌、精力充沛。教师们只想草草应付地熬过这节课或熬过这一天。对史密斯女士而言,这样的时刻会让她感到沮丧,甚至悲伤。正如我们所看到的,她通常对自己和学生抱有极高的期望。她严格把控着她所谓的课堂"节奏",乃至她自己的语音语调,以此来判断她是否"在状态"——这一表述令人联想到库宁(Kounin,1968)提出的"全局洞悉力"(withitness),用于描述经验丰富的教师在其教学行为中所具有的全面掌控课堂的能力。"我能感受到课堂氛围是同步的还是不同步的,"史密斯女士解释说,"这种感觉会以一种奇特的方式呈现出来。孩子们真正协作时,我能感觉到;他们心猿意马时,我能感觉到;当我们不再是一个'团体',不再是一个完整的集体时,我也总能感同身受。"当学生"远离"她的时候,她也能察觉到。她说:"有很多线索会提醒我,我已经不在状态了。"她进而描述:她会突然意识到自己的声音有些虚弱,甚至变得有些冷酷了。"有一种声音听起来不像我的声音,当我感到紧张疲惫、不再真诚时,这种声音就会出现。在这种情况下,我感到不自在。于是我开始反击,和自己较劲。突然间,我会听到那种声调[语气],这时候我知道必须要转换教学活动了,我明显已经跟不上节奏了。"

学生的种种需求,总难免让教师偶尔"跟不上节奏"。正如杰克逊(Jackson, 1968)在他对学校教育的开创性研究中提醒我们,课堂是拥挤的环境。这里聚集了需求各异、情绪多变和能力参差的个体,所有这些要素瞬息万变。学生们将他们个人的忧虑、期待、欢欣和恐惧统统带进课堂。经验教会了史密斯女士很多关于这些事实的知识。她努力让自己在课前和课后、在闲暇时间、午餐时间和咨询时间为学生留出交流的机会。据她所言,通常情况下,"那些似乎真的需要密切关注的孩子,往往在课前就已经在我这里得到关爱了。"这样一来,她上课时就能专注于学术性的教学工作了。

史密斯女士还认为,她必须谨慎把握自己在学生个人困境和忧虑等问题上的精力投入。她尝试提醒自己切记,校内外还有其他成年人可以为学生提供帮助。她时刻自我警醒:"如果我把自己累垮了,那么当[学生]真正需要我的时候,我反而无法在场。"她的证言揭示了这样一个深刻的事实,即当学生带着诸多个人的忧虑困扰进入课堂时,教师亦是如此(Lightfoot, 1983)。然而,在学生面前,教师有责任将自己的需求、情绪和焦虑暂且搁置。他们的义务是教书——也是,服务。教师对学生的付出,应远远多于学生对教师的回馈。这种道德义务使教学成为一项永久性的艰巨任务,因此,每个教师偶尔无法达到自己和社会的期望,这倒不足为奇了。然而,令人惊奇的是,有些教师往往总是能够达到这些期望。

第5章 连接学生与课程

小结：教学与个人洞见

  本章开头就表明，史密斯女士14年的教学生涯拓宽了她的教育观和人生观——值得一提的是，这种成长轨迹也体现在前文所述的其他三位老师身上。史密斯女士的经历并没有使它的愿景窄化，这一点与诸多研究者和曾经当过老师的人汇报的经验一致。相反，教学实践加深了她与青少年打交道的热情，以及学习如何开发、准备和教授更具教育意义的社会科课程的热情。从史密斯女士的证言来看，她多年工作达到的这种成效，部分源于她与日俱增的自信心、效能感和理解力。在她的职业生涯中，她定期参加大学历史、文学、戏剧等课程的进修学习；也曾在中学和社会科教学方面教授和指导其他几组教师开展研讨。最终，她的努力赢得了校内外的公众认可。

  然而，教学似乎也让她越来越多地了解自己**不知道**的东西：关于她的学科、关于青少年，以及关于自我认知。她有时会为自己的无知感到不安。她坦言，在工作中遇到的"一个最大的单方面障碍"，正是"我作为一个人的局限性……我发现自己有各种各样的不足，尽管我对待自己的专业已经很认真了"。她列举了一些自己较为缺乏的素质和品格，比如更耐心、更专注，以及智力品质，比如更加沉浸于历史和社会科的概念之中。她补充说："你知道，我不愿意让这些话听起来像是一本正经的、道德捆绑的、故作清高的说教。"但是，"我确实觉得老师可以带来巨大的改变"。她的描述揭示了一种悖论，即作为一名教师，她越是能够切实发挥教育影响力，就越能意识到自己的未知领域何其广阔。

  这种情形并不出人意料。苏格拉底和无数的先贤教师都曾发现：随着经验的积累，人们会越来越意识到，要学的东西还有很多。〔经验愈丰，愈觉学海无涯。]更何况,没有老师能完全掌握自己的学科知识或参透年轻人的学习之道。随着新近研究的完成和新兴观点的阐明,每一个学术性的学科领域都在不断变化。那些有关如何教授每门学科的观念也在发生相应变化。此外,由于社会经济、文化和政治等多方面的原因,每一代儿童都与上一代不尽相同。每一个学生都不一样:人类品格和性情(character and disposition)的多样性远远超出了任何一位教师的想象。最后,这些观察结果也适用于自我洞悉。正如埃尔德里奇(Eldridge, 1989)所写,"无法达成自我理解,是一种永恒的可能性;而无法达成完美的自我理解和完美的自我实现,则是一个永恒的事实"(p.14)。没有任何一个老师在他/她渴望知晓的领域内能够无所不知。尽管那种拥有"奥林匹克知识(Olympian knowledge)"一般的渊博状态令人心生向往,至少在一个人对教学感到厌倦或沮丧时[会希望如此];然而,我们有理由相信,史密斯女士和我们遇到的其他三位老师,都不会接受这种看似全知全能的状态。

第 5 章 连接学生与课程 153

第 6 章　职业使命感

114　　在前面的章节中，我已经展示了四位老师在他们的工作中如何表达和践行职业使命感(a sense of vocation)。在本章中，我将回顾"教学作为一种职业"的观点，并阐述它对于我们今天如何理解教学实践所具备的重要价值。然而，在此之前，我想重申一点，我的意图并不是将这些老师塑造成"英雄"。他们都是严谨认真的教育工作者，但类似"英雄"的标签并不适用于对教学的分析。一方面，教师们会率先声明，其他人也许持有与自己不同的教学理念。另一方面，教师们会对"英雄"这类概念感到不舒服。尽管他们的确将自己视为榜样——作为与学生相处时努力做到最好的成年人——但"榜样"和"英雄"并非同义词。从这四位老师的努力来看，成为榜样，除了具备诸多品质，还意味着要关注学生、始终作好准备、尽职尽责，等等。相比之下，成为英雄，总让人联想到英勇无畏的行为和人群之中的喝彩，将这样的形象加诸教师和无数像他们一样的人身上，无疑是不合适的。

　　我重申这一要点的另一个原因是，职业的语言太容易被浪漫化了。不加批判地使用这个概念，会激发自我牺牲和无偿奉献的形象，这类形象适用于特蕾莎修女(Mother Teresa)之类的人，但不适用于我们所要面对的教师们。把教学浪漫化、感伤化的解析是空洞而无意义的。它对教学和教师造成的损害无异于将实践简化为按部就班的教条(by-the-numbers recipe)。

前面的章节特别强调,无论教学发生在什么样的环境下,无论老师和学生获得什么样的支持,课堂教学都是极具复杂性和充满挑战性的。

然而,正是由于这项工作的复杂性和艰巨性,教师们在描述自己所作所为之时,很自然地会使用一些带有浪漫色彩的措辞。差事触发的情感,参与学生生活所获得的经验,日常生活中的成功和失败,似乎都在呼唤这些措辞。阐释"岗位"(occupation)或"差事"(job)的语言本身是有限的。那些侧重岗位属性的语言捕捉到教师工作中涉及个人层面的深刻特征,而本书描写的教师们已经充分证明了这一点。这类语言也无法令人满意地传递出承担教师角色的那个人的重要性,这一观点在前面的分析中已多次提及。

本章的标题——"职业使命感"——强调了一个这样事实,即教学是一项高度个性化的事业。我们遇到这四位实践者,作为教师,他们在许多方面彼此不同,这里无法一一列举。他们用自己独特的措辞来描述自己的工作。每个人都有特别的希望,每个人也都有特定的担忧和疑虑。每个人都有与众不同的工作风格,传递出他们自身关于教育意义与价值的思考讯息。从他们所在的一间教室走到另一间教室,感觉就像在不同世界之中不断穿越的旅行。

然而,尽管他们的例子并没有提供一个关于如何在教学中践行服务意识的蓝图,但它确实阐明了我所描述的"教学职业"。在第1章中,我界定了与这一概念相关的基本术语。在本章中,基于从四位教师课堂上获得的大量证言和观察数据,我将重新审视那个理论框架。我认为,教学实践和许多人的职业使命感是共生的。教学实践为教师提供了一种广受认可的为他人服务的社会平台(social medium);但如果没有人投身教学,这种实践本身也会逐渐消失。我把"教学的实践"和"职业的理念"与大多数教研机构(即学校)经常教授的内容区分开来。这种对比为本书的最后一章奠定了基础,它将聚焦教师是否应该将他们的工作视为一种职业。

审视职业的维度

公共服务与个人成就

我在第1章中指出,职业出现在公共服务和个人成就的十字路口。职业描述了为他人服务的工作,它同时也赋予人们一种身份认同和意义感。佩顿女士、彼得斯先生、詹姆斯先生和史密斯女士都从服务的角度来看待他们的工作。从他们的证言和课堂工作状态来看,他们致力于提升学生的智力和道德福祉。此外,他们还寻求为学校服务的机会。例如,他们参与学校委员会的工作,开发课程,监督学校活动,在正式场合代表同事发表讲话,等等。尽管教师已经在教学上投入了大量的时间,尽管任何学校的教师团队不可避免地出现个性或理念上的冲突分歧,导致所有相关人员为此消耗精力,但这些教师还是出色地完成了工作。

与此同时,四位教师都从他们所做的事情中获得了个人满足感和意义感。应了那句老生常谈:教学之于教师不仅仅是打一份工[1]。当教师们走进各自学校的大门时,他们的表现似乎昭示着教学更像一种生活方式,而非一项仅凭最低限度的个人努力就能完成的任务。他们在工作中充分运用自己在所教学科(subject matter)、教育学和人类发展等方面积累的知识。他们反复评判学生在智力和道德上做出的努力和行为。他们表达自己的情感。他们展现出自己"信奉"的价值观,正如詹姆斯先生所说,所有教师都会这样

---

[1] 译者注:可拓展理解为,教师的工作绝不像"当一天和尚,撞一天钟"这般敷衍。

做。教师的个人品格影响了他们日常对待学生的方式。用史密斯女士的话来说,他们表现得好像要对教室里发生的一切都负起责任,无论他们实际上能否做得到。教师的个人成就,或许直接源于这样一个事实,即他们哪怕对待一份"差事"也会将自己全身心地投入其中。

成为一名"设计师"

最后这点让人想起了本书第 1 章发现的职业的另一个特征。一个富有职业倾向的人会像设计师一样对待他/她的工作,而不仅仅把自己看作一个普通的劳动者。一名优秀的设计师不仅拥有设计所需的技能和想象力,而且还清楚地知道自己为谁设计作品。正如我们所看到的,这四位教师似乎都在不断地寻求改进教学、丰富和扩充课程的方法。例如,詹姆斯先生亲自为他的学生设计了数学课程,史密斯女士则率先创建了 6 年级的"英语"和"社会科"核心课程。教师们追求专业发展,彼得斯先生就是这样做的,他参加一个教学进修项目,最终获得了文学硕士学位,该项目还提供了英语教学资格的州认证。他们报名参加各自专业领域的大学课程,就像佩顿女士那样,自 15 年前开启职业生涯以来,每年如此。他们努力在新学科领域发展专长,就像詹姆斯先生那样,在中学数学教学领域获得了州认证。他们尝试激发和重构他们的教学想象力,就像史密斯女士那样,通过学习戏剧和艺术课程而实现。在时间和资源允许的情况下,他们参加校外研讨会、暑期进修项目等。他们反思、阅读、与同事讨论工作。正如我们所看到的那样,他们如此投入地扮演着教师的角色,每个人都给这个角色烙上了独特的个人印记。

注重细节

要像这四个人那样塑造教师的角色,就需要寻幽入微地关注实践中的细节。这种性情是本书开头描述的职业特征的另一个方面。我曾论证过，忠实地完成那些与教学相生相伴的平凡琐事，并不代表教师**从**工作中分心走神了。相反，一个人所采取的每一个看似微不足道的行动和步骤，都会日积月累地将他塑造成为一位教师，并有可能对学生产生影响。一个忽视日常教学责任的人，很可能成为一个忽视学生的人。这并不是说一个人必须**喜欢**应对工作中的常规要求。艺术家可能不喜欢在工作之前调配颜料的常规流程。然而，如果不这样做，他/她怎么能开展艺术创作呢？教师可能会因为不得不处理某些备课事务而感到厌烦，例如，课堂组织、分数测算、资料分类、讲义复印，等等。但如果不这样做，他或她怎么能创建有意义的课堂呢？

我们遇到的四位老师都注重教学的日常需求。例如，他们在学生评价方面投入了大量的时间和精力。他们在学生的家庭作业上做批注，也经常在学生的阶段报告上写长篇评语。他们反复与同事、家长以及学生本人沟通学业进展情况。他们设计了一些机制，吸引学生参与到相互评价的过程中来。例如，佩顿女士在课堂上分发一份表格，让学生们评价彼此的口头汇报。史密斯女士指导学生们开展"对事不对人"的审辨式批评——并非针对个人——而是针对其他学生的诗歌朗诵、故事阅读、课堂小品表演等活动。

需要关注的教学细节还包括学生的日常忧虑和关切、他们每天在学术上付诸的努力，以及他们的一贯行为。教师们似乎习惯性地对这些问题及其相关事项保持警惕。从一个长期观察者的角度来看，他们似乎对学生那些最微妙的行为都保有警觉。同时他们也承认，鉴于必须教导的年轻人的数量之多，他们仍然错过了很多细节。

不确定性和怀疑

教师对他们**没有看到**的细节的觉察，证明他们已经意识到了那种伴随教学而来的不确定性。一个老生常谈的事实在于，教师往往无法知晓他们对学生究竟产生了何种影响。仅此一点，就足以让教学的前景变得令人生畏。对于任何一个需要及时的、持续的证据来证明自己有所作为的人而言，这种前景都是难以忍受的。正如这四位老师所确证的那样，要做到足够熟悉学生，并识别他们对教学科目的反应反馈，都需要花费相当长的时间。要认识到学生的变化和成长是不均衡的、不可预测的，而且往往停滞断续，也需要时间和经验。要认识到这些发展可能直到学生升入高年级或接受更高层次的正规教育之后——甚至很久之后——才会显现出来，这更需要勇气和信念。

伴随职业而来的疑虑和不确定性令我们遇见的教师们感到不安。例如，佩顿女士非常担心她与 11 年级和 12 年级学生的关系。她害怕自己可能无法对学生产生积极的影响，始终疑惑于什么样的科学课程最适合他们。彼得斯先生遭遇的不确定性，则表现为他在"教学"和"布道"之间的挣扎。他不断反思自己的"宗教学"课程，思考如何让学生有机会质疑信仰和价值观，而不是被动地或不加批判地接受它们。詹姆斯先生的整个职业生涯几乎都在对学生进行单独辅导，他一直被这类问题困扰，比如，应该给那些经常不守规矩的学生多大的自由，如何培养学生尊重他人和负责任的态度，以及如何设计成功的小组课程。史密斯女士则担心她的学生能否从"社会科"和"历史"课程之中发现意义。她努力探索如何在学生和课程之间建立真正的联系。她对所谓的"坏习惯"的反复出现而感到不安——比如飞快地讲解课程教材——这妨碍了她实现更大的教学目标。

这四位教师还坦言，更广泛的教育和社会问题令他们产生了相当多的不确定感和担忧。这让我们想起詹姆斯先生曾谈及在"价值观的战场"上工作，若非如此，学生的未来岌岌可危。四位教师都探讨过一些孩子缺乏成人

第 6 章 职业使命感

指导的问题,并相信这是孩子们饱经困难的原因。他们谈到毕业生面临的经济压力。他们还指出,当代文化(电子游戏、MTV)倡导的物质主义使学生们三心二意、焦躁不安。他们的证言强调了这样一个事实:教师确实是在社会的"前线"工作——这一术语源自詹姆斯先生[关于"战场"的比喻]。他们亲身直面社会上出现的许多困境和问题。这种现实对于教师来说早就习以为常,但它在政策制定者和课程制定者的观点之中尚且未能占据一席之地,更不用说在公共讨论中关注教师责任了。

这些教师也想知道他们自己能在多大程度上对解决社会问题有所贡献。"我们不知道教育到底在做什么,"彼得斯先生一度断言,"我们可能只是制造'美国机器'。我们或许只是在维持社会秩序的系统之中充当齿轮。也许我所做的一切,只是在控制社会大众……我真的无法证明我正在做的事情是公正的,而不是在助长更多的邪恶。"史密斯女士呼应了彼得斯的疑虑,尽管她的措辞没那么夸张。她"厌恶"这样一种想法,即教师所做的仅仅是在帮助学生"社会化",而不是教会他们独立思考。正如我们在第 5 章看到的,她希望学校教育对孩子们来说是一种有意义的经历。但她仍在质疑自己能否成功实现这一目标。

除了应对怀疑和不确定性的因素,这四位教师还经常需要就课程、教学方法和学生事务做出重要决策,所有这些决策时常会引发他们的事后猜测。佩顿清晰地记得,当得知高年级学生的学业成绩竟然如此差劲之时,她为此感到的震惊和不安;而在此之前,她在课程导入阶段"夸夸其谈"以回应学生们明显的学习兴趣。她尴尬地描述了这一发现,似乎觉得她自己本该更好地了解情况。詹姆斯先生回忆起多年前被他赶出教室的一个学生,那个学生很快就和校长打了起来,最终进了监狱。詹姆斯带着厌恶和悲伤的情绪,讲述了那天他作为教师"忍无可忍"的处理方式——或者按他自己的说法,其实是没处理好。史密斯女士详细描述了她和一名学生之间长达一年的矛盾，这名学生虽然性格温和，但经常扰乱课堂。"他在课堂上扮小丑，"史密斯说，"是因为他对自己的能力缺乏信心。他错过了很多重要技能的学习，我认为他还没有弥补上。"她想尽了一切办法来吸引这个男孩融入课堂共同体：与他一对一地交谈，让他好好利用课堂学习；给他的母亲打电话沟通情况；敦促其他学生不要怂恿他；让他短暂离开教室；让他坐在远离同伴的角落里，或者坐在她的讲桌旁边；让他去留校察看室；等等。而所有这些策略都失败了。临近学年结束，这个男孩因为在其他地方制造麻烦而被学校开除了，这一事实加剧了史密斯女士的疑虑，她很想知道自己还有可能为此做些什么。

回顾这些教师的担忧，并不是建议教师把教学当作一段通往未知的危险旅程。正如我们所观察到的，四位教师都实现了许多目标，并且在这个过程中获得了相当多的个人回报。根据他们的证言，这些回报不断更新和强化他们对教学的承诺；这些回报激励他们不断提高自己的教学能力。

然而，与此同时，他们全身心地投入工作反而加剧了其中的利害关系和风险（heightens the stakes and the risks）。如果教师们只是以一种程式化、官僚主义的方式行事，他们或许能够保护自己，不必承担自身在教育系统中所扮演角色的基本责任。他们可能会忽略教育教学任务或者将任务推给别人。与之相反的是，教师们似乎已经接受了这样一种观念，即他们实际上是"突破困境的向导"（Sockett，1988）——他们有义务帮助学生规划充满挑战的教育成长之路。如前所述，这些教师将自己视为学习环境的设计师，而不是被动地执行他人命令的办事员。这种姿态意味着：他们必须直面而非回避那些由认真教学而引发的问题和困境。

彼得斯先生在学校的纪律委员会（Discipline Committee）任职，他的工作戏剧化地展示了教师被要求做出的各种道德判断，以及这些判断可能引发的疑虑。我所说的"道德判断"，是指道德决策和行动，它们反映出某些行为方式优于其他行为方式的观点。全世界的每一位教育工作者都持有这样的观点。此外，它们还涉及大多数人能够广泛达成共识的判断，比如，反对在学校使用毒品和武器，推崇尊重而非不尊重，重视深思熟虑而非其对立面，等等。如果没有这样的判断，教学将无法进行，因为没有人有底气说出，甚至建议，"让我们做这件事而不是那件事"。如果没有这样的判断，教师既不能赞成也不能反对，甚至不能批评学生的任何行为。前几章的分析表明，每一种教育性的努力都体现了道德判断，无论它是否被认定为道德判断（Midgley，1991）。

彼得斯先生任职的纪律委员会由副校长担任主席，另有三名教师担任委员。委员会与那些有严重学业或行为问题的男孩定期见面，并建议这些学生必须采取行动改善方案才能继续留在相关项目中学习。放学后，委员会一般会在学校图书馆召开会议。下面，我将详细描述委员会与9年级男孩雷蒙德（Raymond）的一次会面，这是彼得斯作为委员会成员面临的典型任务之一。这也是所有教师日常工作中反复面对的任务——尽管教师们通常都在非正式场合处理此类任务。

几个月前，雷蒙德已经被纪律委员会传唤。他在校内素来因行为不端、扰乱课堂秩序而声名狼藉。他多次和同学打架。他最近还逃离了留校察看室，并且被发现在学校公共财物上乱写乱画。委员会召开这次听证会的目的就是要决定是否应该立即将他开除。

雷蒙德小心翼翼地坐在图书馆的桌前，那么多成年人围坐在他旁边，他似乎有些不知所措。他没有直视任何人的眼睛。他的父亲坐在他的右边。他的母亲则拒绝参加这次会议。雷蒙德的父母五个月前分居了，此后他便跟随母亲生活。根据委员会后来讨论提到的情况，雷蒙德的家庭破裂与他在学校行为表现失控的时期相吻合。在第一学期，他的专业课成绩分别是1个A，4个B，1个D。而在第二学期——也就是他搬到母亲家以后——他的成绩变成了1个C，4个D，1个F。

按照惯例，每个委员会成员都会提出问题并提出建议。这次听证会主要围绕雷蒙德能否控制住自己的情绪，以及他准备采取哪些具体的改善行动而展开。一位老师反复问他，为什么要跟学校里那些惹是生非的11年级男生混在一起。"你知道那些男孩很难对付，而且他们越发胡作非为，不是吗？"雷蒙德的父亲用一种刻薄的语气插话道："是啊，你去和那些明年回不到这所学校的学生待在一起吧，你们可以在威廉姆斯（当地一所公立高中）好好相处。你们在那里肯定过得不错！"

委员会重新聚焦讨论雷蒙德在教室和学校走廊里爆发强烈愤怒而失控的问题。两位教师模拟了一场"拳击比赛"，他们互相推搡，撞击对方的胳膊。在此过程中，其中一位老师连番向雷蒙德发问："假如你在课堂上被别人推搡，你会怎么做？或者有人打了你，你又该当如何？"男孩始终保持沉默，但在某一刻突然说道："好吧，我不会忍气吞声。"教师立刻抓住了这个回答。他告诉雷蒙德必须"忍耐"，就像他自己和其他老师"在任何时候都要忍耐"一样。"雷蒙德，你不必对每件事都做出回应，尤其是在课堂上！"他敦促这个男孩和教师们沟通，或者在课余时间与那些骚扰他的学生谈谈。他还亲自问雷蒙德怎样才能培养自制力。

与此同时，雷蒙德的父亲对他的母亲提出诸多抱怨，说她没有管教好孩子，"根本不在乎"他去哪里或者他熬夜到多晚。听证会进行了一个多小时后，副校长礼貌地询问这位父亲是否可以暂时离开，因为委员会希望向雷蒙德提出一些"一对一的问题"。这些问题涉及雷蒙德自己的想法，主要集中在他如何以及是否可以与父母和睦相处。委员会指出,他似乎陷入了一种与任何人都无法相处的危险状态。委员会提醒他,他曾经证明了自己可以在学校取得成功,并勉励他想办法恢复那种积极向上的态度。

彼得斯先生带头引出话题,他回忆起学年之初这个男孩在班上的良好表现。他试探这个男孩改过自新的可能性,直到某一刻,大颗的眼泪开始顺着雷蒙德的脸颊滚落。男孩轻声啜泣了一会儿,表示自己可以试试看,随即得到了一句强有力的鼓励:"嘿,你现在14岁了。别忘了享受这段时光!你很快就满16岁了,那时你就可以像个真正的中学生了!"

委员会在如何处理雷蒙德的问题上陷入了艰难的抉择。彼得斯先生说,他认为这个男孩很难在学校里获得成功了,尽管他强调自己多么不情愿地提出这样的建议。他承认雷蒙德的家庭环境困难重重,但也回忆起他和其他老师是多么频繁地尝试给予雷蒙德帮助。他提醒同事们,他们还肩负着帮助众多其他学生的责任。"我知道这不是轻易做出的决定,"彼得斯说道,"但他的问题确实太多了[超出了我们的能力范围]。"其他委员表达了不同意见,即便他们之中没有任何一个人全盘认同雷蒙德应该被开除。最终,他们决定再给这个男孩一次机会,部分改进措施包括:要求他每周五放学后和一位老师一起游泳,周六和另一位老师一起参加学校周边的园艺活动(这些仅仅是个别教师组织的两项校外活动,专门为那些有需要的男孩提供成年人的指导)。副校长也主动提出,将尽力说服雷蒙德及其父母参加家庭咨询活动。然而,雷蒙德继续扰乱课堂秩序,也没有按时参加规定的课外活动。那场历经两小时的听证会结束后的一个月,他还是被开除了。

彼得斯所在的天主教学校的人力和物力资源都极为有限。如果学校要完成其教育和宗教使命,它就无法——在超过一定程度之后——容纳那些持续扰乱学校生活的学生。彼得斯先生认为纪律委员会的工作至关重要，他兢兢业业地履行自己的职责。然而，每次散会后，他往往带着对自己行为准则的诸多疑问离开，这些问题如影随形，而且困扰了他很长时间。他琢磨自己的判断是否恰当、是否有依据，因为这些判断直接影响着每个学生的命运。

其他三位老师在不同程度上也必须做出决策，与彼得斯在纪律委员会中面临的那种决策类似。他们必须这样做，是因为他们和彼得斯一样，将工作视为超越官僚主义范畴的事业。他们接受实践条款（the terms of the practice）赋予的责任。因此，他们不断地被要求评判学生的能力、努力和行为。他们被要求提出自己的独特的观点、推荐、建议和指导。他们并非总有时间去权衡一个行动方案的好坏。很多时候，他们必须立即采取行动，否则——用史密斯女士的话来说——时机"稍纵即逝"。不仅如此，他们还必须在公共场合、在学生和同事们的注视下做出判断，从而展现他们的道德和教育标准。正如詹姆斯先生所说，教师承受着学校社区的"无尽审查"。这种现实自始至终都存在于教学职业之中。

理智与道德

大多数教师很少拥有制度保障的机会去反思他们每天必须做出的众多判断。他们必须在忙碌了一天的间隙或回到家之后，再找时间进行反思。关于教学伦理和道德方面的课程也不是教师教育的代表性课程（Soltis & Strike, 1992; Strike & Ternasky, 1993）。这类课程通常侧重于教学法和学科知识（pedagogical and subject-matter knowledge）。对这些内容的关注是至关重要的，否则教师将无从开展教学。然而，大多数教师教育项目似乎都建立在这样一种假设之上，即教师在教学方法、课程计划等方面的良好判断是可以教授的。既然如此，为什么不假设良好的伦理和道德判断也可以通过贯穿始终的师资培育项目来培养呢？本书所述教师的经历和证言揭示了他们的工作是如何周而复始地要求他们运用道德判断和道德力量。它一次又一次地触及教师作为"人"的品格内核。

不仅如此，这些关于道德判断的要求并不是按照既定的时间表顺序出现的。他们无法与"教什么"和"怎么教"的判断严格地区分开来。正如前几章确证的那样，教学始终且同时是一种智力和道德兼具的努力。这两方面是完全交织在一起的。从抽象的角度而言，正规教育的基本目标是训练头脑。但在学校学习和生活的具体环境中，头脑远不止是一个认知实体（或机器；参见 Searle, 1992, 对头脑是"计算机"这一观点的有力批判）。在教育的过程中，头脑不断变化，逐渐发展成为态度、性情和能力的集合体。数学老师可能会声称，他仅仅是教导学生如何在操作数字运算的时候好好思考。然而，"好好思考"涉及自律、专注、努力、想象力等品质，所有这些品质都远远超出了加法和减法的范畴，还会迁移到一个人在日常生活中如何解决不断出现的问题和困境（Dewey, 1933）。此外，声称自己"仅仅"在教"良好的思考"或"对学科内容的良好理解"，这本身就预设了一种道德信念，即一个人的生活将会因为这方面的教学而变得**更好**——否则，为什么要进行这种教学呢？简而言之，教学不是一个非此即彼的命题[不能表述为]：教学是一种智力行动，**或者**是一种道德事业。若非同时涵盖两个维度，人们对教学的构想便会被严重割裂，以至于面目全非（Goodlad, Soder, & Sirotnik, 1990）。

职业的语言有助于将这些维度整合到一起。在本节中，我回顾了这种语言是如何捕捉到四位成功实践者在工作中的一些重要特征的。它提醒人们注意教师的服务意识，以及他们在提供这种服务的过程中所获得的个人成就感。它强调了教师的学术关注点（下文将详细讨论），以及他们为提升自身学科知识素养和教学能力所做出的努力。它揭示了教师对学生和教学细节的关注，这种细致认真的品质让人想起了教学作为一门手艺的概念（Tom，1984）。它还突出了教师面对工作中随处可见的不确定性所采取的应对方式，以及这些不确定性可能引发的怀疑和好奇。教学是一项复杂的行为，这是不言而喻的。但是，职业的语言有助于让人们更清晰地看到这种复杂性，以及教师如何能够成功地应对它。

召唤源与受召唤者

我在第1章中论证，职业不仅意味着一种内在的动力或为他人作出贡献的愿望。[这是一方面，]社会实践作为另一方面，同样很重要。例如，一个人可能想成为一名医生。但是如果没有医学实践，这种的愿望将毫无意义。我的意思不是说离开了"医院"或"医务室"就无法实践。社会实践和机构实践是不一样的。原则上，医生可以在任何地方工作，例如在小镇上、在战场上、或在事故现场。医学实践并不专指在医院这样的机构中实践。相反，它包含了**作为**一名医生的意义，这不同于作为出租车司机、占星家、摄影师或造船工人的意义（MacIntyre，1984）。

一个人内心可能有投身教学的冲动，但如果没有教学实践来承载这种感觉，它就会毫无生气。实践**先于**个人。从这个角度来看，实践"呼吁"（call on）所有认真对待它的人履行它的要求和责任。它要求教师展现出愿意和勇气去面对本书全篇所阐释的教学工作的要求。正如我们所看到的，其中一些要求是微不足道和单调平凡的（如，什么颜色的纸最适合这张海报？）；另一些则是极其重要和扣人心弦的（如，我应该推荐这个学生升入更高年级吗?)。但是老师并没有"创造"这些情境。它们来自实践过程本身。正是实践召唤一个人采取行动,而不是个体[自发为之]。实践便是"召唤源",邀请人们履行其义务。

乍一看,这个论点似乎把具有职业使命感的教师置于被动地位。[召唤]这个动词本身可以用被动语态来表达:教师被实践"召唤"。这一观察触及到职业的一个相关维度,这在本书第1章已经阐明。我说过,许多想教书的人并不会将这种愿望视为众多竞争性差事中的一种"选择"。也就是说,他们面临的问题并非要不要教,而是什么时候教,在什么情况下教。他们可能一直在其他领域努力工作,有时会持续很多年,直到条件合适的时候[再投身教学]。这些条件甚至包括精神和心灵的状态。例如,一个人可能需要几年的时间才会感觉自己已经做好准备开始实践了,或是足够成熟了。一直以来,无论是在商业、法律、医学、育儿等领域还是在其他行业工作的人,可能都会被一个持续不断的耳语所驱使,它似乎在说:试试教书吧。对于具有职业倾向的人来说,教书的愿望并不是随便从就业货架上挑选一份差事。

然而,一些实践者提出"别把教学愿望当作一个随意的'选择'"的建议,这将使他们再次处于被动的角色。这意味着教学中的某些东西比人更重要——用我们熟悉的术语来说——就是那种最初的召唤,它能激发人的欲望,捕获人的想象力。这种召唤的具体来源可能是自己的老师,可能是受到作为教育工作者的朋友的影响,也可能是在教育领域与年轻人一起工作的经历。但请注意,这些资源并不存在于个人的**内部**世界,而是存在于更广阔社会的教育世界之中。

如何将这种明显的被动性——被召唤——与第1章所强调的以及后续章节所阐释的相反主张进行调和?即具有职业倾向的教师是积极的、外向的、关注教学过程、关注学生、关注他们的义务。职业的这些被动的和主动的方面是像油和水那样互不相融,抑或可以融合在一起?

回答这个问题的方式之一是考虑一个人为什么会在第一时间"听到"教学的召唤。在一个人的内心深处,是什么使他/她接听到了这个召唤——就好像是调到了某种职业频率?我们在书中遇到的四位老师的证言为我们理解这个问题提供了线索。每个人都描述了他们年轻时的课堂、老师、书籍和其他令人难忘的教育经历。值得注意的是,他们的记忆证明了他们是积极的人,一直在**做**事情,比如阅读、写作、计算、想象、角色扮演。我认为,他们之所以听到教学的召唤,与他们在此之前的积极生活状态有关。没有任何先入为主的或刻意为之的意图,他们所做的一切将他们塑造成了能够听到召唤**并且**回应召唤的人——这一点特别值得强调,因为有些人也许听到了召唤,但缺乏行动的勇气或环境。如果说这些教师或者像他们这样的人"天生"就是教书的料,这将是一种误导。给人们留下这种印象的人可能在年轻时就很活跃——他们对事物充满了好奇和兴趣——他们当时的所作所为和今天的努力相叠加,使他们在工作中显得"自然而然"。但对一个人来说,那些看似自然而然的东西往往是经年累月努力耕耘的硕果。

职业的观念并非将实践置于个人之上。我所识别的这种被动维度——被召唤——取决于那些能够**听从**召唤并愿意积极承担其义务的人。个人与实践相互依存,正如职业中的公共服务与个人成就这两个核心主题一样。若无教学实践,教师简直无用武之地。他们将失去一个使自身行动被赏识、被承认的社会舞台。然而,如果人们无法投身实践,无法在其中寻找到意义和身份,实践本身也将不复存在。从这个角度来看,实践有其被动的一面。它必须"等待",并依靠那些深思熟虑的人付诸行动。如果没有人这样做,实践所根植的社会在未来将会岌岌可危。

职业与学校

一些读者可能会感到疑惑，前面章节的叙述是否将教学与在学校或其他教育机构的工作混为一谈。许多教育工作者会拒绝这种关联，并指出教学可以在没有教室、没有学校、没有任何熟悉的机构设施的情况下进行（Huebner, 1987; Illich, 1970; Neill, 1962）。本书的论点预设了教学并不等同于学校教育。另外，我在本节中也明确指出，我并没有将教学等同于"学校教学"（Little, 1990）或"学校教师"（Lortie, 1975）等术语。这两个复合术语都赋予了学校在教学行为之上的某种优先权。相比之下，谈及教学职业，就是把教学的源泉置于任何特定机构之外。这些源泉在于教学实践、个体的希望和能力。本书所述四位教师的经历表明，教师或许可以很好地树立身份认同，不仅仅将其根植于自身供职的特定机构，而是根植于一个更宏大的教学愿景之中。

这个观念不像乍看起来那样引人注目。毕竟，大多数渴望投身教学的人并不是想要到某一所学校工作。更确切地说，他们想教书，想对年轻人产生有益的影响。教师若是把自己视作某种实践的成员——顺便说一句，这种实践的历史几乎与人类文明一样悠久——可以指引他们度过艰难时期。实践可以帮助他们珍视并认识到自身的观点和行为并非完全取决于所处的具体环境。遇到一些胡搅蛮缠的班级，无法触动学生的心灵，感到被同事、管理者或家长辜负——这些对于教师来说都是司空见惯的烦心事——但他们无需为此感到气馁或放弃教学。如果他们超越自己当下的处境、从更为宏大的视角来看待这份工作，他们可能会发现意想不到的资源。

觉知的重要性

前几章有关教师觉知(Perception)的分析，为本章的论证提供了几个鲜活的案例。例如，正如我们所观察到的，彼得斯先生作为一名初任教师时，曾经历过一段艰难的岁月。他在定义和实施课程方面遇到了问题，他与学生的关系经常处于紧张状态。然而，他能够坚守课堂并最终崭露头角的其中一个原因在于，他感觉教学意味着更多的东西，比他当下的境遇更值得期待。回想起自己学生时代的经历，他说："我知道有一种方法可以走近学生的内心，因为我[曾经]亲眼见过它奏效。我知道这是可能的；尽管那时它没有发生在我执教的教室里，但它确有可能成功。"我们在詹姆斯先生的工作中观察到个人愿景和当下情境(the immediate context)之间存在类似的区别。正如我们所见，詹姆斯并不像他的许多同事那样消极地看待他的学生。我想表明，在一个很重要的方面，他与那些同事并非生活在同一个世界。他在学生身上看见了别人未曾看见的可能性。但这恰恰是因为他的教学意识以及从事青少年工作的意识并没有仅仅植根于制度或岗位框架之内。他和彼得斯先生似乎都从一个更大的愿景中汲取力量和动力，我认为这个愿景可以通过职业的语言来理解。这两位教师的行为表现似乎说明教学有其自身的完整性，而不是由学校当下情境而定义的。佩顿女士和史密斯女士也是如此，她们都把教室视为独特的学习共同体，致力于让学生积极参与学习。四位教师似乎都相信教学的理念。他们不会把这种信念寄托于任何一次特定的成功，也不会因为任何一次特别的失败就对这种信念产生怀疑。他们的证言表明，他们对教学和自身的觉知更多地集中在为何而教以及如何去教的问题上，而非纠结于他们所处的某些具体环境。

他们共有的立场让人联想到一种普遍存在于世界各地的人生哲学之中

的共同信条。这种信念认为,一个人的觉知,实际上对他/她将生活于什么样世界具有决定作用。一个人如何看待自己及其所处的环境,会让周遭一切变得不同。俗话说,境由心生。一个人看到的是"半满"的杯子还是"半空"的杯子,不同视角塑造了人们在生活中发现意义和可能性的差异。此外,选择**哪种**视角看待杯子的问题,至少在一定程度上,取决于这只杯子掌握在我们自己手中。

列夫·托尔斯泰在他的寓言《国王和衬衫》(Dunnigan,1962)中捕捉到了这种观念的力量,这是他对一个古老而永恒的人类故事的演绎。一位国王生病了,他愿意拿出半壁江山来换取治愈的机会。智者们商议说,如果能找到一个幸福的人,让国王穿上这个人的衬衫,国王就会康复。于是,国王派遣使者四处寻找,然而搜寻多时却毫无所获。有一天,国王的儿子[王子]偶然听到一个农夫在自己的茅屋中说话:"感谢上帝,现在我的活儿干完了,肚子吃饱了,现在可以躺下睡觉了!我还有什么不满足的呢?"王子大喜过望,命人把农夫的衬衫拿走——但这个幸福的农夫实在太穷了,连件衬衫都没有。这则寓言的要旨似乎在于,那个没有衬衫的人并不像王国里的其他人那样"贫穷";所谓幸福,更多取决于一个人如何看待事物的结果,而不是一个人实际拥有的物质条件。

这则熟悉的训诫并不意味着一个人可以简单地创造自己的现实。按照此处的理解,"觉知"不同于幻想和发明。佩顿女士能够洞察到她的高年级学生是难以教化的,因此采取了相应的行动,比如给他们布置一些消磨时间的练习题。或者,她可以将他们看作自己肩负着教育义务的对象——她理应为他们付出真诚的努力。**这两组事实都是真实并存的(Both sets of facts are equally real)**。她的一些学生几乎放弃了接受课堂教育,只盼望着从学校毕业的那一天来临。与此同时,由于佩顿女士心甘情愿地承担起教师的角色，认为自己有义务接触并帮助他们。问题在于她会更关注哪一组事实，并将其作为行动指南。假装两者都不存在，是一种幻想（毋宁说是一种不负责任的行为）。但是，假设佩顿女士的觉知力对教育的结果没有影响，那她的做法将是一种盲目的行为。

在本章和下一章中，我强调个人觉知力在教学中的核心地位，并不是要贬低条件的重要性。托尔斯泰笔下那个没有衬衫的人或许感到很幸福，但如果他生病了，他就不像国王那样能够派王室的使者去寻求治病之法。环境和资源对任何教师的生活都有巨大的影响。此外，正如我们在前几章所看到的，每个学校的环境都会限制教师的行动。没有哪个老师能够完全自给自足地创造出一个与学校内外广阔的社会环境相隔绝的教室。先前的研究表明，教师工作的条件对他们的所思所想、所作所为都会产生或好或坏的影响（Huberman et al., 1993; Johnson, 1990; McLaughlin, Talbert, Bascia, 1990; Sikes et al., 1985）。

这种影响是如何产生的，以及会在多大程度上产生，仍然是一个复杂的问题，需要持续的探究和思考。这些问题属于更大的研究范畴，而这个范畴在当下仍然充满诸多疑虑。一个多世纪以来，社会科学研究仍未解决个人的身份认同和觉知力是如何形成的问题。打个比方，我们尚不清楚社会的影响到哪里为止，个人的影响从哪里开始。有关人类的个体或自我究竟是一种文化建构还是社会建构的断言，引发了诸多疑问；就像那些标榜个体拥有一种遗世独立的身份、能够不依赖外部社会生活的断言一样，始终令人存疑。我们无法确切知晓：个人的信仰、价值观、觉知力和行动如何以及在多大程度上由其所处的文化和社会塑造；反过来，这些特质又在多大程度上反映了个体自身的独特性情和道德敏感性。我们发现，为了实现多重目标，使用一些全球通用的术语来描绘特定的文化、社会和群体，是富有成效的。然而，当这些术语被应用于个体层面时，它们忽然变得刻板、僵硬，无法捕捉到个体的独特性。它们就像简单罗列的颜色：红、绿、黄、蓝、橙。与之相反的例子在于，一幅独特的画作，绝非各种颜色在其结构上叠加而成的总和。同样地，个体的力量也远远超出其所处社会、文化和经济环境加诸个体的影响的总和。

尽管四位实践者的经验很难成为普遍性推论的基础，但他们的证言和行动印证了教师由什么"塑造"这个问题是多么的复杂。显然，这些教师受到了他们的成长经历、教育背景以及当前工作条件的影响。他们也受到了同事、学生、管理者、朋友和家庭的影响。我曾论证过，他们还受到教学实践本身的影响，这种影响"召唤"着他们的知识、判断力和品格。然而，同样显而易见的是，我们不能断定他们的觉知力和行动是由这些因素决定的。他们每个人都不仅仅是各自所处环境中多种力量作用下的"产物"。每个人都是与众不同的教师，令人印象深刻；他们或许经常在细微之处表现出差异，但这些差异有着不容小觑的重要性。每个人都不能与他者互换，这正是我在第 1 章中提到的另一种职业维度，我也将在第 7 章进一步阐释。

教师们的证言揭示了他们对学校的复杂看法。一方面，四位教师都相信以学校为代表的正规教育过程的力量。他们支持自己为之工作的学校。他们表明，自己供职的机构总体上发挥着积极向善的力量，而非消极有害的。他们也会对学校的管理者、同事以及学校环境报以同情，并大方地承认他们从周围的人和环境中所获得的支持。

另一方面，教师们的证言也表明，学校的组织架构和运作方式有时会对他们的努力造成干扰，而不是发挥补益促进作用。教师们谈到学校规章制度带来的紧张局面。他们谈到要充分了解所有学生并欣赏他们的学习风格和能力，以及由此带来的挑战。除詹姆斯先生外，他们的班级平均约有 25

名学生——与其他一些教师相比，人数已经算少了，但如此小的班额仍然给个性化教学造成了困难。詹姆斯先生的班级平均约有 7 名学生，但正如我们所见，这些都是有特殊需要的学生；此外，他还担任教师和其他学生的心理咨询师（consultant）和辅导员（counselor）。教师们还提到针对每组学生的教学时间非常有限。佩顿女士和詹姆斯先生在公立学校的每节课时是 40 分钟；彼得斯先生在天主教学校的每节课时有 50 分钟；史密斯女士在独立学校只有 45 分钟（直到后来她设计了一套综合核心课程，才争取到了每天 90 分钟的课时）。哈里格夫斯（Hargreaves，1994）使用社会学术语"工作强度加剧"（intensification）来突出教师在繁忙、杂乱的学校中所面临的压力，他们在校期间必须在十分有限的时间内应对众多学生。这些情况使得教师难以践行我在本书中描述和阐释的职业条款。

倘若我的论证到目前为止是合理的，那么机构和职业之间的张力就不足为奇了。教学作为一种职业的概念并不等同于"在学校工作"这类对岗位的描述。我已经表明，四位教师对工作的看法已经超越了他们所处的特定环境。需要重申的是，这并不意味着他们对自己的学校不满，也不意味着他们无法从学校教学中获得意义和专业认同（professional identity）。事实远非如此。正如我们所见，这四位教师在他们的学校里都很活跃，参与纪律委员会工作、创设课程、以诸多方式与同事互动合作——所有这些都是他们在教学之外的时间和精力投入。从他们的同事、管理者以及家长和学生的大量非正式证言来看，这四位教师都是他们学校社区中备受尊敬的成员。

尽管如此，他们工作方式的决定性因素仍然是他们对自己、对学生和对教学实践的觉知。他们的觉知引导他们穿越迷宫，脱困于特殊、复杂且模糊的工作环境。正是这样的觉知影响着他们采用不同的讲授方式和课程工具。课程工具对于教学是必不可少的。但我马上会声明，如果教师缺乏愿景,这些工具就会像那些在缺水的沙漠里建造的汲水风车一样毫无用武之地。佩顿女士对自身角色的觉知——这种觉知不仅仅是在她工作的特定机构环境中浸润形成的——促使她从一所学校转到另一所更具挑战性的学校。正是她的觉知,决定了她是否只会用练习册来指导高年级学生,是否还会(像她曾经一度努力的那样)开发其他工具,比如实验和小组活动,并尝试以此激活学生的课堂参与。

授课方法和学科知识

本书探讨的职业理念更多地突出教师的性情、态度、信仰和价值观,而不是教学方法本身。我们遇到的教师都强调合理的授课方法在教学中是必不可少的。他们暗示,如果没有这些方法,不了解它们是什么、能够做什么,就像试图在没有画笔和颜料的情况下画画一样。然而,在任何教学概念体系将方法置于优先地位,其危险无异于给小孩子一把锤子,正如一幅熟悉的图景所示,这个孩子可能会突然把周围的一切都视为钉子。先前关于教学的研究已经充分证明了一个结论:如果一个人只是给未来的教育从业者培训授课技巧,而没有将这些技巧植根于一个更宏大的概念体系之中,那么接下来的事情就不足为奇了,这些准教师很快就会把他们的课堂和学生当作"钉子"——就像那些不管三七二十一就随意炫技的人。

这个类比并不意味着教学方法和技巧在教育体系中的地位不高。它们很重要,但使用它们承担起教师角色的那些人的个人特质同样很重要。相较于孩子和锤子的比喻,一幅更有希望的画面是一株欣欣向荣的植物。没有肥沃的土壤,任何植物都不能茁壮成长。同样,如果没有人愿意运用它们,任何教学方法论都不可能达到预期的效果——这个人必须是积极的、兴趣盎然的、专注投入的,并且对方法背后的原理及其步骤感到好奇的。本书所描述的职业使命感正是赋予教学方法以生命力,并使它们真正地为生活服务,而不是像彼得斯先生和史密斯女士所担心的那样,仅仅让方法成为使学生社会化、让学生通过考试,以及控制学生的工具,等等。总之,没有技能的职业使命感,徒劳无功;而没有服务意识的技能,反成祸害。

这些观点同样适用于将职业使命感与学科知识(subject-matter knowledge)相联系的讨论。四位教师都强调了理解学术知识在他们工作中的重要性。正如我们所见,为了加深自己在所教学科领域的背景积淀,他们四位都继续修读了大学课程。他们的努力使他们的课程富有教育性和趣味性。我们观察到,他们在课堂上遇到的一些最令人沮丧的困难——正如他们自己所言——往往可以归因于学科知识方面的差距和不足。

然而,他们率先**感受到**这类挫折的事实,再次证明了那些更大的决心和希望在他们的工作中发挥了积极的作用。如果没有服务意识,很难想象他们会如此在意自身的教学法改进或学生的智力发展。他们的描述还表明,对学术科目的热爱并非他们投身教学的主要原因,尽管这种热爱确实有助于在职业生涯早期为他们提供动力,而且一直持续至今。这不是要贬低他们对待学科的认真态度,这也并非意味着教学是在专注于学科内容和专注于学生成长之间做出的一种"选择"。任何学段的优秀教学都发生在这两者的交汇处。例如,史密斯女士在谈论她的学生以及谈论"历史"与"社会科"的时候,都表现出了极大的热情。然而,与此同时,她争取教更少的学生,主要原因之一是她坚信每个学生从她那里"需要得到更多"[的指导和帮助],而她也渴望通过个人影响力给予学生更多东西:

> 学生们需要有人去认可他们的独特性和非凡之处,并予以尊重和培养。我需要做的是,有能力去爱他们……我可以想象,当其他老师走

进我的教室,会成为一个更敏锐的老师、一个更会讲故事的人;这位老师也可能更擅长选择合适的教材,并且对历史和所有教学任务有着更深刻的理解。但我觉得,在爱孩子这方面,我做得不比任何人差。

史密斯女士深知,这些言论有一定的危险性,用她自己的话来说,它们可能会被解读为"故作矫情"或"自作多情"。她明确表示,"爱孩子"并不意味着放松标准去纵容他们的心血来潮或异想天开。她说她没有兴趣扮演"代理家长"的角色。但她强调,自己不仅关注学生的学习成绩,而且更关心他们未来最终会成为什么样的人。换句话说,她对学生的关怀既是面向未来的,也是立足当下的。简言之,她对学科的投入集中在一个更广阔的愿景之上,即希望成为学生生命中的一股积极向善的力量。这种期冀是四位教师工作的核心所在。

传统意识

我认为,职业和机构之间存在张力。后者的架构和目标有时难免阻碍教师实现其个人抱负。同样,在特定机构和更广阔的实践场域之间总会存有摩擦。教学实践的核心重点是学生的智力和道德发展,它并不等同于在某个特定环境中工作。这种教学实践的历史比任何一所现存学校的历史都要悠久,而且会比它们存在的时间更长。医学和法律也是如此,它们的实践环境比任何医疗机构和法律机构更为古老、规模更大。

这一观点需要详细阐述,尽管这意味着要超出本书四位教师的证言。如前所述,这四人都能超越当下的环境(immediate circumstances),从而看到了他们作为教师的更宏大的希望和目标。但他们并没有使用我刚才提到的历史性术语来表达这种超越性。根据以往有关教师观念和信仰的研究来看,许多教育从业者也不会这样做。然而,正如职业使命感可以引导一位教师在课堂上付诸努力——这一点已在前面的章节充分说明——历史意识和传统意识也可以起到同样的作用。如果一个人认为自己从事的是一种实践,其传统源远流长,其价值将长久延续,那么作为一名教师,这个人就可以获得额外的力量源泉,甚至可能是想象力的源泉。

这些源泉在一个人山穷水尽之际尤为珍贵,本书中的四位教师都描述过这种体验,这也是任何地方的教师都可能遇到的情况。除了前面讨论过的教学的复杂性和不确定性之外,许多研究表明,近年来,教师面临的社会压力似乎有所加剧(Beynon, 1985; Hargreaves, 1994; Powell, Farrar, & Cohen, 1985; Yee, 1990)。这些变化带来了一种令人不安的前景:作为一名教师,他们将感知到一种新型失败——即他们既不能代替父母或辅导员,也不能抵御商业和物质文化带来的竞争,更不能凭一己之力弥补学生多年来接受低质量教育的缺憾。然而,与这些当代压力相类似的挑战,一直以来都伴随着学校教学。例如,1895年城市教师所面临的困难有其时代性,鉴于迅速变化的经济、社会和文化环境,当今教师面临的挑战同样艰巨。除此之外,那个时代的教师不得不应对大班额的、文化背景迥异的学生,以及体系提供的不充分的物质资源和专业支持(Altenbaugh, 1992; Cremin, 1988; Cuban, 1992; Hoffman, 1981; Tyack, 1974)。简言之,教师面临的困难的形态和条件可能已经发生了变化,但挑战的本质属性却未曾改变。

这些挑战有时会引发一些问题,不拘泥于我们在本书中所听到的那些证言的表面,这些问题就会流露出来。例如:为什么要费心费力地教学呢?我所做之事有多大意义呢?作为教师,我只是孩子们遇到的众多教师中的一位,我又能对他们产生多少真正的影响呢?这些问题反过来可能会滋生更多的怀疑和忧虑。为什么要费心费力地为社会做事呢？我所做之事能改变社会吗？我只是芸芸众生的一员,这个世界又怎么会在乎我做了什么？我做的事有那么重要吗？为什么不赶紧抛弃这种公共服务的说辞,集中精力为自己服务呢？至少,这条道路似乎更容易、更确定、更加有利可图。

在教学中,历史意识和传统意识能够帮助人们克服这些疑虑。正如历史充分显示的那样,人类与其他生物的一个显著区别在于,人类需要**培育**共同生活的方式。其他生物无需面对这一挑战,它们只需继承而无需改变自然预设的"共存"之道。正因如此,诸如政治、道德和伦理等涉及尊重、正义和关怀的范畴对它们来说并不存在。它们生活在一个没有"好坏""优劣"之分的世界里。它们的世界是否因此而显得更高级,这是人类永远无法回答的问题。那是因为,这个问题本身就预设了此处提及的差异。人类,在某种程度上凭借他们的思想和自我意识,必须精心创设共同生活的路径。他们的确要面对善良与邪恶——或者用较温和的措辞来说,人类的前景是要生活在自己亲手创造的更好或更坏的世界之中。人们可以行善,也可以作恶。他们可以以其他生物难以想象的方式表现出"善",同样也可以表现出"恶"。因此,一个人想要生活在什么样的世界——或好或坏——并为这个世界的形成作出何种贡献,这是值得表明的立场。正如许多政治和宗教领袖试图提醒我们的那样,每个独立的个体都可以在善恶的天平上发挥作用。对于教师而言,尤其如此,因为他们比大多数人更有机会影响众多年轻人。

在第 2 章中,我引用了亨利·亚当斯的名言:"教师的影响是永恒的。他永远不知道自己的影响会到哪里为止。"(引自 Jackson, 1986, p.53)这种思想或许能为那些投身教育事业的人带来心灵的慰藉。但它也可能显得过于抽象。亚当斯所指的究竟是什么样的影响？教师又该如何施加这样的影响呢？回答这些问题的方法之一，是回顾本书提到的四位教师的证言。例如，佩顿女士的同事告诉她，他们很感激她教会了学生把科学视为一种探究的过程，而不仅仅是堆砌事实材料。当然，佩顿女士可能并没有对她的所有学生都产生过这般影响，我们也不知道有多少学生真正把科学理解为一种过程，或者在何种意义上他们会这样做。然而，不可否认的是，她的工作确实让一些学生能够在后续的课程中有所成就。换个角度而言，这一事实意味着，这些学生可能会影响那些**没有被佩顿女士教过的**同学。他们或许会通过亲身示范或口头传授来教会自己的同学，让他们也把科学看作一段美妙的发现之旅——或许还能用这种方式来理解学习本身。

试想一下，佩顿女士的学生从来没有遇到过她这样的老师。虽然这个假设有点伤感——人们会想到詹姆斯·斯图尔特（James Stewart）在电影《生活多美好》(It's a Wonderful Life)之中饰演的角色——但可以想象的是，若没有佩顿女士的教导，一些学生或许永远都不会明白科学不仅仅是一堆事实的集合。更为关键的是，有些学生可能永远无法领略到科学的核心之处所蕴含的那种探究的兴奋。许多教师可以为自己的工作构建一个类似的场景。思考一下，假如一个人从未受过教育，事情会变成什么样子，这应该会引发一连串关于面孔、场景和事件的想象。这些画面表明年轻人是如何听从老师教诲的。这种影响构成了一种网络，教师处于中心位置，通过网络线条与他/她的学生相连，这些线条也将学生彼此相连。一些更细的丝线将学生与他们在课堂之外认识的人联系起来，这些人可能会因学生从教师那里学习到和吸收到的知识而受到影响，而这也是教师工作的结果。正如我们所见，这种学习，既包括新的态度和性情，也涉及学术知识。

这张不断延伸的联系网络，随着时间的推移而具象化，构成了一个世

第 6 章　职业使命感

界;如果站在其中心位置的人不是教师,那么这个世界就不复存在了。**它将永远不会存在**。如果亚当斯所言是对的,教师永远无法看到这个世界的全貌,他/她只能意识到其中很小的一部分——但这一事实并不会动摇这个世界的存在。此外,以上这段论证仅刻画了一位教师。但只要稍微想一想那些曾经教书的和现在仍在教书的人数,就会发现,教师在智识、社会和道德方面的巨大影响是令人瞩目的。在全世界的各类社会中,教学实践的重要性因此凸显了出来。

教学中的这种历史意识和传统意识可以帮助教师将他们当下的处境置于更宏大的背景下,从而为他们的工作增添深远的意义。他们从事的实践由来已久,其现下的影响无处不在。与其尝试"改造世界"——这似乎是激励许多新教师的理想主义目标——他们或许会更努力地改造课堂环境,一遍又一遍地重塑,使自己的课堂尽可能具有教育意义。我们遇见的教师表明:教师能产生最大影响的地方就是他/她鼻子底下的三尺讲台,因此,优质教学的核心任务在于学会关注眼前的事物。

然而,这一论点可能无法触及教师心中更深层次的恐惧,比如一旦离开教学队伍就会被遗忘的惨淡前景。毕竟,谁还记得19世纪的乡村教师呢?从表面上看,当然没有人记得。但这是否意味着那位教师的影响已经消散,最终消失了?是否就像一块石头投入水中激起的涟漪,层层荡至彼岸,最终归于平静了呢?如果到目前为止的论证是有效的,那位教师的影响如今依然存在——尽管形式有所不同——就如同他/她当年站在木制的课桌椅前,手里拿着粉笔和卷边课本的情形一样。这种影响在楼宇、工具、艺术以及更多的东西中得到了体现,这些事物是由童年时期曾经身处课堂的人们构建的,学生们也许在不知不觉中,吸收了一个想法、一种看待事物的方式、一项技能,这些成为他们成年之后工作取向的一部分,而又被他们自然而然地传承了下去了。从那位教师走进学校的第一天起,他/她就开始编织那张网络[1],其丝线仍在不断延伸。

当然,网络也可能成为束缚与纠缠的源头,而不仅仅提供坐标和支撑。因此,教师们理应竭尽所能采取一切措施,确保从他们的核心工作辐射出来的是积极有益的能量,而非破坏性的力量。在下一章,也就是最后一章,我将展示如何认真对待职业观念以便提高实现这种积极结果的可能性。

1　译者注:泛指前文所述的联系之网、意义之网、影响之网。

第 7 章　教学必须是一种职业吗？

137　　20 世纪 50 年代至 60 年代期间，人们对学校的功能有着相当多的怀疑（正如今天某些领域仍然延续着这类怀疑）。科尔曼（Coleman，1966）在当时发表的一篇广为人知的有关教育公平的报告似乎表明，学校"围墙"之外的力量对学生是否在学业上取得成功发挥着决定性的作用。[1] 这份报告和其他类似报告似乎都在暗示，教育工作者在影响年轻人方面所能做的事情极其微末有限（painfully limited）。此外，社会公众不仅怀疑学校的影响力，还普遍质疑教师，认为他们无论如何都无法胜任这项任务。在行为主义的影响下，当时出现了大量关于"教学机器"的讨论——从表面上看，这项技术可以取代人，并能在学校等环境中产生更高效率、更可预测、更有保障的教育结果。

尽管时代变了，但在课堂上用机器代替人的想法无疑仍然会让读者感到荒诞。值得一提的是，自 20 世纪 60 年代以来，许多研究都表明，学校和

---

[1] 译者注：1966 年，美国社会学家詹姆斯·科尔曼（James Coleman）及其团队受政府委托完成了一份题为"教育机会平等"（Equality of Educational Opportunity）的工作报告，也就是后来著名的"科尔曼报告"（the Coleman Report）。该报告针对美国 4,000 多所学校 60 多万名中小学生进行调查分析，得出一些重要结论，例如：学生学业成就的差异，与学校教育几乎没有明显关联，而更多受家庭社会经济背景的影响；美国公立学校中存在着严重的种族隔离问题；校际间差距对不同种族的学生有不同的影响。该报告发布近半个世纪以来，在美国和世界范围内掀起有关教育机会均等的持续讨论与反思，也激发了国际学界继续研究学校教育投入对学生学业成绩的影响。

教师**的确可以**影响学生的学习（Jackson，1992；Wittrock，1986）。本书前几章的分析也支持了这一结论。它也澄清了教师们自身长期以来的所感与所知——即实践是复杂的、费时费力的，而且其形成的条件和达成的影响往往都是模棱两可的。具有讽刺意味的是，教师面临的挑战可能会时不时地让**他们**产生让机器辅助自己的愿望——机器可能会在恰当的时间识别出正确的教学方法和技术；可能有助于教师熟练驾驭自己的学科，并帮助他们决定在什么时间教什么；可能有助于教师关注年轻人的智力和情感是如何发展的，从而让他们知道应该如何对待特定的学习者。

当然，这样的机器永远不会出现。谁能给它们编程呢？谁能让它们细致、敏锐地阐释教师为了激发学生的潜能、能力、情感和希望所做出的努力呢？假如有程序员能以这种方式为机器编程，难道不意味着他们本身就具备这些天赋吗？哪一组程序员能拥有这种资格？哪一群人对教师工作曾经抱有这种奥林匹斯式的神圣理解？技术将永远是教师的有益资源，而且随着技术的成熟和"用户友好型"技术的发展，这种资源将越来越多。但很难想象一台机器能完成教师的所有工作，即不断识别和回应学生在学习和成长过程中的兴趣、困难、挫折和快乐。

批评者可能会揶揄地回应：如果程序员是特蕾莎修女（Mother Teresa）和马丁·路德·金（Martin Luther King, Jr.）那样的人呢？或者是像爱因斯坦（Albert Einstein）和圣雄甘地那样的人？如果机器拥有这些人的智慧、同情心、知识和远见，我们会不会被"教学机器"的理念吸引呢？即便是一个爱因斯坦式的机器人或马丁·路德·金的替身，难道不也远胜于那些普通的课堂教师吗？［然而，］金本人以及与之志同道合的知名人士恐怕也会反对用机器代替教师的想法。他们会明确拒绝这样的建议，正因为他们对人类生活抱有深刻理解。他们也许会说：没有人愿意生活在这样一个世界里，在那里，人类最后的老师是机器而不是人。教育是而且将永远是一项充满挑战性的事业，但转向非人类（nonhuman）并不能解决人类的问题和迷惘。任何洞悉世事逻辑因果之人，既不会再表达道德上的沮丧，也不会试图拯救不可预测的人性，从而向往一个运行顺畅、万无一失的非人类的机器世界。[因为他们知道]弱点和天赋并存的人类，胜过任何无生命的完美机器。

然而，其他批评者可能会指出，有时候，[教师的]弱点多于天赋，给孩子们带来了不幸的结果。他们可能会回想起这样的事实，在各级教育系统中，总有些教师既不对学生的事情上心，也不了解他们所教的科目（Goodlad，1984；McLaughlin et al.，1990；Sirotnik，1983）。他们可能会争辩说，虽然教学机器的想法是荒谬的，但其背后对公共责任和质量标准的承诺却是可靠的。我们在这本书中遇到的四位教师对这种说法并没有异议。他们的例子不仅说明了个人奉献在教学中的重要性，而且说明了服务意识（sense of service）如何能上升为一种回应公共责任的积极而富有想象力的承诺。他们并不是特立独行的实践者，也不会回避或忽视社会对他们从事青年相关工作的期望。相反，他们接受与角色相关的责任。从他们的证言和行动来看，他们将这些公共责任与自己作为教师的目标成功地融合在一起。这一事实有助于解释为什么他们每个人都是如此与众不同的教师，是其他任何人或物都无法取代的——这与机器形成了对比，让我们再次强调其差异：机器的构造是可以预测的、一模一样的以及可以替代的。

本书最后一章的目的之一是探讨这四位教师所表现出的职业倾向（vocational dispositions）是否应该构成评价教师实践的标准。本章提出一个问题：教师必须把他们的工作视为一种职业吗？为了给出我自己的预期回答，我将表明，把教学作为一种职业并不要求教师"放弃一切"，成为无私的公仆。远非如此。佩顿女士、彼得斯先生、詹姆斯先生和史密斯女士都拥有大家庭和广泛的朋友圈,他们从那些亲情和友情的源泉中获得了大多数人终身追求的意义。他们是他人的朋友、配偶、父母、邻居等等;例如,他们之中有三个人已经结婚并有了孩子。然而,与此同时,他们**对待**教学的方式,最好通过职业的语言(the language of vocation)来理解。[1] 正因为这样,他们**打工(while on the job)**的时间和努力——也就是说,在思考和做事的同时——会产生相当可观的个人回报,以及影响学生和同事的机会。

我将论证,将职业宣之于口不应该成为录取教师的标准。相反,职业的理念是一面镜子,所有未来的和现在的教师都可以看到它。它是一面镜子,邀请教师进行自我检查和自我反思。它要求教师思考自己在多大程度上履行了与教师角色相关的责任。它要求教师拿出最好的状态来面对学生。它敦促教师至少要把自己的工作当作一种职业来对待,不论他们实际上是否这样认为。我认为,采取这种立场将使教学成为更加有趣和充实的活动,而不同于它表面看上去的样子。它使教师能够如社会期望的那样对学生产生积极影响,而这也是他们自己当初第一次考虑走进课堂时所能想象到的状态。

我在这一章的开头阐明了职业使命感与尊重教学实践所构建的公共义务是如何相辅相成的。这一讨论将为阐述职业的理念奠定基础——一个以服务为中心的理念——它如何能够为教师自身服务、为那些渴望教书的人服务,以及为那些希望更好地了解教师及其工作的人服务。尽管教师在我们这个时代面临着教育、社会和政治等诸多方面的困难,但为什么"教学作为一种职业"是一个具有现实性的目标,在本章和本书的结论部分,我将对此展开评论。

---

1 译者注:如前面章节所描述的,此处"职业的语言"可以理解为用以描述教师的职业特点、职业精神和职业使命感的一系列概念、术语及其话语体系。

职业与公共责任

在前几章中，我已经将教学职业和通常发生在教学机构（即学校）中的教学实践区分开来。我试图强调的是，这些区别并不意味着教师必须选择为他们的职业或学校服务。教师的实践境况和他们供职的机构制度之间总是存在冲突。这些冲突是伴随学校工作而生的，它们本身并不会导致教师质疑实践和学校的有效性。正如四位教师所证明的那样，学校总会限制教师做的事情。然而，学校也提供了有价值的共同体形式和专业支持。在这种情况下，教师们必须应对的挑战在于如何平衡他们的个人目标和公共义务，这是他们在制度生活中需要做出的评判。

教师从事教学，不是为自己服务，而是为他人服务：为学生服务是首要的，当然也会扩展至为他们所生活的社区和社会服务。不仅如此，教学意味着以不同于其他实践的方式为学习者服务。想要"帮助"年轻人并不等同于开展教学。一个人可以作为家长、顾问、牧师、医生等角色来为年轻人提供帮助。但这些实践均不同于教学实践。没有任何一种实践像教学那样，以正式和公开的方式把年轻人的智力和道德发展置于中心地位。另外，一个人付诸某种社会努力可能会获得成功——比如，成为一个成功家长——但并不意味着他一定会成为一名成功的教师，正如一个成为雕塑家的人并不一定会自然而然地在绘画、诗歌或任何其他艺术方面取得成就。教学和医疗这类社会实践是非常独特的。它们都要求实践者认可随之而来的特殊责任和义务，而不是忽视这些责任和义务，或是强迫自己接受。

尽管教学作为一种实践随着社会变革而发展，但它仍然是一种直接参与社会塑造的公共行为。因此，该社会的成员有权对"教什么"和"如何教"

提出评判意见。教育家和哲学家们也将继续争论哪些内容纳入教学以及教学中还存在多少棘手的问题（Barber，1992；Goodlad et al.，1990；Gutmann，1987；Strike，1991）。然而，除了最顽固的个人主义者，所有人都会同意教师对他人负责。教师并不完全彻底地"拥有"他们的工作。[1] 正如罗森霍尔兹（Rosenholtz，1989）所说，他们必须做更多的事情，而不是寻求"通过选择最适合的[教学]目标来增强他们的自尊"(p.15)。我们遇到的四位实践者充分描述了教学的智育和德育目的，这些目的不是由教师"选择"的，更不是凭空捏造的。正如我在第6章讨论"召唤源"和"受召唤者"时所建议的那样，实践本身塑造了这些目的。此外，职业和实践都深植于特定的社会之中，没有这个社会，它们自始便无存在的理由。简言之，教师在一定范围内掌控他们的课程和教学方法，他们就必须准备好面向更大范围的公众为自己辩护。

　　他们在地方性的环境中必须这样做，这就让我们把话题转回到机构。学校，以及那些鼎力支持学校的公众，为教师奉上一份薪俸以及随之而来的种种福利。他们还赋予教师非金钱所能衡量的奖赏，如成为某个社区成员的资格、获得提升智识和教学能力的契机，等等。实际上，教师必须对他们所在的学校和他们所服务的社区负责。他们必须承认不同主体的利益和目标，并据此给出一份精心的回应。这意味着，教师不仅要关心学生，还要关注同事、部门主任、校长和家长等。值得强调的是，以尊重的方式回应这些人，并不意味着要把教什么和如何教的控制权拱手让给他们。这种控制实际上是不可能的，因为每个实践者都会以独特的方式解释和教授内容——不管谁来定义它——不管外界的意愿如何（Jennings，1992）。然而，这番论

1　译者注：原文为"Teachers do not 'own' their work lock, stock, and barrel."结合语境理解，意指教师的工作内容非常琐碎，他们并不能完全决定或掌控自己所做的工作。

第7章　教学必须是一种职业吗？　　189

证的确意味着，一个教师不能傲慢地踏上独行之路，仿佛这是他/她凭借个人智慧就能掌控的一场私人实践之旅。正如我在开头建议的那样，照照镜子，看看职业蕴含着什么，可以提醒所有从教之人关注它的核心事实。

界定社会应在何种程度上、以何种声音去参与塑造教学的条件，这个话题超出了本书的范围。古特曼（Gutmann，1987）认为，在一个民主社会中，教师理应得到坚实的保护，以免受到过分的社会需求的侵扰。他们应该对家长和其他公共利益做出回应，但不应该被迫向他们卑躬屈膝。根据古特曼的观点，教师应该被授予权威（authoritative）地位——不要将其与威权主义（authoritarian）相混淆——鉴于他们在公共教育第一线工作的优势，他们能很好地引领年轻人参与学术学习和提升民主公民素养（对于古特曼观点的批评，参见 Bilow，1988；Hansen，1991；Strike，1991）。

承认职业在教学中的地位证实了上述观点。职业一词强调了一个事实，**那就是**，社会在影响和评判教师所做之事方面的作用是有限的。领悟职业的理念，或许有助于教育系统中的其他人认识到，教师对学校及其选民有义务，而管理学校的人对教师也有义务。当我们想到一个人的职业使命感可以被当权者利用甚至操纵时，重申职业观念就变得愈发紧迫。古斯塔夫森（Gustafson，1982）警示道，一个有召唤感的人（a person with a calling）可能会在不经意间让自己"因深厚的职业使命感，而否定了正当的自我利益，甚至否定了正义"（p.505）。埃吕尔（Ellul，1972）认为，职业已经被当作"给护士、社会工作者、牧师、教师支付较低工资（有时根本没有工资）的一种借口"（p.12）。埃米特（Emmet，1958）写道："在过去，像护士这样的人经常被剥削……因为他们被假定为是有职业的。"[1]（p.255）他们"被假定为"那个

---

[1] 译者注：结合语境可以理解为"人们假定护士这份职业就该如此"。

本就应该为共同利益(common good)而牺牲的人，因此压根儿不需要什么制度支持(Chambers-Schiller, 1979; Hoffman, 1981)。

正如道格拉斯(Douglas, 1986)所揭示的，机构似乎经常有自己的考量。它们似乎经常按照自己的逻辑运行，而这种逻辑可能与在其中工作的个体的需求和谐一致，也可能大相径庭。那些构建和管理机构的人，时刻面临着因忽视职业条件而引发的持续危机，这可能导致人们难以将他们的服务意识付诸实际——或者可能因缺乏个人成长更新的机会而使其服务意识消耗殆尽(Bolin & Falk, 1987; Hargreaves & Fullan, 1992)。这些条件的匮乏往往会使那些想要行正确之事、为他人服务的人步履维艰。埃米特(Emmet, 1958)主张建立一定的制度结构，从而给予并支持个体实践者的自主性。她通过区分社会伦理与个人伦理或职业伦理(vocational ethics)来阐明自己的观点。"社会伦理，"她写道，"应该关注功能和地位的问题。"这一主张让人想起上文关于教师有义务回应学校和社区的需求和期望的论点。教学确实体现了这样一种社会伦理。但是"'职业，'"埃米特继续写道，"把我们带入了一个社会无法约定俗成的个人伦理领域"(p. 255)。埃米特也将个人伦理"领域"称为"职业伦理"之一。它包含了个人的目标、动机以及道德和理智判断的标准。它让人们注意到这些因素在个体与他人一起工作的过程中是如何发挥作用的。正如埃米特所言，职业伦理，强调"人与人之间的关系，人们受(个人优势和)力量驱使，从自身内部激励中寻找到自己[与他人合作共处]的工作方式"(p. 253)。

前几章的分析表明，埃米特(Emmet, 1958)所说的职业的"内在激励"(inner incentive)特征——"防止人们把自己的工作当作例行公事"的一种激励(p. 255)——值得被尊重和支持。我们遇见的四位教师，以及遍布各地的、与他们的职业精神相类似的同行，显然都不只是受到工资和物质利益的驱动。他们在教育系统中承担的任务，很少有其他人能够胜任。很少有人会花费如此之多的时间和精力去培养学生的思想和品格。为了完成他们的工作，教师需要一些条件支持才能践行职业伦理，也就是说，要允许教师对个别学生的需求和问题及其最佳解决之道做出自己的判断。鉴于这项工作的公共意义，教师应该准备好捍卫自己的判断；即便其判断被证明是错误的，他们也能够加以改善。但他们不应该被迫接受未经自己参与制定的问题解决方案和策略。他们不应该仅仅为了满足官僚主义的需要而被迫搁置自己的个人判断和动机。他们理应获得这些支持，因为至少在原则上，教师是为了帮助学生在提升能力和规划未来方面做出许多重要决策才受到雇佣。剥夺他们的自主权将破坏实践的基本规则。这也将削弱教师行为的独立性、创造性和想象力，以及他们帮助下一代提升这些品质的能力，而这些品质对于社会而言至关重要。

　　简而言之，职业的理念不仅唤起人们对教师实践义务的关注，而且也凸显了一个问题，即正规教育系统如何以及能否支持个人努力和创造力。它要求系统的管理者，在诸事繁忙之余，审视自身的职业使命感，并追问自己是否秉持服务精神而行事，特别为了那些他们最应给予支持的对象：即教师，以及通过教师而支持的学生。"这正是需要行政管理者的智慧和想象力的地方，"埃米特（Emmet，1958）竭力主张道，"事实上，行政管理本身也需要职业素养。"(p. 256)

　　教师必须始终在公共义务与个人教学信念和目标之间寻求平衡。个人创造力和原创性之间一直存在着——而且还将继续存在——张力，正如有些职业伦理体现在职业法规之中，另一些则存续于学校等机构的实践之中。像我们遇到的四位教师一样，他们将永远面临着"忠于"职业伦理的任务。他们必须紧握对于自身的角色信念，并有勇气做出教学所包含的理智和道德判断。但他们也必须时刻注意社会伦理——他们的公共职责和义务——特别是体现在教学实践中的那部分,因为它在机构中发挥作用。前几章的分析表明,当一个人努力整合工作中的公共维度与个人维度之时,职业使命感如何能够为其提供支持[使其为之振奋]。在成功塑造教师角色的过程中存在诸多真实的困难,职业使命感可以避免个体以绝望无助和逆来顺受的方式做出回应。

职业之镜

点燃从教兴趣

教师们无论身处何方,皆怀揣着一个共同的目标:点燃学生学习兴趣的火花。他们想要引领学生领略探索新境的奇遇和乐趣。他们希望吸引学生步入其学术科目所蕴含的经验与成就的世界。

同理,将教学视为一种职业,可以使教学实践者对它更感兴趣。这种认知可以扩大一个人的视野,让一个人在工作中看到更多的东西,这些东西也许最初并未映入眼帘,或者无法通过描述一份纯粹的、功能性的差事来理解。它可以揭示出个人的创造力和想象力究竟在教学过程中发挥多大的作用,即便是在体制条件不理想的情况下。正如四位教师的证言所述,职业的理念将认知的焦点转向了这样一种方式,即教学中的挑战性和复杂性成为工作中的**兴趣源泉**(sources of interest),而非需要克服的障碍或令人沮丧的难题。教学不再是一连串亟待处理的、令人烦恼的"问题"——诸如必须创建课程、开发合理的指导方法、评估学生的作业,等等——而是一系列开放且延伸的崭新机遇和可能性。

我所使用的"兴趣"一词，有赖于杜威（Dewey，1897/1973）对这一术语的发展。杜威认为，兴趣不仅仅是"偏好"，比如对某个品牌的软饮料的喜欢胜过另一个品牌。它与这个人是谁有着更为实质的关联。一个人对一些更宏大的关切或议题抱有兴趣，有助于塑造这个人的信念、信仰和态度。兴趣能激发人的思想和想象力。它激发了更深层的好奇、迷恋，甚至是奇思妙想。它意味着对待事物不是采取一种疏离的立场，而是一种参与的立场，这样一来，一个人的兴趣就会影响他/她对事物的看法和定位。我们遇到的四位老师都对一个共同的目标感兴趣：教学。从他们的课堂工作和反思中可以看出，他们沉浸在教学之中，使他们有可能对学生产生积极的影响——远比教师采取疏离立场、只是严格遵循官僚主义教学方式而产生的影响要积极得多。教师的证言揭示了课堂教学兴趣与成功之间的相互关系。一方面，教师对工作的积极兴趣促使他们更加认真地对待学生，并尝试以新的、更好的方式与学生合作。另一方面，不断开发和创新教学方式也加深和激活了教师对教学的兴趣。

个人能动性与不可互换性

我在第1章指出，将教学视为一种职业，就是怀揣一种可能性，即［相信］自己奉献给教学的东西是他人无法企及的。它意味着一个人有可能做出独一无二且有价值的贡献。当然，若将自己视为无法与他人互换的、或是无人可以取代的，可能会滋生傲慢。这种态度于教学工作而言是不合适的。然而，通过职业的概念来理解，感知到一位教师拥有某些与众不同的特质，意味着欣赏这位教师所能触发的、无法被他人复制的意义网络。在前一章中，我曾论述，这些意义网络可以远远超出教师的职权范围——甚至超越教师一生的意义。作为一名教师，假定自己是其他实践者无法替代的，不仅不会导致过度自负;相反,这会让教师生出一种信念,确信自己在课堂上能够有所作为,并且值得为此而努力。

然而,批评者可能会回击说,这种论调更适合描述父母或朋友。所有人都会迅速赞同一句话:每一对父母都是不可替代的。大多数人可能也会对他们的朋友说同样的话。但是,教师是这样的吗?佩顿女士、彼得斯先生、詹姆斯先生和史密斯女士真的就像我们的父母和朋友一样不可互换吗?这难道不是假设老师在学生的生活中扮演着和这些人同样重要的角色吗?批评者可能会指责说,这种主张言过其实了。他或/她可能会要求我们考虑专业人士的工作性质。专业人士受过良好教育和严格训练,并且遵守专业行为准则,专业人士存在的一个非常重要的意义在于他们是可以互换的。某种专业的兴衰成败并非取决于任何一个成员的行为,而是取决于所有成员的集体行为。从理论上讲,如果事先收到通知并做好准备,每个专业人士应该都能接替他/她的同事的任务。批评者可能会坚持认为,从更广泛的公共服务和职能履行的角度来看,好医生、好护士、好律师**和好教师是完全可以互换的**。此外,批评者可能会补充说,这本书的论点本身似乎就暗示,教学实践的意义高于其他任何领域实践者的努力。既然如此,人们就可以得出结论:只要教学实践本身与它所依托的社会一起蓬勃发展,教师就是可以互换的。

这个论点听起来颇像一个常识。很明显,在批评者使用的强调功能性和专业性的话语中,教师是可以互换的。经过适当的准备并给予充足的时间,史密斯女士可以接替佩顿女士的职责,反之亦然。此外,本书对职业的分析表明,这四位教师无论作为个人还是作为教师,都具有某些共同的品质,从而使他们能够取得成功。例如,正如我们所看到的,他们展现出耐心、专注、精力充沛,以及关键时刻的勇气。他们表现出对自己所做之事的反思能力,以及教师必备的自我成长和提升的能力。人们可能会得出结论,本书的重要启示并不是每个老师都是独一无二的,而是所有老师都应该具备这类品质倾向并做好适当的工作准备。因此,有人可能会加入批评者的行列一同发问:[你反复强调]教师是不可替换的,这有什么好处呢?

这个问题可以反过来回答:**不采取**上述论调意味着什么?将教师视为可替代或可互换的,又意味着什么呢?首先,这种立场可能意味着放弃本书所阐释的职业的语言——并非用专业的话语取而代之。更确切地说,它可能会导致人们倒退回对"职业教育"(vocational education)的通俗理解,即一个人为了获得一份任务零散的、有报酬的差事而做准备。在第1章中,我将"差事"(job)描述为一种由重复性的事务构成的活动,其内容不受干活儿的人影响。若用这些词汇来描述教学,便是将教学等同于流水线上的劳动,在这种劳动中,任何一个劳动力都可以轻易地与另一个劳动力互换,因为所有的要求都已预先设定,几乎不需要个人判断或反思。然而,正如本书所记录的那样,教学实践不能被简化至此,而使其更宏大的智慧与道德意义几近干涸。许多教育者都认为,教育系统中的制度性命令威胁到了教学,将其转变为一种"去技能化"的劳动形式(Apple, 1979; Callahan, 1962)。

批评者可能回复说,上述情境恰恰证明我们为何需要关注专业理想(the ideal of a profession)。他们可能继续论证,那种理想,既不意味着教师的去技能化,也不意味着教师不可互换。相反,它激发了一种认识,即个体是更宏大事业的一部分;这种观点反过来又能促进专业行为。我在前一章中也提出过类似观点。但我认为,职业和实践是共生的,二者都不等同于"在学校工作"。如果没有实践,教师就失去了工作的载体。然而,如果没有那些具备想象力、主动性,并且能把这些特质传承给下一代的教师,实践本身也会消失[1]。

但是，职业和专业并不是共生的。诸如法律或医学等专业的从业者，即便不理解职业的要义，他们也可以继续完成工作。专业人士在履行职责时可以不必考虑他们的工作有可能成为他人特性的一部分［影响他人命运］。一些批评当代法律、医学和其他专业的人认为，这种状况正是这些专业的症结所在，使它们脱离了真正的社会需要。批评者们指责这些专业在其从业者和公众之间构建了官僚的和政治的障碍（Gotz，1988；Labaree，1992）。他们宣称，这些专业以一种偏颇失衡的方式关注其地位、声望和回报。而专业理念的捍卫者反驳说，专业容易受到腐败的影响，但这并不意味着我们应该放弃专业的坚守或轻视专业的成就。相反，这意味着应该不断改革和更新专业，而且专业内部成员应该公开阐明和捍卫他们的工作，并在这项政治任务中发挥带头作用（Brown，1994）。类似的批评也可能指出，职业的理念也会被腐蚀，例如，当它滋生出一种多愁善感的、怪异独特的教学观念之时。他们可能会说，教师在政治上是软弱的，除非教师队伍把自身塑造成为一个具有专业权力和声望的、广受社会认可的组织，否则这种职业使命感很可能被证明是无效的。

关于教学是否应该被视为一种专业的辩论已经超出了本书的范围，这是一场今天正在激烈进行的另一场辩论（Burbules & Densmore，1991a，1991b；Goodlad et al.，1990；Gotz，1988；Herbst，1989；Labaree，1992；Sockett，1993；Sykes，1991）。我的观点是，"专业"和"职业"这两个概念既不相同，也不相互依赖。在探讨专业本质的重要书籍的索引之中，很少列出"职业"或"召唤"这样的术语（Abbott，1988；Freidson，1994；Kimball，

---

1 译者注：作者再次强调，职业和专业不是同义词，职业理想不等同于专业理想。

1992)。这一事实本身就证明了这两种理念所突出的关注点不同。"专业"（profession）揭示了在特定社会中一个有组织的岗位所发挥的功能，以及支撑这些功能的目标和目的（Emmet，1958）。这一概念让人们将视线从个体的行为上移开，转而关注社会分工所依赖的更广阔的经济和政治图景（Abbott，1988；Freidson，1994）。相比之下，职业在本质上是一个个性化的概念，尽管我已经说明了它如何与公共服务相互关联。在实践中，有职业倾向的人不必也通常不会担心专业利益，如更高的报酬、公众认可、政治权力和声望等。在本书描写的四位老师的证言中，这些担心几乎完全不存在。他们的言语和行动都聚焦在学生身上，聚焦在他们尝试教给学生的事物上。他们这样做的回报和动机均来源于对教学实践的"内在考量"。简言之，正如前几章分析的那样，他们的话语是职业的语言——一种带我们**进入**而非远离他们个体经验的习惯用语。在这方面，职业的理念与其他理念的作用并无二致，它有助于捕捉那些为他人服务之人的动机和精神（参见：Colby & Damon，1992；Coles，1993；Wuthnow，1991）。[相比之下，]"差事""岗位"和"专业"等术语所能提供的帮助就很有限。我们需要一种话语，能够认可并唤起人们对教师的目的、愿景和行动的关注，这些教师是带着服务意识来工作的。我试图在本书中提供这种话语。

当人们承认许多教师所做的不仅仅是在系统中填补一个角色，"教师是不可互换的"（teachers are noninterchangeable）这个前提就变得重要起来。我们遇到的四位教师以不同的方式开启了他们的职业生涯，他们最初对教学都抱持一种功能性的态度——"我怎样把活儿干完（并在克服困难之后生存下来）？"然而，多年来，这种倾向已经发生了演变，教师们开始考虑所教授的学科内容与学生之间的更广泛关系。随着经验的积累，他们越来越多地开始塑造教师的角色，而不仅仅占据教师的身份。他们开始从更丰富、更广泛的视角来理解学生和教学。这些变化并没有让他们的工作变得更容易或更轻松。相反，它们使教学变得更复杂、更具挑战性，有时甚至更令人困惑和沮丧。佩顿女士并没有选择只是简单地给高年级学生发放练习册。但是，这一行为本身给她制造了全新的困难。她得努力寻找有效的方法与学生沟通，并为他们构建合适的课程。詹姆斯先生相信，如果给[特殊]学生提供在课堂上学习数学的机会，他们就有可能获得成功。但这种扩大教学范围的尝试给他带来了新的问题。现在，很突然地，他不得不学习和实施整组教学策略(whole-group teaching strategies)，而他在此前的职业生涯中一直都是单独辅导学生。这四位教师述说的变化展现了他们在平衡熟悉事物与新生事物方面遭遇的持续挑战，以及在直面冒险时仍保有的自信心和效能感。

正如四位教师所述，一个人从冒险中获得的个人成就感是巨大的。但是，正如他们的证言所示，出乎意料的挫折和困难同样是真实的。然而，教师们描绘的是一种与日俱增而非日渐消弭的教学承诺与责任感。前几章的分析表明，当他们认识到教学的意义之时——当他们察觉到教学是一种向善的可能性力量之时——他们就会对教学更加投入。可以说，他们的职业取向是随着工作展开而形成的，他们也意识到自己可以进一步推动自我发展，在此过程中，他们既没有把自身的教学潜力消耗殆尽，也尚未将其完全开发释放出来。

托尔斯泰的故事《三个问题》是一则古老寓言的广泛流传版本，它揭示了职业在教学中的显现——或者说被承认——取决于观察的角度。一天，一位国王断定，只要他能回答三个问题，从此他就永远不会失败：人生中最重要的事情是什么？什么时间是着手做这些事情的合适时机？以及在做事的时候，谁是他应该听取意见的适当的(和应该避开的)人？他承诺，任何能给他提供答案的人都将获得丰厚的奖赏。但是，从四面八方赶来见他的博学之人，却给出了许多相互矛盾的建议，这使国王感到困惑和烦恼。因此，他没有理会这些建议，而是把自己伪装成一个农夫，走进树林去拜访一位以洞察力而闻名的年长隐士。他发现隐士正在花园里挖土。国王注意到这个人的虚弱和疲惫，便接过了挖掘的工作。他挖了好几个小时。在这段时间里，隐士对他的问题始终一言不发。

突然，就在太阳落山的时候，一个受伤的男子跟跟跄跄地从森林里走了出来。他的腹部被刺了一刀。国王为他处理了伤口，还把他抬进了隐士的小屋。安顿好伤者之后，疲惫的国王睡着了。第二天早上，他醒来时发现那个正在康复的陌生人目不转睛地盯着他。这名男子承认，他埋伏在此处就是为了杀死国王，因为国王的手下多年前对他的家人造成了伤害。这个人一直在树林里等待时机，但是国王根本没有从隐士那里回来。当他去找国王的时候，偶然碰到了国王的士兵，他们认出了他，并在他逃脱之前刺伤了他。这人请求和解，国王也很乐意地答应了。最后，在离开之前，国王再一次向隐士求教那三个问题。隐士正在弯腰播种，抬头看了看他。"你已经得到答案了。"隐士平静地说。国王目瞪口呆。隐士继续说道：

如果你昨天没有对我的虚弱报以怜悯，帮我挖了这些苗圃；而是一个人原路返回，那家伙就会半路袭击你，你就会后悔没有和我待在一起。因此，最重要的时间，就是你挖苗圃的时候；最重要的人，便是我；最重要的追求是为我做好事。后来，那个人跑到了我们这儿，最重要的时刻，是你照顾他的时候，因为如果你不给他包扎伤口，他就会在没有与你和解的情况下死去；因此，他是最重要的人，你为他所做的就是最重要的事。记住：重要的时间只有一个——**现在**。它之所以重要，是因为这是我们唯一能主宰自己的时候;最重要的人就是**和你在一起的人**,因为谁也不知道这个人是否还将与其他人打交道;而最重要的追求就是**善待他人**,因为人来到这个世界上,就是为了这个目的。(Dunnigan,1962,pp. 87-88)

托尔斯泰的故事揭示了借助自我反思和询问来审视个人经历的教育价值。国王可能并没有得到他那三个问题的正式答案。但到了行动的时候,他知道该做什么,尽管他没有意识到自己其实知道该做什么。当"答案"就在他眼前时,他还试图从别处寻找"蓝图"。他留下来帮助隐士,而当另一个人处于他的情境之中,可能会因为得不到答复而径直离开。与此同时,换一个人站在隐士的立场上,可能会迅速地给出建议,从而剥夺了国王学习经验的宝贵机会——这个故事让人想到:也许国王和隐士就像教师一样,都是不可互换的。

我们遇到的四位教师,从开始教书以来,就一直在问自己问题。随着时间的推移,正如他们的证言所示,他们不仅意识到教学在实践中需要什么,及其在理论上的不同之处。他们还发现了如何根据自己的优势和目的,成功地帮助学生学习和成长。他们指导教学的固定公式,也没有类似于"三个问题"的答案。然而,像国王一样,他们也关心这些问题。他们开始关心教学。在干活儿遇到困难的时候,似乎正是这种意向为他们提供了坚实的立足点。这表明,愿意提出问题往往预示着解决方案已经尽在自己掌握之中。

每个教师都会时不时地像国王那样觉得有必要提出一些问题。正如本章开头所指出的,人们偶尔会渴望由一台机器来告诉他们该做什么:例如,**现在**如何帮助**这个学生**以及使用**什么样**的课程内容和采取**哪种**教学方法。正如我所论述的,没有任何机器能够为这类问题提供有意义的答案。在隔壁没有隐士的情况下，教师必须依靠他们的同事、管理者和其他学校的同行、家长、学生本人，以及他们自己的最佳判断。他们不能简单地模仿别人做过的事。没有任何一位其他的教师或成年人会像**这位教师**一样，在**此时此刻**对**这个**学生怀有**这般**理解。这种理解可能有缺陷或不充分。它当然永远不会是完整的，因此总可以改进。但它是师生之间沟通的条件，因此是成功教学的前提。无人能够简单地"取代"一位教师对学生的理解和与学生的关系。那些在学校帮教师代过课的人很快就能印证这一点。

教师是不可互换的，因为没有人可以扮演另一个人的角色。如前所述，只要有适当的时间和准备，史密斯女士可以完成佩顿女士的任务和职责。但是史密斯女士不能成为佩顿女士，佩顿女士也不能成为史密斯女士——这个要点也许是显而易见的，但职业的理念却能对此加以阐释。这四位教师都透露，对他们来说，教学实践不仅仅是完成一系列预设的或强加的任务和职责清单。这四位教师都在日常工作中注入了他们独特的品质，这些品质定义了他们的个体身份。事实上，他们在课堂上所说的每一句话和所做的每一个动作都在表达他们是什么样的人。他们的工作体现了他们心中的教学愿景、他们关于学生及其需求的看法，以及他们作为个体的道德品格。他们的行为展示了在教学过程中，教师的理智判断和道德判断是如何交织在一起的。

上述教师的例子凸显了一个无法改变的事实，即承担教师角色的那个人让一切截然不同。[1] 如果教师将他们的工作视为一种职业——我将在下一节讨论这个概念——他们可能会更容易坚持这个真理，并使之为己所用。认为自己与他人不可互换，能够让教师看见自己所做之事的更为丰富的意

---

[1] 译者注：或可理解为"教师发挥着决定性的作用"。

义。反过来，正如我们在前面章节中看到的，一个人越清楚自己的所作所为及其可能性，他就会越专心致志、越胸有成竹。就像隐士让国王照镜反观自己的行为一样，这本书谈及职业理念的所有内容都可以成为教师的一面镜子，尤其是当他们面临如何以及是否继续从教的难题之时。

把实践当作一种职业

先前的研究表明，许多人是出于理想主义的目的而投身教学的(Cohen，1991；Cohn & Kottkamp，1993；Lortie，1975；Serow，Eaker，& Forrest，1994)。他们希望与年轻人一起工作，对他们产生积极的影响，并将他们知道和关心的事物传授给年轻人。先前的研究也表明，成功的教师会从更广泛的角度来构想他们的工作，而不是从纯粹的功能性角度去理解(Bullough等人，1991；Dollase，1992；Macrorie，1984)。本书的分析表明，如果没有为他人服务的内在动机，教师将更难抵御所有从业者都会面临的诱惑：[从而导致教师]要么只是以机械的方式"应付"教学材料(史密斯女士担心这个"陷阱")；要么接受自己对学生的低期望值(佩顿女士特别反对这一点)；要么放弃达成公众期望，只做自己喜欢做的事(例如，以简·布罗迪小姐那种臭名昭著的方式[Spark，1961][1])。落入这些诱惑的圈套，便是放弃了对教学实践的义务。正如我们所看到的，实践要求教师积极、富有想象力，并对工作的复杂要求作出回应。

对于最初的职业使命感而言，"听见"召唤远比从理论上理解这个概念的内涵更为重要。举例而言，这意味着那些未来有望当老师的人在进入课

---

[1] 译者注：英国当代女作家缪丽尔·斯帕克(Muriel Spark)创作的小说《简·布罗迪小姐的青春》(*The Prime of Miss Jean Brodie*)之中的女教师形象。

堂之前无需用精确的术语来阐述一种职业哲学。坚持这一点[即理解先于实践]，就如同期望一个初出茅庐的新教师能像我们遇到的那些经验丰富的老教师一样，以一种老练的方式琢磨教学的细微差别。这种要求很奇特，就像要求未来的父母在尚未真正组建家庭、抚养子女之前，就描述一下他们是如何养家的。如果他们自己在一个家庭中长大，或许能够谈论很多关于家庭的事情——就像任何一个想当老师的人都去过学校，并且能够详细地描述教学。然而，正如彼得斯先生所强调的那样，这样的谈话与基于真正实践的谈话大相径庭。"即便你一生都和老师们待在一个教室里，"他争辩说，"教学经验也不会'沾染'上身。"只有历经磨练和考验，一个人的使命感方能得以塑造。

因此，[在理解和阐释职业时，]与其坚持从职业哲学中寻找证据，不如寻求更多展现机智、务实、足智多谋能力的相关证据——这种证据让人们在**实践层面**认识职业，而不是停留在理论层面。一位准教师知道他在第一堂课的前五分钟会说什么和做什么吗？他知道离学校最近的公共图书馆在哪里吗？他知道在哪里可以买到便宜的教学用品吗？如果学生问他为什么想教这门课而不是另一门课，他会怎么回答？职业的制定确实预设了个人具有一定的"创造潜力"(Emmet, 1958)。然而，就教学而言，这种潜力可能首先体现在一个人如何应对这些熟悉且实际的问题上。对于大多数教师而言，正是经由教学的日常点滴，他们第一次与学生建立了具有教育意义的联系，这反过来又能让他们的职业使命感以具象的方式融入生活之中。

在这一点上，读者可能会提出异议：如果教师无需将职业宣之于口，为什么要谈论这个概念呢？本书核心前提是，思考职业意味着什么——正如我所说的"照镜子"——可以让教师更精准地理解他们的工作包含的内容。它可以助力教师开启一项任务，即在内嵌于实践的义务与他们自己的希望和目标之间寻求平衡。它也可以助力教师预测道德层面、个人层面和理智层面的职业发展,这些在前几章已经详细讨论过了。这种反思是有价值的,不是作为期望或行动的蓝图,而是让教师敏锐察觉在自己身上和在课堂之上正在发生的事情。简言之,教师从一开始就培养自身的批判性反思习惯,可能大有裨益。养成这种习惯,就不会对习以为常和早已熟知的事物不加审视地接受,并以它们来指导自身的努力方向。

此外,还有一个不争的事实:除非教师已经深刻把握自己的信念和能力,否则课堂上难免会有充满不确定性的艰难时刻。正如我们遇见的教师们坦率承认的那样,每位从业者都注定会跌跌撞撞,甚至多次摔倒。从这个角度来看,教师就像一出经典戏剧中的角色,他们的剧本早在登上课堂舞台之前就已经写好了。无论是他们,还是教师教育工作者,抑或是世界上最好的校长,都无法阻止他们通过艰难的方式学到许多教训。先前的研究表明,许多初任教师留在课堂上的时间不超过几年(Carnegie Forum on Education, 1986; Lanier & Little, 1986; Yee, 1990)。打个比喻,他们似乎被困在了戏剧的"第一幕"。许多教师离职的原因可以理解。有些人觉察到他们的使命召唤在别处;有些人发现他们并不喜欢这份工作;还有一些人则意识到,他们对现实的考量远远超过对教学的承诺。然而,反复被提及的一个离职原因是教师们很难调和自己的希望与现实之间的矛盾,因为他们不得不与众多学生一起工作,这些学生带着不同程度的学习兴趣和意愿来到课堂,但他们所在的学校有时没办法提供或根本就不提供太多支持(或者说学校的实际做法干扰了教师的目标)。简言之,有些人心灰意冷地放弃教学,是因为他们遭遇了被学生"打垮"的经历,又很少获得制度和体系的支持(Johnson, 1990; McLaughlin et al., 1990; Yee, 1990)。

正如我在上一章所强调的,单凭服务意识,很难帮助一个人渡过具有挑战性的难关。一个人至少需要一定程度的体制支持,正像一个人需要作好充分准备才能完成工作一样。缺乏任何一方面,这个人都可能会面临詹姆斯先生的困境,从某种角度来看,他被迫成为"堤坝上的一根手指"[1](a finger in the dike)——这是一个很难对世界产生显著影响的位置。他的困境证明,脱离教学准备和体制背景来考虑服务意识是远远不够的。

然而,詹姆斯先生的努力揭示了这种服务敏感性的重要性,我在第6章也强调了这一点。詹姆斯先生的行为表明,想要理解他的处境,至少有两种方式。一种是延迟行动直至问题消失——直截了当地说,就是等到他那些不守规矩的问题学生自行离开这个体系。另一种是将他的行为视作对某些可能性的**积极**回应,而非对绝望环境的反应。詹姆斯先生表现得好像他能够而且将会改变学生的人生。这种信念使他能够不厌其烦且坚持不懈地与许多其他教师无法忍受的年轻人一起工作。詹姆斯先生发现了与学生一起工作的成功之道,这证明了他的服务愿望具有直接的、实际的价值。当然,并非每个人都能像他那样行事。我回顾他的经历,并不是要将他树为榜样,让别人都效仿他愿意帮助有特殊需要的学生的做法。倡导这种做法将会扭曲职业的理念。这种理念并不意味着自我克制或自我牺牲,更不意味着教学是一种与世隔绝的行为。詹姆斯先生和我们遇到的其他三位从业者都不这么认为。

这个案例的重点在于,一个人表现得**好像**自己拥有一份职业,他/她将以更充分的方式检验自己与教学的适配度和适应性。一个人或许会离开教学实践,或许越早越好。但是,一个认真体悟职业内涵的人,至少会以自己的方式主动离开,而不是被外部力量或工作的固有困难所导致的压力淘汰

---

[1] 译者注:或可理解为"作用甚微、无力回天"。

出局。与其带着痛苦或挫败感离开——或者，恰好相反，带着工作中的无聊感或平庸感离开，还不如在教学场域学有所获之后再离开。正如我所论证的那样，凝视职业之镜，教学的复杂性和魅力得以显现，这是用简单的岗位话语无法描述的。无论去留，理想的情况是教学相长——就像从任何实践之中，都有所收获那样——获得对人类可能性的一种更宏阔的认知，从而摒弃更狭隘的偏见。本书的分析表明，一个人的自我认知和服务意识将强烈地影响结果。许多人放弃教学之时，的确是怀着对教学和对社会价值的坚定信念，并且对教学给予他们个人的收获怀有同样强烈的感情。许多这样的人转而承担新的职位，如顾问、校长、地区行政人员、课程专家、研究者或教师教育工作者(Ducharme，1993)。

假设一个人暂时不确定自己对教学的承诺，表现得"好像"自己拥有职业使命感，那么在实践中，这又意味着什么呢？史密斯女士给出了一个答案。在她的职业生涯中，她不止一次地敦促她的学生们，用她自己的话来说，"假装成功，直到梦想成真"。(fake it until you make it.)她鼓励学生们假装专注，不要分散别人的注意力，以便课堂教学能够顺利进行。她解释说，通常情况下，这样的学生都会"成功"。他们会逐渐对课堂上的学术话题产生兴趣。她暗示，如果一个人愿意采取这种态度——从纯粹的行为意义上讲——那么他就能将全身心投入课堂学习。

史密斯女士的观点得到了老师们的广泛认同，更不用说家长、教练、辅导员和其他与年轻人打交道的人了。各个教育阶段的教师都认为，为了学习，学生必须先摆正身体姿态，从而让他们能够倾听他人的经验并参与其中。这并不意味着这种行为本身有多么重要。相反，这种行为的意义在于促进课堂的教育性目标的实现。史密斯女士鼓励学生们互相倾听，并非因为她想炫耀自己的权力，而是她相信学生们能从她身上、从课程中、从彼此那里学到有价值的东西。她的立场让人想起在讨论人类行为方式（human conduct）之时经常提到的行为（behavior）和行动（action）之间的区别（MacIntyre，1984；Polkinghorne，1983；Taylor，1985a，1985b）。行为描述的是容易观察到的身体动作：举手、换座位、走到黑板前，等等。行动则考虑到隐藏在看似单纯的行为背后可能的意图。行动描述了学生为了给课堂讨论**作贡献**而举手的活动；它描述了学生因为想**倾听**某位同学的看法而换座位事件；它描述了学生为了与全班同学**分享**自己的答案而走到黑板前的过程。简而言之，史密斯女士的口头禅"假装成功，直到梦想成真"强调了一个事实，即行为往往可以演变为行动。接受老师的要求，倾听他人的意见，都可以转变为有目的、有意识的参与活动，而不仅仅是被动的容忍或主动的抗拒。

教师们从一开始就知道，学生的行为并非全都出于勤学好问的意图。学生们可能会为了互相戏弄或捣乱而调换座位。他们举手，可能只是为了吸引注意，而不是真的想为课堂贡献一些有意义的东西。行为和行动本身并无固然的好坏之分。问题的关键在于个人的性格、从前的表现、行为的目的和背景等因素。值得注意的是，行为可以演变为行动，反之亦然。如果教师准备不足，对学生不关心，或者对所教科目不上心，学生就有可能失去兴趣，他们的行动很可能演变为行为。在这种情况下，他们也许会从"认真参与"（making it）转变为"敷衍了事"（faking it）。这种结果也可能发生在教师身上。有些教师在职业生涯初期积极投身实践，但随着时间的推移，他们逐渐失去了兴趣，不再那么投入了。

然而，此刻我真正担心的是那些想要教书但又心怀忐忑的人们。正如四位教师的证言所强调的，这种忐忑的感觉似乎在教学领域普遍蔓延。前几章的分析已然证实，教学之路总是伴随着不确定性和怀疑；即便对于许多资深教师来说,亦是如此。佩顿女士和她的同事们认为,一名教师越成功、越敬业,他/她内心的疑虑反而越会滋长。他/她或许能消除一些担忧、克服一些恐惧(例如,"我能坚持下去吗?"),但他们的这些担忧和恐惧很快会被新的不确定性所取代。

一个人表现得**似乎**拥有一份职业,那么就有可能"成为"教师。一个人表现得似乎热情洋溢、兴趣盎然、全身心投入,那么这些美好的品质就有可能生根发芽、成长绽放。在课堂上的那一刻,一个人表现得似乎世界上没有什么事情比和学生一起工作更重要的了,那么他/她的教学境界就有可能被激发到自己从未意识到的高度。接受这种召唤——表现得似乎自己秉持某种召唤——可以超越信念本身,尤其是当一个人的教学信念被有关自身能力胜任与否、教学事宜正当与否的焦虑与不确定性所支配之时。将教学工作当作一种召唤,可以帮助一个人掌控未知与疑虑,而非受其所困。

史密斯女士阐明了如果不注重教学功能的超越性,会产生什么结果。她描述了自己某天帮一位生病的同事代课时的悲惨经历。"[那]真是一堂糟糕透顶的课,"史密斯女士评价自己的表现时说,"由于孩子们参与课堂的行为极其糟糕,而我并没有责备他们。我当时完全不在状态。"所谓"不在状态",史密斯女士的意思是,她表现得似乎只是一个受雇的工人,迫于义务走进教室,传授课程内容;然后,正如她所说,"仅此而已。"她解释说,当一个人采取这种立场时,他/她就会"陷入困境"。她表示,在这种情况下,一个人会感到疏离和沮丧,是因为他/她浪费了自己和学生的时间与精力。她最后总结道:"我甚至不知道,我对他们不良行为的漠视在多大程度上引发了这些不良行为。我相信这其中存在着巨大的关联。"史密斯女士的经历,其他三位教师均能感同身受。这段经历清晰地展示了,如果一位教师远离了自己的角色——如果一位教师允许自己所做之事偏离了最初投身教育实践时怀有的信念、希望和好奇心,课堂教学将变得多么令人生畏。

关于"教学是否必须是一种职业"这一问题,我的回答侧重于强调服务意识。无论这种服务意识多么不成熟,它都比一套完整的理论或哲学更为重要。特别对于那些难以认清自我和尚不确定自身承诺的人而言,我建议他们用"仿佛有一种召唤"的态度来看待自己和工作。我已经描述了用这些术语来构想教学的一些好处。我认为,这样做将使教师更充分地认识到工作所蕴含的价值。这一论点与第 6 章的结论相呼应,该结论表明,教师可能受益于这样一种思维方式,即认为自己不仅与特定的机构有关,而且与具有丰富历史和传统的更广阔的实践有关。

然而,对于本章开篇提出的问题,还有另一种回应,它听起来更像已有定论而非邀请讨论的口吻。这种观点认为,教师将极大地改变下一代的认知和信念。教师对下一代将要成为什么样的人发挥着重大影响。因此,随着论证展开,教师究竟将工作视为一份差事还是一种召唤,已经并不重要了。重要的是,教师理应为学生奉献,这是蕴含在职业之中的理念。这样忠诚的奉献精神伴随角色而产生,如果不这样做,就会对实践、对学生、对社会,甚至对自己都造成伤害。

如果一个人想到自己的孩子,或是自己认识并关心的孩子,这个论点就变得极具说服力。难道这不可能吗?当然,人们希望最有才华、最有奉献精神的人来担任教师的角色。此外,身为教师,若只满足于狭隘的目标,而不追求更高远的志向,就意味着他/她将不可避免地亏待自己——实际上,也会削弱自我生命的意义。既然如此,为什么要追求这种惨淡的职业前景呢?

杜威(Dewey, 1916/1966)写道:"没有什么比寻觅人生真正的事业而未果,或发现某人漂泊不定或迫于环境而从事不感兴趣的职业更为悲惨的了。"

(p.308)鉴于这些观点,人们或许会毫不犹豫地宣告:是的,教学**必须是**一种职业。教师必须本着职业精神投入他们的工作,既为了自己,也为了所教的学生;否则,他们就该去别处另谋生路。

这些原本极富感染力的论断,受到两种反驳意见的挑战。其一,正如我在本书中所展示的那样,职业通常是随着时间推移而逐渐具体化和形象化。它不可能是被人强加的,也不可能是凭空捏造的,更不可能像人们在琳琅满目的货架上随意挑选一件商品那样"被选择"。没有人会在清晨醒来时信誓旦旦宣称:"我觉得,我今天要把教学当作职业。"只有当一个人认真投入工作之时,当一个人直面挑战并领略到自我实现的喜悦之时,职业才会变得鲜活起来。对于许多教师来说,这种职业成就的质量和时机——如果它真的发生的话——是无法提前预测的。因此,若执意要求那些有志于当老师的人将教学视为一种职业,无异于是在要求他们凭想象描绘自己尚未知晓的世界。

其二,与此相关的问题是,如果要求教师从一开始就具备职业取向,这几乎等同于让所有可能进入教师队伍的人都进行"职业誓言"。无论如何,这种设想都具有讽刺意味。正如本书所揭示的,它在很大程度上试图通过外部力量强化一种内在动机。即便有关职业宣誓的建议站得住脚,问题在于谁有资格起草誓言?谁能想出合适的语言?难道这是要我们回到那个无法实现的悖论吗——寻找到一个全知全能的程序员来发明完美的道德和智力教学机器?引入誓言这一理念,强化了令人不安的狂热主义形象;这与本书想要传达的质朴的教师形象形成鲜明对比,他们兴趣盎然、思想开放、善于自我反思,也难免会犯错误,正是这些品质彰显了把教学当作一种职业的可能性。

杜威那篇著名的短文《我的教育信条》(*My Pedagogic Creed*, Dewey,

1897/1974)阐明了为什么教学实践与"宣誓"程序格格不入。杜威描述了一个有关教育和教学潜力的强大愿景。他陈述了构成这一愿景的信念和价值观,其核心是将终身成长作为教育的目标。杜威没有使用"我的教育誓言"作为文章标题,这足以证明,"信条"这一术语比"誓言"这个概念更接近职业的内涵。教育信条是支撑一个人从事教师工作的一整套信念和希望(Jackson et al., 1993)。不同于誓言遵循刻板的条款,信条可以随时间推移而演变和扩展——就像职业使命感一样。在这本书中,我们邂逅了四个人,作为教师,他们虽未言明,但已然采取了以信条支撑教学的姿态。从他们在课堂上的言行表现来看,他们相信教学的力量、相信年轻人的潜力,他们愿意学习。他们通过自己的想象力和努力,通过肩负起工作的责任和义务,逐渐成长为优秀的教师。

他们的例子表明,教师真正需要做的,是去凝视职业这面镜子,仔细琢磨它背后所蕴含的种种深意。在其他条件都相同的情况下,教师最需要的是一种服务他人的内在冲动,以及将这种感觉融入生活的实践智慧——更确切地说,是将其融入学生的生活之中。给这种内在冲动预先设定范围界限,这本身就违背了职业精神的初衷。正如我们在前面详细讨论过的那样,每位教师的职业使命感在其本质和课堂表达方式上都存在着巨大差异。从这些事实中,我们得出的结论是,那些渴望教书的人和正在教书的人,不必为了踏入教室而宣称自己具有职业精神。相反,他们可能被要求定期反思自己为什么想要宣称某些事情——为什么他们想要从事教学或想要继续坚守教学岗位。书中四位教师的经历表明,虽然这些问题从来都不容易回答——即使对于经验丰富的教师来说也是如此——但掌握一套关于职业的语言,可以帮助教师更好地应对挑战,让这些问题看起来不像最初那般令人畏惧。

职业前景

这本书刻画了四位教师,他们把对学生产生积极影响的希望置于教学愿景的核心。为了实现这一抱负,他们超越了完成一项差事的功能要求。他们用个人的想象力重塑了岗位,从而将自己置于既要投身公共服务又要实现个人成就的位置——如第1章所述,站在了职业显现的"十字路口"。

然而,正如我们所见,他们工作的机构在职业道路上设置了重重障碍和壁垒。教师们除了要应对大量的学生——或者像詹姆斯先生那样照顾有特殊需求的学生——还要面对错综复杂的官僚规制和情况,并且完成好每一件事,从短暂的教学课时(这经常让人产生一种必须着急忙慌地上完一节课的感觉)到繁琐的文书工作。在这些制度性的要求之上,还存在着另一重挑战,即学习如何与那些对教育工作抱有截然不同看法的同行和管理者进行有效的互动。例如,回顾詹姆斯先生的证言,他的一些同事轻蔑地看待和对待他的学生。这些教师的看法和做法在一定程度上或许是正确的,也就是说,他的部分学生在学校里的确无法获得成功,这一事实反而会加剧詹姆斯的困境。假设他和他的学生在一座荒岛上,他也许能取得更好的教育成果。尽管教师有能力在短时间内创造这种[与世隔绝的]环境,但他们自己和他们的学生迟早都必须重新回归学校内外的公共世界。

纵观本书,我发现了"以教学为职业"这一理念与教育系统的制度现实之间存在诸多张力。我认为,职业和实践并不等同于受雇于某一特定机构。教学职业不等于"在学校工作";教学实践比今天现存的任何学校教育都要古老得多,而且还将长期延续下去。其他那些概念及其包含的内容也不能与当前思考教学的框架进行互换——如,专业性、官僚性、岗位性,等等。鉴于这种分析,有些读者可能迫不及待地将一个问题摆上台面:教学实际上能成为一种职业吗?在今天的教育制度环境下,把一个人在课堂上的工作当作一种职业真的可能且可行吗?

一些批评者怀疑这种可能性,[他们认为]除非那些异常坚韧和才华横溢的个体才有这种可能。"在我们的社会中已经不再有这种可能,"埃吕尔(Ellul, 1972)断言,"没有一种职业能被具体地显现。"(p. 12)埃吕尔悲观地认为,官僚主义和技术命令已经全面压制了社会机构的力量,使一个人几乎不可能践行一种召唤。在他看来,源自效率、可预测性和管控的压力破坏了体制内工作成为一种职业的潜力。此外,埃吕尔暗示,这些压力带来了一个问题——如何平衡公共义务与个人信念,它比之前描述的"必须调和社会伦理与职业伦理"的问题更加令人忧虑。更确切地说,埃吕尔认为,体制固有的保守倾向会让那些具有职业使命感的人对它们构成潜在威胁。这些人可能想做一些"不同的"事情。他们可能想要创新、打破或拓展既定的工作方式。用本书使用的话语来讲,这些人可能希望为教学实践及其所代表的一切事物服务,而不是简单地习惯于和某个特定机构绑定。正如埃吕尔观察到的那样,这种姿态可能被视为对轻松闲适和习以为常事物的一种威胁,而不是一场有益且受欢迎的挑战,即便它面对的是可能已经陈旧且过时的事物。

在埃吕尔(Ellul, 1972)看来,"召唤已经不再像我们从前所想的那样——它不再是一个通往(生活、世界)秩序的入口"(p. 16)。埃吕尔所说的生活"秩序",类似于本书所使用的实践概念。埃吕尔暗示,正如麦金泰尔(MacIntyre, 1984)对这一概念的开创性讨论所述,由于当今世界官僚体制的兴起,实践已经被割裂了。根据这种观点,医生、护士、律师和教师不能履行他们的职业条款,是因为他们日常工作的条款是由所在机构通过一定政治程序设计的规章制度所决定的，而从业者在其中并没有多少话语权。从这个角度来看，埃吕尔确信，在类似学校的机构中，有意义地践行职业精神完全是一种幻想。他建议人们在机构之外寻求召唤，并在那里追求生活的意义。他描述了自己在大学工作之余，身为志愿者在一个社区青年中心帮助那些叛逆青少年的经历（他没有阐明为什么这个青年中心不应该被视为一个机构）。

我们遇到的四位教师证明了官僚主义的规则和结构是如何阻碍他们的工作的。他们描述了那些对教育系统感到失望的时刻，以及怀疑自己能否改变学生生活的时刻。然而，他们并不认为自己所在的学校——或者在学校工作的经历——是埃吕尔所描述的那种压迫性的机构［体制］。恰恰相反，他们的学校是可以找到助人为乐的同事、鼓舞人心的管理者和积极参与的家长的地方。这些人和其他同伴给予友谊和智力支持，为维持教师对教学实践的投入提供了必要的帮助。此外，从纯粹实用的角度来看，学校为他们提供有薪水的工作和其他福利，使他们能够维持生活。简而言之，教师们感激学校为他们创造的可能性，尽管他们也在努力解决这类机构给他们带来的种种问题。他们的证言表明，埃吕尔以及与他观点近似的批评者可能对职业和实践持有一种过于浪漫的看法。无论在今天的世界还是在过去，践行职业精神和坚持教学实践，从来都不是一件简单或轻松的事情。当一名教师踏入公共生活的那一刻，如同所有教师走进学校和教室大门的时刻，他/她就进入了一个不可预知的世界，需要为此做出妥协并逐步适应。与他人一起，共同投身于一项有意义的事业，自然而然地就会创造出不确定的条件。

我们遇到的那些教师和其他相似者可能会对埃吕尔的观点做出回应，他们会说，不管是否出于好意，它都只会增加悲观主义的风气，或者更糟糕的是，催生一种绝望的情绪。在悲观和绝望的情绪下进行教学，注定会失败。教学以希望为前提。然而，希望并不等同于乐观（Havel，1992）。一个人可能会对未来怀有忐忑不安的杂念，会对自己的能力感到担忧。简言之，一个人可能不会特别"乐观"。但抱有希望是另一回事。这意味着作为一名教师，这个人可以在更广阔的历史背景下看待自己的工作。这个人可以牢记人类曾经努力的成果，并看到获取这些成果的条件有时比我们今天面临的条件要艰难得多。这个人可以领悟到，教学是一种行动，如果被践行得恰到好处，它会全然关注于当下，但也始终着眼于未来。

本书的分析表明，在教学中践行召唤感的前景，一如既往地值得期许。当前的条件符合理想状态吗，或者至少有可能得到相应的支持吗？显然并非如此——它们也从未如此。在一个旨在为数百万人服务的庞杂系统中，教师个体所面临的困难和问题仍然十分艰巨。人们或许希望有更多的教师、更多的管理者、更多的政策制定者，甚至更多的走廊管理员（以及任何一个在学校工作的人）都能带着职业使命感去工作。人们可能向往职业精神，即为他人提供公共服务的同时也可以获得个人成就感，并且希望这种职业精神更广泛地渗透到社会之中。然而，归根结底，充满希望的思考（hopeful thinking）总比不切实际的想象（wishful thinking）更有成效。将教学视为一份职业的观念，并没有为教师提供一副看待教育的玫瑰色眼镜（a rose-colored lens）[1]。相反，它打开了一扇窗，透过它，任何潜心教学的教师都能在广阔天地中获得力所能及的成就。它提供了一个充满希望的视角，可以帮助教师更好地利用当前环境赋予他们的机会。正如我们在本书中所看到的那样，拥有职业使命感的教师可能会在第一时间就发现这些机会。

---

[1] 译者注：比喻一种过于乐观美好的视角。

参考文献

Abbott, A. (1988). *The system of professions*. Chicago: University of Chicago Press.
Adams, H. (1918). *The education of Henry Adams*. Boston: Houghton Mifflin.
Altenbaugh, R. J. (Ed.). (1992). *The teacher's voice: A social history of teaching in twentieth century America*. London: Falmer.
Apple, M. (1979). *Ideology and curriculum*. London: Routledge & Kegan Paul.
Arcilla, R. V. (1994). *How can the misanthrope learn? Philosophy for education*. Paper presented at the 50th annual meeting of the Philosophy of Education Society, Charlotte, NC.
Arendt, H. (1958). *The human condition*. Chicago: University of Chicago Press.
Ashton, P. T., & Webb, R. B. (1986). *Making a difference: Teachers' sense of efficacy and student achievement*. New York: Longman.
Bailey, S. (1976). *The purposes of education*. Bloomington, IN: Phi Delta Kappa Educational Foundation.
Barber, B. R. (1992). *An aristocracy of everyone*. New York: Ballantine Books.
Beynon, J. (1985). Institutional change and career histories in a comprehensive school. In S. J. Ball & I. F. Goodson (Eds.), *Teachers' lives and careers* (pp. 158–179). London: Falmer.
Bilow, S. H. (1988). [Review of Democratic education]. *Educational Theory*, 38, 275–283.
Bolin, F. S., & Falk, J. M. (Eds.). (1987). *Teacher renewal: Professional issues, personal choices*. New York: Teachers College Press.
Boostrom, R. E., Hansen, D. T., & Jackson, P. W. (1993). Coming together and staying apart: How a group of teachers and researchers sought to bridge the "research/practice gap." *Teachers College Record*, 95, 35–44.
Booth, W. C. (1988). *The vocation of a teacher*. Chicago: University of Chicago Press.
Brann, E. T. H. (1979). *Paradoxes of education in a republic*. Chicago: University of Chicago Press.
Brown, A. (1994). *"What's in a name?": A response to "Revitalizing the idea of vocation in teaching."* Paper presented at the 50th annual meeting of the Philosophy of Education Society, Charlotte, NC.
Buchmann, M. (1989). The careful vision: How practical is contemplation in teaching? *American Journal of Education*, 98, 35–61.
Bullough, R. V., Jr., Knowles, J. G., & Crow, N. A. (1991). *Emerging as a*

teacher. London: Routledge & Kegan Paul.

Burbules, N. C., & Densmore, K. (1991a). The limits of making teaching a profession. *Educational Policy*, 5, 44 - 63.

Burbules, N. C., & Densmore, K. (1991b). The persistence of professionalism: Breakin' up is hard to do. *Educational Policy*, 5, 150 - 157.

Callahan, R. E. (1962). *Education and the cult of efficiency*. Chicago: University of Chicago Press.

Calvino, I. (1986, October). Why read the classics? *New York Review of Books*, 33, 19 - 20.

Carnegie Forum on Education and the Economy. (1986). *A nation prepared: Teachers for the 21st century*. Washington, DC: Author.

Carpenter, P. G., & Foster, W. J. (1979). Deciding to teach. *Australian Journal of Education*, 23, 121 - 131.

Cedoline, A. J. (1982). *Job burnout in public education: Symptoms, causes, and survival skills*. New York: Teachers College Press.

Chambers-Schiller, L. (1979). The single woman: Family and vocation among nineteenth-century reformers. In M. Kelley (Ed.), *Woman's being, woman's place: Female identity and vocation in American history* (pp. 334 - 350). Boston: G. K. Hall.

Chubb, J. E., & Moe, T. M. (1990). *Politics, markets, and America's schools*. Washington, DC: The Brookings Institution.

Cohen, R. M. (1991). *A lifetime of teaching: Portraits of five veteran high school teachers*. New York: Teachers College Press.

Cohn, M. M., & Kottkamp, R. B. (1993). *Teachers: The missing voice in education*. Albany: State University of New York Press.

Colby, A., & Damon, W. (1992). *Some do care: Contemporary lives of moral commitment*. New York: The Free Press.

Coleman, J. S. (1966). *Equality of educational opportunity*. Washington, DC: U. S. Department of Health, Education, and Welfare.

Coles, R. (1993). *The call of service*. Boston: Houghton Mifflin.

Cremin, L. A. (1988). *American education: The metropolitan experience 1876 - 1980*. New York: Harper & Row.

Crow, G. M., Levine, L., & Nager, N. (1990). No more business as usual: Career changers who become teachers. *American Journal of Education*, 98, 197 - 223.

Cuban, L. (1992). *How teachers taught* (2d ed.). New York: Teachers College Press.

Cusick, P. (1973). *Inside high school: The student's world*. New York: Holt, Rinehart, & Winston.

Dewey, J. (1973). Interest in relation to the training of the will. In J. J. McDermott (Ed.), *The philosophy of John Dewey* (pp. 421 - 442). Chicago: University of Chicago Press. (Original work published 1897)

Dewey, J. (1974). My pedagogic creed. In R. D. Archambault (Ed.), *John Dewey on education* (pp. 427 – 439). Chicago: University of Chicago Press. (Original work published 1897)
Dewey, J. (1990). *The child and the curriculum*. Chicago: University of Chicago Press. (Original work published 1902)
Dewey, J. (1966). *Democracy and education*. New York: The Free Press. (Original work published 1916)
Dewey, J. (1933). *How we think*. New York: D. C. Heath and Company.
Dollase, R. H. (1992). *Voices of beginning teachers: Visions and realities*. New York: Teachers College Press.
Douglas, M. (1986). *How institutions think*. Syracuse, NY: Syracuse University Press.
Ducharme, E. R. (1993). *The lives of teacher educators*. New York: Teachers College Press.
Dunnigan, A. (Trans.). (1962). *Fables and fairy tales by Leo Tolstoy*. New York: New American Library of World Literature.
Dworkin, A. G. (1987). *Teacher burnout in the public schools*. Albany: State University of New York Press.
Eldridge, R. (1989). *On moral personhood*. Chicago: University of Chicago Press.
Eliot, G. (1985). *Middlemarch*. Harmondsworth, England: Penguin Books. (Original work published 1871 – 1872)
Ellul, J. (1972). Work and calling. *Katallagete*, 4, 8 – 16.
Emmet, D. (1958). *Function, purpose, and powers*. London: Macmillan.
Finkel, D. L., & Monk, G. S. (1983). Teachers and learning groups: Dissolution of the Atlas Complex. In C. Bouton & R. Y. Garth (Eds.), *Learning in groups* (pp. 83 – 97). San Francisco: Jossey-Bass.
Floden, R. E., & Clark, C. M. (1988). Preparing teachers for uncertainty. *Teachers College Record*, 89, 505 – 524.
Forman, M. B. (Ed.). (1935). *The letters of John Keats*. London: Oxford University Press.
Freidson, E. (1994). *Professionalism reborn*. Chicago: University of Chicago Press.
Gartner, A., & Lipsky, D. K. (1987). Beyond special education: Toward a quality system for all students. *Harvard Educational Review*, 57, 367 – 395.
Gilmore, P. (1983). Spelling "Mississippi": Recontextualizing a literacy-related speech event. *Anthropology and Education Quarterly*, 14, 235 – 255.
Goodlad, J. I. (1984). *A place called school*. New York: McGraw-Hill.
Goodlad, J. I., Soder, R., & Sirotnik, K. A. (Eds.). (1990). *The moral dimensions of teaching*. San Francisco: Jossey-Bass.
Gotz, I. L. (1988). *Zen and the art of teaching*. Westbury, NY: J. L. Wilkerson.
Green, T. F. (1964). *Work, leisure, and the American schools*. New York: Random House.

Gustafson, J. M. (1982). Professions as "callings." *Social Service Review*, 56, 501 – 515.

Gutmann, A. (1987). *Democratic education*. Princeton: Princeton University Press.

Hansen, D. T. (1991). Remembering what we know: The case for democratic education. *Journal of Curriculum Studies*, 23, 459 – 465.

Hansen, D. T. (1992). The emergence of a shared morality in a classroom. *Curriculum Inquiry*, 22, 345 – 361.

Hansen, D. T. (1993a). The moral importance of the teacher's style. *Journal of Curriculum Studies*, 25, 397 – 421.

Hansen, D. T. (1993b). From role to person: The moral layeredness of classroom teaching. *American Educational Research Journal*, 30, 651 – 674.

Hansen, D. T. (1994). *Shapes of the moral life in an innercity boys' high school*. Paper presented at the annual meeting of the American Educational Research Association, New Orleans, LA.

Hansen, D. T., Boostrom, R. E., & Jackson, P. W. (1994). The teacher as moral model. *Kappa Delta Pi Record*, 31, 24 – 29.

Hardy, L. (1990). *The fabric of this world*. Grand Rapids, MI: William B. Eerdmans.

Hargreaves, A. (1994). *Changing teachers, changing times: Teachers' work and culture in the postmodern age*. New York: Teachers College Press.

Hargreaves, A., & Fullan, M. G. (Eds.). (1992). *Understanding teacher development*. New York: Teachers College Press.

Havel, V. (1992). *Open letters: Selected writings 1965 – 1990*. New York: Vintage Books.

Hawthorne, R. K. (1992). *Curriculum in the making: Teacher choice and the classroom experience*. New York: Teachers College Press.

Heath, S. B. (1983). *Ways with words*. Cambridge: Cambridge University Press.

Henry, J. (1963). *Culture against man*. New York: Random House.

Herbst, J. (1989). *And sadly teach: Teacher education and professionalization in American culture*. Madison: University of Wisconsin Press.

Hoffman, N. (1981). *Woman's "true" profession*. New York: McGraw-Hill.

Holl, K. (1958). The history of the word vocation (Beruf). *Review and Expositor*, 55, 126 – 154.

Holland, J. L. (1973). *Making vocational choices: A theory of careers*. Englewood Cliffs, NJ: Prentice-Hall.

Howe, K. R., & Miramontes, O. B. (1992). *The ethics of special education*. New York: Teachers College Press.

Huberman, M., with Grounauer, M.-M., & Marti, J. (1993). *The lives of teachers*. New York: Teachers College Press.

Huebner, D. (1987). The vocation of teaching. In F. S. Bolin & J. M. Falk (Eds.), *Teacher renewal: Professional issues, personal choices* (pp. 17 – 29). New York:

Teachers College Press.

Illich, I. (1970). *Deschooling society*. New York: Harper and Row.

Jackson, P. W. (1968). *Life in classrooms*. New York: Holt, Rinehart, & Winston.

Jackson, P. W. (1986). *The practice of teaching*. New York: Teachers College Press.

Jackson, P. W. (Ed.). (1992). *Handbook of research on curriculum*. New York: Macmillan.

Jackson, P. W., Boostrom, R. E., & Hansen, D. T. (1993). *The moral life of schools*. San Francisco: Jossey-Bass.

Jennings, N. E. (1992). *Teachers learning from policy: Cases from the Michigan reading reform*. Unpublished doctoral dissertation, Michigan State University, East Lansing, MI.

Johnson, S. M. (1990). *Teachers at work*. New York: Basic Books.

Jordan, E. (1949). *The good life*. Chicago: University of Chicago Press.

Kimball, B. A. (1992). *The "true professional ideal" in America*. Cambridge, MA: Blackwell.

Kounin, J. S. (1968). *Discipline and group management in classrooms*. New York: Holt, Rinehart, & Winston.

Labaree, D. F. (1992). Power, knowledge, and the rationalization of teaching: A genealogy of the movement to professionalize teaching. *Harvard Educational Review*, 62, 123-154.

Lanier, J. E., & Little, J. W. (1986). Research on teacher education. In M. C. Wittrock (Ed.), *Handbook of research on teaching* (3rd ed., pp. 527-569). New York: Macmillan.

Lesage, G. (1966). *Personalism and vocation*. Staten Island, NY: Alba House.

Lightfoot, S. L. (1983). The lives of teachers. In L. S. Shulman & G. Sykes (Eds.), *Handbook of teaching and policy* (pp. 241-260). New York: Longman.

Little, J. W. (1990). Conditions for professional development in secondary schools. In M. W. McLaughlin, J. E. Talbert, & N. Bascia (Eds.), *The contexts of teaching in secondary schools* (pp. 187-223). New York: Teachers College Press.

Lortie, D. C. (1975). *Schoolteacher*. Chicago: University of Chicago Press.

MacIntyre, A. (1984). *After virtue* (2nd ed.). Notre Dame: University of Notre Dame Press.

Macrorie, K. (1984). *Twenty teachers*. New York: Oxford University Press.

McDonald, J. P. (1992). *Teaching: Making sense of an uncertain craft*. New York: Teachers College Press.

McLaughlin, M. W., Talbert, J. E., & Bascia, N. (1990). *The contexts of teaching in secondary schools: Teachers' realities*. New York: Teachers College Press.

McNeil, L. M. (1986). *Contradictions of control: School structure and school knowledge*. New York: Routledge & Kegan Paul.

Midgley, M. (1991). *Can't we make moral judgements?* New York: St. Martin's Press.

Mintz, A. (1978). *George Eliot and the novel of vocation*. Cambridge: Harvard University Press.

Mitchell, D. E., Ortiz, F. I., & Mitchell, T. K. (1987). *Work orientation and job performance*. Albany: State University of New York Press.

Monk, R. (1990). *Ludwig Wittgenstein: The duty of genius*. New York: The Free Press.

Murdoch, I. (1970/1985). *The sovereignty of good*. London: Ark.

Neill, A. S. (1962). *Summerhill*. New York: Hart.

Nicholls, J. G., & Hazzard, S. P. (1993). *Education as adventure: Lessons from the second grade*. New York: Teachers College Press.

Noddings, N. (1992). *The challenge to care in schools*. New York: Teachers College Press.

Nyberg, D., & Farber, P. (1986). Authority in education. *Teachers College Record*, 88, 4-14.

Page, R. N. (1987). Lowertrack classes at a collegepreparatory school: A caricature of educational encounters. In G. Spindler & L. Spindler (Eds.), *Interpretive ethnography of schooling: At home and abroad* (pp. 447-472). Hillsdale, NJ: Erlbaum.

Page, R. N. (1991). *Lower-track classrooms*. New York: Teachers College Press.

Paris, C. (1993). *Teacher agency and curriculum making in classrooms*. New York: Teachers College Press.

Pavalko, R. M. (1970). Recruitment to teaching: Patterns of selection and retention. *Sociology of Education*, 43, 340-353.

Peebles, M. (1994). *Social alienation in the junior high school*. Unpublished doctoral dissertation, University of Illinois at Chicago.

Peshkin, A. (1990). *The color of strangers, the color of friends: The play of ethnicity in school and community*. Chicago: University of Chicago Press.

Pieper, J. (1952). *Leisure: The basis of culture*. New York: Pantheon Books.

Polkinghorne, D. (1983). *Methodology for the human sciences*. Albany: State University of New York Press.

Powell, A. G., Farrar, E., & Cohen, D. K. (1985). *The shopping mall high school*. Boston: Houghton Mifflin.

Rose, M. (1989). *Lives on the boundary*. New York: The Free Press.

Rosenholtz, S. J. (1989). *Teachers' workplace: The social organization of schools*. New York: Longman.

Searle, J. R. (1992). *The rediscovery of the mind*. Cambridge: MIT Press.

Sennett, R. (1980). *Authority*. New York: Alfred A. Knopf.

Serow, R. C., Eaker, D. J., & Forrest, K. D. (1994). "I want to see some kind of growth out of them": What the service ethic means to teacher-education students. *American Educational Research Journal*, 31, 27-48.

Sikes, P. J., Measor, L., & Woods, P. (1985). *Teacher careers*. London: Falmer

Press.

Sirotnik, K. A. (1983). What you see is what you get: Consistency, persistency, and mediocrity in classrooms. *Harvard Educational Review*, 53, 16-31.

Smith, L. P. (1934). *All trivia*. New York: Harcourt, Brace & Company.

Sockett, H. (1988). Education and will: Aspects of personal capability. *American Journal of Education*, 96, 195-214.

Sockett, H. (1993). *The moral base for teacher professionalism*. New York: Teachers College Press.

Soltis, J. F., & Strike, K. A. (1992). *The ethics of teaching*. New York: Teachers College Press.

Spark, M. (1961). *The prime of Miss Jean Brodie*. New York: Harper and Row.

Stainback, W., & Stainback, S. (1992). *Controversial issues confronting special education*. Boston: Allyn and Bacon.

Stout, J. (1988). *Ethics after Babel*. Boston: Beacon Press.

Strike, K. A. (1991). The moral role of schooling in a liberal democratic society. *Review of Research in Education*, 17, 413-483.

Strike, K. A., & Ternasky, P. L. (Eds.). (1993). *Ethics for professionals in education*. New York: Teachers College Press.

Sykes, G. (1991). In defense of teacher professionalism as a policy choice. *Educational Policy*, 5, 137-149.

Taylor, C. (1985a). *Human agency and language*. Cambridge: Cambridge University Press.

Taylor, C. (1985b). *Philosophy and the human sciences*. Cambridge: Cambridge University Press.

Tom, A. (1984). *Teaching as a moral craft*. New York: Longman.

Tyack, D. B. (1974). *The one best system: A history of American urban education*. Cambridge: Harvard University Press.

Van Manen, M. (1991). *The tact of teaching: The meaning of pedagogical thoughtfulness*. Albany: State University of New York Press.

Waller, W. (1932). *The sociology of teaching*. New York: John Wiley and Sons.

Williams, B. (1985). *Ethics and the limits of philosophy*. Cambridge: Harvard University Press.

Wittrock, M. C. (Ed.). (1986). *Handbook of research on teaching* (3rd ed.). New York: Macmillan.

Wuthnow, R. (1991). *Acts of compassion*. Princeton: Princeton University Press.

Yee, S. M. (1990). *Careers in the classroom: When teaching is more than a job*. New York: Teachers College Press.

人名索引[*]

Abbott, A. , 8, 147
Adams, H. , 35, 134
Altenbaugh, R. J. , 133
Apple, M. , 146
Arcilla, R. V. , 61
Arendt, H. , 8
Ashton, P. T. , 77
Bailey, S. , 8
Barber, B. R. , 140
Bascia, N. , 128, 138, 153
Beynon, J. , 133
Bilow, S. H. , 141
Bolin, F. S. , 142
Boostrom, R. , xv, 11, 16, 75, 81, 88, 157
Booth, W. , 2,
Brann, E. T. H. , 12
Brown, A. , 147
Buchmann, M. , 34
Bullough, R. V. Jr. , 61, 151
Burbules, N. C. , 147
Callahan, R. E. , 146
Calvino, I. , 89
Camus, A. , 68
Carnegie Forum, 153
Carpenter, P. G. , 10
Cedoline, A. J. , 77
Chambers-Schiller, L. , 142
Chubb, J. E. , 21
Clark, C. M. , 11
Cohen, D. K. , 133
Cohen, R. M. , 151

Cohn, M. M. , 151
Colby, A. , 147
Coleman, J. S. , 137
Coles, R. , 147
Cremin, L. A. , 133
Crow, G. M. , 10
Crow, N. A. , 61, 151
Cuban, L. , 133
Cusick, P. , 29, 53
Damon, W. , 147
Densmore, K. , 147
Der-Hovanessian, D. , 1
Dewey, J. , 108, 123, 144, 157
Dollase, R. H. , 61, 151
Douglas, M. , 142
Ducharme, E. R. , 154
Dunnigan, A. , 128, 149
Dworkin, A. G. , 77
Eaker, D. J. , 151
Eldridge, R. , 113
Eliot, G. , 90
Ellul, J. , 141, 159, 160
Emmet, D. , 4, 5, 10, 11, 12, 14, 17, 142, 143, 147, 152
Falk, J. M. , 142
Farber, P. , 28
Farrar, E. , 133
Finkel, D. L. , 39
Floden, R. E. , 11
Forman, M. B. , 12
Forrest, K. D. , 151

[*] 索引中的数字为原版书页码,请按本书边码检索。——编辑注

Foster, W. J. , 10
Freidson, E. , 8,147
Fullan, M. G. , 142
Gartner, A. , 69
Gilmore, P. , 53
Goodlad, J. I. , 123,138,140,147
Gotz, I. L. , 2,146,147
Gotz, I. L. , 2,146,147
Green, T. F. , 8
Green, T. F. , 8
Grounauer, M. -M. , 11,128
Gustafson, J. M. , 2,141
Gutmann, A. , 140,141
Hansen, D. T. , 11,16,59,64,75,81,88, 96,141,157
Hardy, L. , 4,10,
Hargreaves, A. , 130,133,142
Havel, V. , 160
Hawthorne, R. K. , 35
Hazzard, S. P. , 21,66
Heath, S. B. , 53
Henry, J. , 29,53
Herbst, J. , 147
Hoffman, N. , 133,142
Holl, K. , 4
Holland, J. L. , 10
Howe, K. R. , 69
Huberman, M. , 11,128
Huebner, D. , 2,6,12,126
Illich, I. , 22,126
Jackson, P. W. , xv, 6,11,16,35,75,81, 88,108,111,134,137,157
Jennings, N. E. , 141
Johnson, S. M. , 128,153
Jordan, E. , 8
Keats, J. , 12
Kimball, B. A. , 8,147
Knowles, J. G. , 61,151
Kottkamp, R. B. , 151
Kounin, J. S. , 111
Labaree, D. F. , 146,147

Lanier, J. E. , 153
Lesage, G. , 10
Levine, L. , 10
Lightfoot, S. L. , 112
Lipsky, D. K. , 69
Little, J. W. , 126,153
Lortie, D. C. , 91,126,151
MacIntyre, A. , 6,124,154,160
Macrorie, K. , 151
Marti, J. , 11,128
McDonald, J. P. , 12
McLaughlin, M. W. , 128,138,153
McNeil, L. M. , 30
Measor, L. , 11,128
Midgley, M. , 120
Mintz, A. , 8
Miramontes, O. B. , 69
Mitchell, D. E. , 10
Mitchell, T. K. , 10
Moe, T. M. , 21
Monk, G. S. , 39
Monk, R. , xvii
Murdoch, I. , 34
Nager, N. , 10
Neill, A. S. , 126
Nicholls, J. G. , 21,66
Noddings, N. , 22,96
Nyberg, D. , 28
Ortiz, F. I. , 10
Page, R. N. , 21,75
Paris, C. , 35
Pavalko, R. M. , 10
Peebles, M. , 29,53
Peshkin, A. , 53
Pieper, J. , 8
Polkinghorne, D. , 154
Powell, A. G. , 133
Rose, M. , 11
Rosenholtz, S. J. , 140
Searle, J. R. , 123
Sennett, R. , 28

Serow, R. C. , 151
Sikes, P. J. , 11,128
Sirotnik, K. A. , 123,138,140,147
Smith, L. P. , 13
Sockett, H. , 120,147
Soder, R. , 123,140,147
Soltis, J. F. , 123
Spark, M. , 151
Stainback, S. , 69
Stainback, W. , 69
Stewart, J. , 135
Stout, J. , 89
Strike, K. A. , 123,140,141
Sykes, G. , 147
Talbert, J. E. , 128,138,153

Taylor, C. , 154
Ternasky, P. L. , 123
Tolstoy, L. , 128,148,149
Tom, A. R. , 124
Tyack, D. B. , 133
Van Manen, M. , 12
Waller, W. , 91
Webb, R. B. , 77
Williams, B. , 90
Wittgenstein, L. , xvii
Wittrock, M. C. , 137
Woods, P. , 11,128
Wright, R. , 61
Wuthnow, R. , 147
Yee, S. M. , 91,133,153

主题索引[*]

assumption of worthwhileness，75 有价值的预设
Atlas complex，39 阿特拉斯复合体
calling. See vocation 召唤。参见：职业或天职
Catholic school，xv，16，44，66，94，120，122 天主教学校
Classroom 课堂，或教室
    community，20，24，52，94，96，97，101-104 共同体
    comparison with a church，50，52 与教会相比
    environment，19-20，22-23，29，70，106 环境
curriculum，31，35-36，45-46，61，63，105，110 课程
    connecting it with students，40，92，101，102-108，118，148 与学生联结
    as crucible，108 熔炉
    prescriptive，108-109 规定性
English，xv，79，81，82，96，104 英语，或英语课
hermits，6，149，150，151 隐士
high school，16，23，30-36，45-52，55，65-66 高中，或高中学校
history，92，106-107，118 历史，或历史学科
independent school，xv，16，91，94，95 独立学校
indoctrination，21，45，54，55 灌输
materialism of contemporary society，94，118 当代社会的物质主义
mathematics，71，82，148 数学，或英语课
middle school，16，19-20，23-30，91，95，96，101-108，109，111 初中，或初中学校
mimetic teaching，108 模仿教学法
moral commentary，88 道德评价
Moral Life of Schools Project，xv 学校道德生活项目
public school，xv，16，19，67，91，94 公立学校
religious studies，xv，16，44，45-52，54，57，60-63，118 宗教研究，或宗教学
school administration as a vocation，143 作为一种职业的学校行政管理
schools 学校
    as artificial，21-22，97，105-106 人造的
    compared with museums，105 与博物馆相比

---

[*] 索引中的数字为原版书页码，请按本书边码检索。——编辑注

as constraint on enactment of vocation, 17,54,68-70,74,90,95,96,128,130,142, 158-159,160 职业践行的制约
teachers' belief in, 22,26-27,39,85,122,129,160 教师的信念

School teaching contrasted with teaching, 126 学校教学与普通教学的差异

Schweitzer, A., 14 阿尔贝特·施韦泽，或史怀哲

science, xv,16,19,23,25,29-30,31,33,40,46,118,135 科学，或科学课

social studies, xv,16,91-92,95,96,101,118 社会科

Socrates, 89,113 苏格拉底

special education, xv,16,67,69-71,74,77,78,79,81-82,84 特殊教育

students 学生
    disdain for school, 29,30,32,52,53,59,61,71-73,75 对学校的蔑视
    engagement with school, 19-20,24-26,29-30,51,76-77,91-92,101-104,106, 107-108 参与学校生活
    peer evaluation of, 24,39-40,117 同伴评价
    moral confusion, ignorance, 87,97-98,118 道德困惑，道德忽视
    needs and predicaments of, 21,31-32,37-38,55,59,62,76-77,78,80,87,97-98, 120-122 需求与困境
    teachers' like and dislike of, 31-35,82-83,86,100 教师喜欢与不喜欢的学生
    treated as normal, 80-81,93 将学生当作正常人来对待
    trust in teachers, 56,64,77,86,99-100 学生对教师的信任

teacher burnout, 77,91,112 教师倦怠

teacher's creed, 37-38,40-43,89,157-158 教师的信条

teachers 教师
    as architects and shapers, 13,17,19,21,38-39,101-104,116,117,120,148 作为设计师和塑造者
    and authority, 28,75,141 权威，或权威机构
    as "born," misleading idea of, 125-126 教师是"天生的"，一种误导性观点
    challenging student beliefs and values, 22,28,32,38,54,55,57,62,63,65,88,101-102,103 挑战学生的信念与价值
    character, 10,11,77,78,90,116,123,150 品格
    and colleagues, 40,42-43,46,54,78-79,85,93 与同事
    and cultural differences, 53-54 与文化差异
    enhancing skills and vision of, 40-42,55-56,81-82,112,116,131 提升技能与愿景
    and failure, 38,59-60,83,109,110,111,133,156 与失败
    faith, xiv,17,35,57-58,60,69,118 信仰
    as guides, 100,120 向导
    interest in work, 101,143-144,148,150 工作的兴趣
    keeping distance from students, 37-39,84 与学生保持距离
    manipulation of, 141-142 操纵，或操作
    moral influence on students, 11,14,22,24,35-36,56,63-64,67-68,77-78,81,82, 88,93,97-99,132,134-135,158 对学生的道德影响

moral judgments, 98 - 99, 116, 120, 122, 123, 143 道德判断
motivation of, xiv, xv, 6, 40 - 43, 56 - 57, 79 - 80, 84, 119, 142, 147, 151, 155 动机
as noninterchangeable, 10 - 11, 12, 15, 129, 138, 144 - 151 不可互换的
perceptions of, 13, 35 - 36, 68, 84, 88 - 89, 90, 112 - 113, 127 - 130, 144, 151, 152 觉知，或感知、洞察
personal doubts of, 11, 12, 27, 33 - 34, 58, 59 - 60, 83, 118 - 119, 133 - 134 个人疑虑，或疑惑
and public accountability, 138, 139 - 143 公共责任
as not replaceable by machines, 104, 137 - 138, 150, 157 不会被机器取代
rejecting therapeutic approaches, 84, 93 拒绝"治疗性"路径
reputation of, 37, 40, 42 - 43, 53, 78 - 79, 100 声望
as role models, 42, 66, 68, 87, 114 作为榜样
sense of agency, 10, 13, 40, 56, 64, 68, 84, 89, 90, 95, 101, 148 能动意识
spiritual language, 5, 17 - 18, 114 - 115 带有精神色彩的语言
willingness to change, 12, 21, 45, 55 - 56, 110, 145 改变的意愿

teaching 教学
as an adventure, 5, 12 - 13, 66, 91 作为一场冒险
ambiguity of, 17, 46, 75, 86 模糊性
and broadened outlook on life, 91, 93, 112, 148, 158 拓宽了人生观
centrality of the person to, 11, 13 - 14, 17, 94 - 95, 115, 131 - 132, 144 - 151 "人"的中心地位
complexity of, 17, 21, 92, 114, 124, 133, 148 复杂性
hope necessary in, 60, 81, 90, 115, 127, 135 - 136, 160 - 161 希望的必要性
as intellectual endeavor, 81, 103, 107, 123 - 124, 131 - 132, 140 作为一种智力上的努力
internal vs. external rewards in, 8, 83 - 84, 141, 147 内部回报 v. s. 外部回报
and knowledge and love for subject-matter, 131 - 132 对知识与学科内容的喜爱
as a moral endeavor, 11, 123 - 124, 140 作为一种道德上的努力
need to treat as a calling, 110, 116, 151 - 158 需要被当作一种召唤
vs. parenting, 39, 93, 97, 132 v. s. 家庭教育
vs. preaching, 52, 57, 62 v. s. 布道
as a social practice, 5 - 6, 9, 15, 90, 91, 115, 124, 126, 129, 140, 151, 160 作为一种社会实践
tensions in, 21, 23, 33, 43, 52 - 54, 62, 68, 108 - 112, 130, 132, 140, 143, 159 张力
and uncertainty, 11, 12, 15, 35, 45, 47, 52, 84, 92, 95, 110, 113, 117 - 122, 152, 155 不确定性
value of tradition in, 15, 132 - 136, 156 传统的价值
as a vocation, 9 - 15 作为一种职业
vs. working in a school, 126 - 130 v. s. 在学校工作

values, 46, 47, 52, 54, 56, 67, 68 价值，或价值观
battleground of, 67 - 68, 87, 118 价值观的战场

vocation 职业

active and passive quality of, 5,124-126 积极的和消极的特质

characteristics of, 1,3-15,21,28,36,62,66,92,94-95,115-124,125 独特性,或独特性

contrast with job, career, etc., 6-9,146-148 不同于差事,生涯,等等

economic view of, 2,9,146 经济视角下的

emerging over time, 3-4,9-10,45,56,148,157 随时间显现

feeling at home in, 56-60 自在感

heightens the stakes in teaching, 119-120,122,148 加剧了利害关系和风险

initial sense of, 151-152,156 最初的职业使命感

not an ideology, 12 并非意识形态

not heroism, xiii-xiv, 12,14,17,69,89,114,153 并非英雄主义

and personal fulfillment, 2,3,15,116 个人满足感,或个人成就

prospects for, 160-161 前景

as a public act, 7,9,140,160 公共行为

and public service, 2,3,15,56,69,115,158 公共服务

religious view of, 2,4-5,宗教视角下的

proper preparation for, 8,14,44,131 适当的准备

vs. working in institutions, 6,88,126,130,132-133,146,159 v.s. 在体制内[或机构中]工作

the sense of, 6,9-15,16,114,131,153,158 意识,或使命感

social rather than psychological, 5-6,125 社会性的而非心理性的

sources of, 6,10,40-43,56-57,79-80,125,126-127 来源,或源泉

vocational criteria for teaching, 139,145,156-157 教学职业标准

vocational ethic, 142-143 职业伦理

vocational oath vs. creed 157-158 职业誓言 v.s. 信条

作者简介

戴维·汉森(David T. Hansen)在本书成书之时担任芝加哥伊利诺伊大学(University of Illinois)教育学院的教员。他是该学院"中学教育研究项目"(Secondary Education Program)的负责人,也是"课程与教学"(Curriculum and Instruction)博士项目的联合负责人。他曾在包括中学在内的各级各类学校任教。他在芝加哥大学获得学士学位和博士学位,在斯坦福大学获得硕士学位。汉森与菲利普·W. 杰克逊(Philip W. Jackson)和罗伯特·E. 博斯特罗姆(Robert E. Boostrom)合著了《学校的道德生活》(Jossey-Bass 出版社,1993)。他是《课程研究期刊》的评审编辑,获得过美国国家教育学院斯宾塞博士后奖学金,该项目使这本书的筹备成为可能。汉森的作品聚焦于教学的哲学与实践领域。

【译者注】汉森教授现为哥伦比亚大学教师学院教授,于 2013 年被任命为"约翰与温伯格(John L & Sue Ann Weinberg)教育历史和哲学基础项目"教授,并担任"哲学与教育研究项目"(Philosophy & Education Program)主任。近年学术研究主题集中在教学和教师教育哲学与实践、教育的道德与伦理维度、价值与探究的本质及其相关主题。他也是约翰·杜威学会和美国教育哲学学会的前任主席。

译后记

每年毕业季，于学生而言，是心情缤纷的季节，有天高海阔的昂扬奔赴、朝花夕拾的闪光记忆，也有青春散场的离愁别绪、面向未来的憧憬或迷惘；于教师而言，更是意义非凡的季节，无论他们此前付出多少辛劳、经历多少困顿，在见证学生的成长、分享学生的喜悦之时，他们常常被满足感和成就感环绕，体会到教师职业的高光时刻。然而，当学生远行、热闹退场，教师再度回归学校生活的琐碎日常，他们中的有些人或许如释重负，有些人难免怅然若失，而有些人会渐渐从心底里生长出一种具有超越性的力量。这种力量究竟是什么？有何用处？凭何产生？缘何消解？如何重塑？……这些问题，在戴维·汉森(David Hansen)教授的《教学召唤》一书中，或许都能找到答案。

今年毕业季，《教学召唤》译稿得以交付。作为译者，我真心喜欢这部文风清新、文笔细腻而洞见深刻的原著，也真诚向那些正在从事教学或未来有志于从教的读者们推荐这部作品(译著尚可，原著更佳)。希望它不仅是我自身职业生涯中一个阶段性的"毕业作品"，也能成为各位读者职业生涯中某个阶段的"友好伴书"。

借作者汉森教授之笔，我们与书中四位教师的"相识"之旅，无疑是一段独特的职业"修行"之旅。

这段旅程始于重新发现"教学"和"职业"概念的独特性，由此领悟"以教学为职业"这一命题的深意(见第1章)。在汉森看来，"职业"不同于"差事""工作""生涯""岗位""专业"等术语；职业实践的意义不仅限于交一份差、打一份工、"当一天和尚撞一天钟"、例行公事不用走心、碌碌无为没啥奔头……相反，所谓职业，必须蕴含个人意义与社会价值，必须在实践中慢慢积累为他人服务的意识和使命感；虽然需要全身心投入，但又不完全等同于无私奉献。"教学"不等于照本宣科、投喂知识、重复指令、看管孩子和"在学校工作"；教学实践虽然古老、有经验可循，却也鲜活无比、充满张力，每一个课堂都是难以复制的，每一位教师也都无可替代（见第7章）；那些能够持续地投身教学实践的人，似乎总会受到某种召唤，依靠更大的愿景和更强的个人能动性，突破复杂环境的局限，从而将"公共服务"和"个人成就"相结合（见第6章）。

在旅程之中，我们先后"打卡"（造访）的学校和课堂各有特色，四位教师的教学风格各有千秋（见第2～5章）。用汉森的话来说，他们虽不是"名师"或"榜样典范"，无需刻意塑造其"英雄主义式"或"自我牺牲式"的形象；他们只是全世界教师群体中最为普通的一员，平凡而质朴，但却是教学队伍的中坚力量。无论是佩顿女士在高标准、严要求、结构化的课堂环境中多年练就的那种游刃有余的掌控感，还是彼得斯先生花费将近三年的时间磕磕绊绊、好不容易找到价值平衡的自在感，无论是詹姆斯先生面对那些身处教育洼地、几乎被所有人放弃的特殊学生之时仍然保有的同情心，还是史密斯女士竭力发掘学生兴趣、关注"真问题"、创造参与型课堂的信念感……这些似乎都是每一位普通教师职业使命感的构成要素。它们虽然无法帮助教师彻底挣脱自身所处环境的束缚，但总归会为教师打开一扇窗，让他们凭借无穷的想象力、创造力和行动力，找到希望的方向。

尽管四位教师的故事为我们带来了许多感动，但教学使命感的实现绝非只依靠教师个人的一腔孤勇与半生苦行。汉森在温情叙事之余，从不缺乏冷静反思与犀利提醒。他反复强调，召唤的力量不可小觑，但这不代表体制性的支持可以缺位。诸如学校的制度、薪资、待遇，教室的设备资源，社区的安稳环境以及平和友善、相互尊重的人际环境等,都是滋养其"职业使命感"的前提条件。正如汉森所言:"我希望这本书能够鼓励人们重新思考招聘、培养和留住优秀教师的方法。"

汉森关于建构良好制度环境、培育丰沃实践土壤的主张,对于激发当代教师的职业使命感而言,显得尤为重要。近年来,教师群体中不免出现自称"打工人""牛马""社畜"的文化,这一现象虽说与部分教师职业语言的退化、精神世界的日渐荒芜有一定关联,但最为根本的原因或许在于社会经济结构、学校管理制度和工作文化的变迁,让这些教师很难有空间和闲暇再度听到"教学的召唤"。其实,汉森在书中已经给出了解决问题的一套"公式",即以教学为天职/志业的职业使命感＝教师的自我悦纳与成就感＋对学生理智与道德发展的承诺＋对社会公共服务的责任＋体制环境的支持力量。

这趟翻译之旅历时三年有余,虽是慢工细活、字斟句酌,但也因我的本职工作任务繁重、琐事缠身,不免拖拖拉拉、修修补补。在交付"作业"之际,我必须要向那些因各种"召唤"而支持本书出版的同路人表达最诚挚的谢意。感谢华东师范大学王占魁教授的信任和勉励,特别是将汉森教授这本早期的代表作交由我翻译,并给予许多学术上和语言上的指导。感谢华东师范大学出版社教育心理分社彭呈军社长的宽严相济,一边静待我的龟速产出,一边在编辑、校对、审稿等流程中坚持对译稿质量的严格把关。感谢沈章明教授的真知灼见,特别是在本书第一轮、第二轮的审稿意见中针对一些关键概念给予恰当的纠偏。感谢我的几位研究生,她们参与了本书部分章节的初译或校对工作,分别是杨欣慧(第 3 章初译)、胡兴悦(第 4 章一校)、齐格乐(第 5 章一校);与她们以及众多学生共同经历的学校生活与教学实践,对我来说无疑是最重要的教学召唤源(the caller)。此外,感谢我的导师、身边的许多前辈老师以及我的父母,他们几十年来对自身职业的热爱、专注、坚守与奉献，让我看到了职业使命感最真实和生动的具象化榜样力量。感谢我的先生，他作为一个专业之外的普通读者，在每一轮修改过程中常与我讨论某个术语、段落是否精准、通顺。最后，特别感谢作者戴维·汉森教授本人为我指点迷津。2024年，在美国纽约召开的第50届国际道德教育学会（AME）学术年会上，我曾与汉森教授不期而遇，他非常耐心细致地对我在翻译过程中遇到的一系列问题一一做了解答。他也同意我处理译稿的基本原则，即主要坚持文本对应（例如：文段排列、句式语序、标点符号乃至加粗强调的词语都与原著保持一致），适当兼顾对内容意涵的情境化理解和本土化润色。

特别需要说明的是，本书获得了北京师范大学2024年师范专业建设质量提升专项"师范生教师专业道德养成的具身实践"的重要支持，是该项目的阶段成果之一。希望它未来能成为师范生培养、教师培训以及教师专业发展等相关领域的重要参考资料。

尽管本书经历多轮打磨，仍难免存在纰漏瑕疵。一因译者的学问造诣尚浅，二因中英文语言表述有别，三因跨文化解码难免存在偏误，翻译始终是一项"遗憾的艺术"，似乎每一句话都能找到另一种更妥帖精妙的译法。对于这版译稿的种种不足，敬请读者多多包涵并予以指正，帮助译者继续完善翻译，以期未来有机会对书稿进行再度勘误与润色。

愿所有阅览本书、喜欢本书的读者，都能有机会听到教学召唤、践行职业使命，穿过"工作世界"的喧嚣，越过"教育洼地"的泥淖，在自我生命的原野和社会生活的旷野中寻获一方自在天地，收获美好的事业馈赠！

林　可

2025年6月于北京师范大学